本书获得中国政法大学科研创新项目资助（项目号：21ZFG74003）项目名称：《我国诉讼制度改革在刑事庭审指令式言语行为中的体现》，本书为该项目的阶段性成果。

中国政法大学
优秀博士学位论文丛书

郝瑞丽 / 著

我国刑事庭审言语行为的实证研究

AN EMPIRICAL STUDY ON THE SPEECH ACTS IN
THE CRIMINAL COURTS OF CHINA

中国政法大学出版社

2023·北京

声　明　1. 版权所有，侵权必究。

　　　　2. 如有缺页、倒装问题，由出版社负责退换。

图书在版编目（ＣＩＰ）数据

我国刑事庭审言语行为的实证研究/郝瑞丽著. —北京：中国政法大学出版社，2023.3
ISBN 978-7-5764-0890-4

Ⅰ.①我… Ⅱ.①郝… Ⅲ.①刑事诉讼－审判－法律语言学－研究－中国 Ⅳ.①D925.218.4 ②D90-055

中国国家版本馆CIP数据核字(2023)第074213号

出 版 者	中国政法大学出版社
地　　址	北京市海淀区西土城路 25 号
邮寄地址	北京 100088 信箱 8034 分箱　邮编 100088
网　　址	http://www.cuplpress.com (网络实名：中国政法大学出版社)
电　　话	010-58908586(编辑部) 58908334(邮购部)
编辑邮箱	zhengfadch@126.com
承　　印	固安华明印业有限公司
开　　本	880mm×1230mm　1/32
印　　张	12.75
字　　数	350 千字
版　　次	2023 年 3 月第 1 版
印　　次	2023 年 3 月第 1 次印刷
定　　价	69.00 元

总 序

博士研究生教育是我国国民教育的顶端,肩负着培养高层次人才的重要使命,在国民教育体系中具有非常重要的地位。相应地,博士学位是我国学位制度中的最高学位。根据《中华人民共和国学位条例》的规定,在我国,要获得博士学位需要完成相应学科博士研究生教育阶段的各项学习任务和培养环节,特别是要完成一篇高水平的博士学位论文并通过博士学位论文答辩。

博士学位论文是高层次人才培养质量的集中体现。要写出好的博士论文,需要作者定位高端,富有思想;需要作者畅游书海,博览群书;需要作者术业专攻,精深阅读;需要作者缜密思考,敏于创新。一位优秀的博士生应该在具备宽广的学术视野和扎实的本学科知识的基础上,聚焦选题、开阔眼界、深耕细作、孜孜以求,提出自己独到、深刻、创新、系统的见解。

为提高中国政法大学博士学位论文的整体质量,鼓励广大博士研究生锐意创新,多出成果,中国政法大学研究生院设立校级优秀博士学位论文奖,每年通过严格的审评程序,从当年授予的200多篇博士学位论文中择优评选出10篇博士论文作为学校优秀博士学位论文,并对论文作者和其指导教师予以表彰。

优秀博士学位论文凝聚着作者多年研究思考的智慧和指导

教师的思想,是学校博士研究生教育质量的主要载体,是衡量一所大学学术研究和创新能力的重要指标。好的哲学社会科学博士论文,选题上要聚焦国内外学术前沿问题,聚焦国家经济社会发展基础命题和重大问题,形式上要符合学术规范,内容上要富有创新,敢于提出新的思想观点,言而有物,论而有据,文字流畅。中国政法大学评出的优秀博士学位论文都体现了这些特点。将中国政法大学优秀博士学位论文结集,冠名"中国政法大学优秀博士学位论文丛书"连续出版,是展示中国政法大学博士研究生的学术风采,累积法学原创成果,促进我国法学学术交流和繁荣法学研究的重要举措。

青年学子最具创造热情和学术活力。从中国政法大学优秀博士学位论文丛书上可以看到中国政法大学博士研究生的理性睿智,沉着坚定,矢志精进的理想追求;可以看到中国政法大学博士研究生的关注前沿,锐意进取,不断创新的学术勇气;可以看到中国政法大学博士研究生的心系家国,热血担当,拼搏奋进的壮志豪情。

愿中国政法大学优秀博士学位论文丛书成为法学英才脱颖而出的培育平台,成为繁荣法学学术的厚重沃土,成为全面推进依法治国的一块思想园地。

李曙光
中国政法大学研究生院院长、教授、博士生导师

前言
PREFACE

从 1996 年开始到 2018 年为止，我国《刑事诉讼法》[1]进行了三次修改，诉讼制度也随之经历了重大变革。纵观我国刑事诉讼制度改革发展的 20 多年，改革方向由强职权化走向民主化、人权化、法治化和科学化。法学界对我国刑事诉讼法改革从制度解读、理论探讨以及实证层面进行了研究。研究以控诉、辩护、审判三方在诉讼中的关系为核心，探讨我国刑事诉讼模式的归类问题——职权主义、当事人主义还是两者的混合；表现在庭审中是纠问制、控辩制还是两者兼而有之。这些研究大多认为我国改革后的刑事诉讼法本身没有完整体现对抗制或曰控辩式庭审的特色，只是部分地引进了对抗制或曰控辩制庭审的元素。这些元素与我国原有制度的某些元素相结合，形成了中国特色的庭审制度。

不同于法学界的研究角度和层面，本书以语言学中的言语行为理论为依据，从微观的角度，通过研究庭审中控辩审三方

---

[1]《刑事诉讼法》，即《中华人民共和国刑事诉讼法》。为表述方便，本书中涉及我国法律文件直接使用简称，省去"中华人民共和国"字样，全书统一，后不赘述。

的语言特点，发现刑事庭审模式的特征。控辩审三方的地位和相互关系是我国刑事诉讼制度改革的核心问题；最能完整体现诉讼形态，并反映控辩审三方关系的活动为刑事审判活动；而在法庭审判活动中，最关键的因素和最能反映控辩审三方关系的因素是庭审语言的运用及特征。因此，本书将研究目标锁定为刑事审判中控辩审三方的语言运用状况。运用语言学中的言语行为理论，采用定性和定量研究相结合的方式，分析并比较三方的语言特色，发现三方在庭审中所起的不同作用、担任的不同角色、拥有的不同权力（利）以及彼此之间的关系特征。

20世纪50年代，奥斯汀提出了言语行为理论，改变了人们对语言的看法，语言的功能不再仅限于描述、表达和交流思想，还可以完成各种行为。但是鉴于各种问题，奥斯汀的言语行为理论作为语言分析工具的价值和意义十分有限。塞尔继承和发展了奥斯汀的言语行为理论，并弥补了其作为言语分析工具方面的不足。塞尔对言语行为理论的贡献主要包括四个方面：一是列举了言语行为分类的12项标准；二是规定了言语行为实施的充要条件；三是制定了言语行为的表达公式；四是提出并阐释了一系列与言语行为相关的关键概念。塞尔的分类标准使言语行为分类实现了系统化和标准化；言语行为表达公式体现了说话者、言语表达和客观事实之间的动态关系；关键概念的提出和阐释丰富了言语行为的内涵。通过塞尔的发展，言语行为理论作为语言分析工具的功能得到极大提高。

本书选用塞尔的言语行为理论作为理论依据和分析工具主要基于三个层面的考虑：首先，言语行为理论的理念契合庭审用语的特征；其次，塞尔的分类标准系统而清晰，能够有效区分和描述不同类别的言语行为；最后，塞尔的言语行为表达公式中体现的说话者、言语表达和客观事实之间的动态关系符合

前 言

本书的逻辑思路。

本书选取了2018年的六个刑事案例，采用定性和定量分析相结合的方式，根据塞尔理论的分类标准，对其中控辩审三方的庭审发言进行逐句分类和数据统计。在分类的基础上，选取分类标准和描述标准中对表达效果有重要影响的指标进行数据统计和逐项分析。这些指标包括言语行为再分类、行为对象、心理状态、以言行事目的和以言行事力量指示项。根据数据统计结果，其一，分别分析控辩审三方各自的言语行为特色，以及言语行为特色反映出的三方在庭审中的身份、地位、角色和营造的审判氛围；其二，综合对比控辩审三方数据，发现三方在庭审中地位、作用、角色特征的不同，彼此之间的关系状态以及共同塑造的庭审模式特征。

研究结果表明，我国的刑事庭审现状在尊重被告的人格、增加辩护人权利、实现控辩平衡以及实现法官作用消极化方面，取得了一定的成就，部分实现了诉讼制度改革的目标。但是在限制法官的作用和公诉人权力、实现控辩平衡对抗等方面，离诉讼制度改革的目标仍有一定差距。

本书的问世，首先，要感谢我的导师张清教授。本书的前身，我的博士毕业论文被评为中国政法大学优秀博士毕业论文，其中凝聚了导师多年的指导和督促。同时，也要感谢我的家人和朋友们，感谢他们一直以来的无私支持和帮助，是他们使得我艰辛的学术道路充满温情和希望。

郝瑞丽
2022年5月19日

目录 CONTENTS

导 论 ·· 001
  一、研究理由与意义 ·· 001
  二、研究内容与结构 ·· 007
  三、研究文献与方法 ·· 012

第一章　言语行为理论的历史沿革与应用 ················ 047
  一、言语行为理论简介 ·· 047
  二、言语行为理论的历史沿革 ·································· 048
  三、言语行为理论的应用 ··· 058
  四、言语行为理论与法律语言的关系 ························ 063
  五、言语行为理论在本书中的应用方式 ···················· 065

第二章　塞尔言语行为理论与庭审的关系 ················ 067
  一、塞尔言语行为分类标准与庭审 ··························· 068
  二、塞尔言语行为分类与庭审 ·································· 095
  三、塞尔言语行为理论的关键概念与庭审语言研究 ······ 118
  四、塞尔理论的"工具性"特征与本书 ···················· 124

五、本书的分析维度 ……………………………………………… 127
  六、问指式言语行为分析 ………………………………………… 134
  七、言语行为的数据统计标准 …………………………………… 138

第三章　法官庭审言语行为研究 ………………………………… 140
  一、言语行为类别数据分析 ……………………………………… 140
  二、问指式言语行为分析 ………………………………………… 145
  三、指令式言语行为分析 ………………………………………… 160
  四、断言式言语行为分析 ………………………………………… 174
  五、宣布式言语行为分析 ………………………………………… 192
  六、承诺式言语行为分析 ………………………………………… 196
  七、总结 …………………………………………………………… 199

第四章　公诉人庭审言语行为研究 ……………………………… 202
  一、言语行为类别数据分析 ……………………………………… 202
  二、问指式言语行为分析 ………………………………………… 208
  三、指令式言语行为分析 ………………………………………… 215
  四、断言式言语行为分析 ………………………………………… 220
  五、宣布式言语行为分析 ………………………………………… 233
  六、承诺式言语行为分析 ………………………………………… 234
  七、总结 …………………………………………………………… 236

第五章　辩护人庭审言语行为研究 ……………………………… 241
  一、言语行为类别数据分析 ……………………………………… 241
  二、断言式言语行为分析 ………………………………………… 248
  三、指令式言语行为分析 ………………………………………… 263

四、问指式言语行为分析 ………………………………… 267
　五、总结 …………………………………………………… 269

第六章　结　论 …………………………………………… 273
　一、法庭的整体特征 ……………………………………… 274
　二、法官权威地位和核心作用的体现 …………………… 275
　三、公诉人权威地位和能动性的体现 …………………… 276
　四、辩护人能动性和特殊性的体现 ……………………… 277
　五、三者之间的关系 ……………………………………… 278
　六、研究成果与庭审制度改革 …………………………… 279

参考文献 …………………………………………………… 282
附　录 ……………………………………………………… 290

INTRODUCTION
导 论

一、研究理由与意义

我国于 1979 年颁布了《刑事诉讼法》，奠定了我国刑事诉讼法治化的基础，确定了我国以职权主义为基本特色的刑事诉讼模式。[1]随着社会的进步和经济的发展，1979 年所确定的诉讼模式的弊端及其与社会发展进步之间的矛盾日益凸显。为了规避原有诉讼模式的弊端，使我国的诉讼制度更加适应当今社会在经济、政治和思想方面的发展，从 1996 年开始到 2018 年为止，我国《刑事诉讼法》经历三次重要的修改，诉讼制度也随之经历重大的变革和发展。这些修改和发展都为我国的刑事诉讼制度注入了新的、更加适合时代特色的因素。

《刑事诉讼法》第一次修改的标志性文件是 1996 年 3 月 17 日第八届全国人民代表大会第四次会议通过的《关于修改〈中华人民共和国刑事诉讼法〉的决定》。这次修改的主要精神是在

---

[1] 有的学者认为我国 1979 年《刑事诉讼法》确定的是职权主义的诉讼制度，有的学者认为 1979 年《刑事诉讼法》所确定的诉讼制度，不是典型的职权主义诉讼制度，而是融合了职权主义特色和我国国情的、以强职权主义为特色的诉讼制度。本书采取后一观点。

| 我国刑事庭审言语行为的实证研究 |

当前职权主义为主要特色的诉讼模式中引入当事人主义诉讼模式的因素,审判制度在一定程度上吸纳了对抗式诉讼的一些内容,纠正了国家专门机关权力过于集中膨胀的倾向,赋予了当事人更多的程序参与权,已体现出了现代诉讼法治的观念。[1]本次修改在法庭审判中的突出表现为控辩双方积极性和主动性的增强,以及辩方权利的增加。如"由控方负责主询问被告人,被害人,辩护人在审判长允许的情况下亦可发问……控辩双方还可以对案件事实、证据发表意见,相互辩论和质证"。[2]这些方面都体现出控辩双方在法庭上对抗性的增强。另外,1996年《刑事诉讼法》还将律师介入时间提前至侦查阶段,从而为辩方在法庭上发挥更大的作用奠定了基础。

第二次修改的标志性文件是2012年第十一届全国人民代表大会第五次会议通过的《关于修改〈中华人民共和国刑事诉讼法〉的决定》。此次修改的最大特色为对人权和民主的尊重和保障。[3]"2012年刑事诉讼法……使刑事诉讼制度进一步法治化、民主化和科学化,取得了历史性的重大进步",[4]在庭审中表现为通过对证据的要求和对辩护权的规定,进一步增强对被告人

---

[1] 参见卞建林、谢澍:"'以审判为中心'与刑事程序法治现代化",载《法治现代化研究》2017年第1期,第106~119页。

[2] 汪海燕:"中国刑事审判制度发展七十年",载《政法论坛》2019年第6期,第31~43页。

[3] 2012年《刑事诉讼法》第一编总则,第一章任务和基本原则中的第2条规定,中华人民共和国刑事诉讼法的任务,是保证准确、及时地查明犯罪事实,正确应用法律,惩罚犯罪分子,保障无罪的人不受刑事追究,教育公民自觉遵守法律,积极同犯罪行为作斗争,维护社会主义法制,尊重和保障人权,保护公民的人身权利、财产权利、民主权利和其他权利,保障社会主义建设事业的顺利进行。

[4] 陈光中主编:《〈中华人民共和国刑事诉讼法〉修改条文释义与点评》,人民法院出版社2012年版,第15页。

导 论

权利的保障。[1]

第三次修改的标志性文件是 2018 年 10 月 26 日，第十三届全国人民代表大会常务委员会第六次会议通过的《关于修改〈中华人民共和国刑事诉讼法〉的规定》。党的十八大报告明确指出"法治是治国理政的基本方式"，要"全面推进依法治国"。2014 年党的十八届四中全会通过的中共中央《关于全面推进依法治国若干重大问题的决定》，指出要"建设中国特色社会主义法治体系""建设社会主义法治国家"。2016 年最高人民法院、最高人民检察院、公安部、国家安全部、司法部发布了《关于推进以审判为中心的刑事诉讼制度改革的意见》。2017 年 11 月 27 日，最高人民法院发布了"三项规程"（即《人民法院办理刑事案件庭前会议规程（试行）》《人民法院办理刑事案件排除非法证据规程（试行）》和《人民法院办理刑事案件第一审普通程序法庭调查规程（试行）》），并于 2018 年 1 月 1 日起全面推行"三个规程"。在此背景下，《刑事诉讼法》的本次修改是以审判为中心的刑事诉讼制度改革成果在刑事审判活动中的贯彻落实。[2] 这些文件确定了我国"以审判为中心与认

---

[1] 对证据的强调，如 2012 年《刑事诉讼法》第 190 条规定，公诉人、辩护人应当向法庭出示物证，让当事人辨认，对未到庭的证人的证言笔录、鉴定人的鉴定意见、勘验笔录和其他作为证据的文书，应当当庭宣读。审判人员应当听取公诉人、当事人和辩护人、诉讼代理人的意见。第 191 条规定，法庭审理过程中，合议庭对证据有疑问的，可以宣布休庭，对证据进行调查核实。人民法院调查核实证据，可以进行勘验、检查、查封、扣押、鉴定和查询、冻结。第 192 条第 1 款规定，法庭审理过程中，当事人和辩护人、诉讼代理人有权申请通知新的证人到庭，调取新的物证，申请重新鉴定或者勘验。对辩论权的强调，如第 193 条规定，法庭审理过程中，对与定罪、量刑有关的事实、证据都应当进行调查、辩论。经审判长许可，公诉人、当事人和辩护人、诉讼代理人可以对证据和案件情况发表意见并且可以互相辩论。审判长在宣布辩论终结后，被告人有最后陈述的权利。

[2] 参见陈光中、曾新华：" 中国刑事诉讼法立法四十年"，载《法学》2018 年第 7 期，第 24~42 页。

罪认罚从宽"的刑事诉讼改革目标,进一步体现了对审判的重视,对被告人人权的尊重和保障。

纵观我国刑事诉讼制度发展的几十年,发展方向由强职权化走向民主化、人权化、法治化和科学化。但是鉴于职权主义的理念和惩治犯罪、保障社会安定的思想在我国已经根深蒂固,加上我国国情限制和传统文化思想的影响,刑事诉讼制度的改革之路绝非一帆风顺,更不可能一蹴而就。在制度层面,新的制度和政策难以做到尽善尽美;在实践层面,对新的制度和政策的精神难以完全领略,或难以彻底实施。因此,在1996年开启对我国的刑事诉讼法改革以来,学术界对于我国刑事诉讼法改革从制度解读、理论探讨以及实证层面进行了研究。研究的主要内容是以控辩审三方在诉讼中的关系为核心,探讨我国诉讼体制的归类问题——职权主义、当事人主义还是两者的混合,表现在法庭上是纠问制、控辩制还是两者兼而有之。

在司法体系中的各因素中,最能体现诉讼制度特色的当属法庭审判。"审判程序进行得如何,直接关系到侦查、起诉程序的成效和能否及时纠正其中的错误,关系到整个案件的处理结果,关系到被告人的基本人身权利,最终关系到刑事诉讼的任务能否切实实现。"[1]法庭审判不仅有重要的地位,而且形式具体直观。因此,庭审制度和庭审现状的分析是法学界研究的重点内容之一。

以我国刑事诉讼法立法为研究对象的研究,具有以下三个特色:其一,通过庭审制度分析,解读诉讼制度;其二,以制度解读和理论探讨为主,主要分析我国几次诉讼法修改的相关法规的内涵或相关文件中所体现的精神;其三,以分析影响因

---

[1] 陈光中主编:《刑事诉讼法(修正)实务全书》,中国检察出版社1997年版,第99页。

素为主,分析我国原有制度、传统思想和社会现状对实施改革的影响;其四,以庭审为中心的诉讼程序的实证研究,例如,包括了庭前会议、证人出庭作证、法庭调查、法庭辩论、当庭宣判几个环节的研究。[1]总之,这些研究着眼于理论和宏观层面,侧重于对相关法规、制度的研究和对我国整体情况的分析。研究结论以制度描述和国情分析为主要内容。例如,有制度解读方面的研究认为,我国改革后的刑事诉讼法本身没有完整体现对抗制或曰控辩式庭审的特色,只是部分地引进了对抗制或曰控辩制庭审的元素。这些因素与我国原有制度的某些因素相结合,形成了中国特色的庭审制度。这种制度兼具职权主义和当事人主义诉讼制度、纠问制和控辩制庭审的特色,又结合了我国国情中的特殊因素。[2]或者对我国刑事诉讼制度发展图景进行总体描述,例如,"刑事审判的目的已由单核式惩罚犯罪向惩罚犯罪与保障人权并重转型;审判构造已由强职权主义模式向'对抗—合作'模式转变;[3]审判原则已由有罪推定向体现无罪推定精神迈进"。[4]

与法学界以宏观层面和制度层面为主要特色的研究不同,本书试图从微观的角度,通过分析庭审中控诉、辩护和审判三方的语言表达,探讨我国的庭审模式的具体特征,从庭审特征中发现蕴含其中的我国刑事诉讼制度改革的成果和不足。具体原因及研究内容如下:

---

[1] 参见汪海燕:"刑事审判制度改革实证研究",载《中国刑事法杂志》2018年第6期,第21~40页。

[2] 参见龙宗智:"论我国刑事庭审方式",载《中国法学》1998年第4期,第88~98页。

[3] 强职权主义模式是汪海燕对我国1979年刑事诉讼特征的描述,参见汪海燕:"刑事诉讼模式的演进",中国政法大学2003年博士学位论文,第252页。

[4] 汪海燕:"中国刑事审判制度发展七十年",载《政法论坛》2019年第6期,第31~43页。

我国刑事庭审言语行为的实证研究

法庭审判不仅在司法体系中占据核心地位，而且形式具体直观。法庭审判活动可以最完整地体现诉讼形态，这种活动可以对侦查、起诉的有效性作出结论性判断并最终决定诉讼的命运，因此应当是诉讼活动的中心和重心。[1]可以说，庭审制度是诉讼制度的一个缩影。诉讼制度中的许多问题都能在庭审这一场景中展现出来，例如，司法权力的分配问题，控辩审三方在法律中的地位和权力（利）问题，事实问题与法律界定问题等。因此，集中对庭审特色进行研究不仅可以发现诉讼制度的关键特色，而且可以使人们对诉讼制度的认识更加直观、清晰。

控辩审三方的权力（利）和地位问题是刑事诉讼制度改革的焦点和重心。[2]我国检察机关在司法体系中的地位是影响引入控辩制庭审的关键，是决定我国刑事诉讼制度改革成败的关键因素之一。[3]法庭中公诉人与辩护人和当事人地位的平衡程度是我国庭审制度改革和诉讼制度改革的关键所在。因此，如果说庭审是诉讼活动的中心，刑事庭审则是这个中心的中心。

在法庭审判活动中，最重要的自然是语言的运用。可以说庭审的一切活动都需要用语言来完成：查明事实、组织举证和质证、法律适用、宣传法制、教育和威慑犯罪等。法官与公诉人的语言能力直接影响法庭审判的效果，辩护人的语言表达能力直接影响到辩护的成败。因此，语言在法庭中的作用是其他因素无法比拟的。而法庭中语言的运用状况不仅可以影响法庭审判效果和辩护结果，而且可以反映出控辩审三方在法庭中的

---

[1] 参见龙宗智："论我国刑事庭审方式"，载《中国法学》1998年第4期，第88~98页。

[2] 参见陈光中主编：《刑事诉讼法（修正）实务全书》，中国检察出版社1997年版，第99页。

[3] 参见左卫民："中国道路与全球价值：刑事诉讼制度三十年"，载《法学》2009年第4期，第80~92页。

地位和相互关系。

综上所述，控辩审三方的地位和权力（利）关系是我国诉讼制度改革的核心问题；较能完整体现诉讼形态的活动为刑事审判活动；而在法庭审判活动中，较关键的因素和较能反映法庭审判活动中控辩审三方关系的因素是语言的运用状况和语言特色。因此，本书将研究目标锁定为刑事审判中控辩审三方的语言运用状况。通过分别分析和综合比较三方的语言特色，发现三方在庭审中所起的不同作用和担任的不同角色、所享有的不同权利、所拥有的不同权力（利）以及彼此之间的关系状态。然后，通过庭审发现我国实施诉讼制度改革 20 多年来的成果，以期为未来庭审制度的改革方向和具体方式提供有价值的参考和线索。

二、研究内容与结构

本书的理论依据和分析工具为塞尔的言语行为理论；研究对象为刑事庭审中控诉、辩护、审判三方的法庭用语；研究方法为定性研究与定量研究相结合；研究目的为通过分析控辩审三方的庭审用语的言语行为特色，发现三方在庭审中的地位、作用、角色特征以及彼此之间的关系，并将研究结果对比我国的庭审制度改革目标，发现我国庭审制度改革所取得的成就与存在的不足，并指明以后改革需要努力的方向。本书选取了六个刑事庭审的案例，运用塞尔的言语行为分类标准，将六个刑事庭审中控辩审三方的庭审用语进行逐句归类，然后统计每一类别及其相应分类标准的数据，最后对比分析数据，以及数据所表明的控辩审三方的庭审地位、作用、角色特征以及三方在庭审中的关系。本书共分为六部分，具体如下：

第一章对言语行为的历史沿革进行了梳理，并着重简要介绍了奥斯汀和塞尔的言语行为理论。然后，在此基础之上，介绍了学术界对言语行为理论的运用情况，分析了言语行为理论与法律语言的关系，最后阐明言语行为理论与本书的关系。

言语行为理论属于日常语言学派，关注语言的实际运用。作为言语行为理论的创始人，奥斯汀于20世纪50年代提出了言语行为理论，他认为语言的作用就是完成各种行为。奥斯汀的言语行为理论经历了二分说和三分说两个阶段。奥斯汀将话语施事力量分为五个类别。塞尔继承了奥斯汀的言语行为三分说，并将言语行为根据新的标准重新进行分类。塞尔将言语行为也分为五个类别，并列出了分类的12个标准，以及实施言语行为的充分必要条件和语义规则。塞尔的分类更加系统、条理，从而也使得塞尔的言语行为理论作为语言分析工具的功能更强。言语行为理论自诞生以来，在学术界得到广泛的应用，运用方式和领域主要包括理论研究、文化研究、制度研究、心理特色研究、言语行为类别特色研究、语言表达的言语行为归类研究等。言语行为理论自诞生以来就与法律语言有着密切的关系，塞尔的言语行为理论较奥斯汀的理论与法律语言的关系更加密切。塞尔的言语行为理论在理念、关键概念和分类标准上都与法律语言尤其与庭审语言高度契合。因此，本书将塞尔的言语行为理论作为理论依据和分析工具来探讨庭审语言特色。这既是对言语行为理论与法律语言之间渊源关系的继承，也是对塞尔理论特色和庭审语言特色的展示。

第二章对塞尔的言语行为理论进行了阐释和补充，挖掘并分析了塞尔言语行为理论的工具性特征及其与庭审语言研究的密切关系。第二章在本书中占据十分重要的地位。因为本书的主要特色是实证性研究，第二章是本书进行实证研究的理论基础。该章共分为七个部分：第一部分、第二部分和第三部分是对塞尔理论与庭审之间密切关系的分析和阐释;第四部分是对塞尔言语行为理论工具性特征的分析及其与本书之间的密切关系;第五部分、第六部分和第七部分是本书具体分析模式和分析标准的阐释以及对问句[1]的分析方式。

该章第一部分分析了塞尔的12个言语行为分类标准。通过分析发现,塞尔的分类标准,无论其特色或作用如何,都与庭审之间有着密切的关系。除第八项外,其他标准均契合庭审语境和庭审语言的特色。塞尔的分类标准对于庭审研究存在三个层面上的意义:[2]可以反映出文化和制度特色;可以体现法庭审判效率;实现逻辑思路上的统一。

第二部分分析塞尔的言语行为类别及其与庭审之间的关系。分析内容主要包括每一种言语行为的定义与阐释、同一种言语行为内部的程度差别、每一种言语行为与庭审的关系。除此之外,还细化并充实了某些言语行为的特色,主要包括:言语行为内部程度差别的详细论述和分析;将评价类表达归入断言式言语行为;区分承诺式与指令式言语行为;论述问句的言语行为类别归属,[3]并将之根据命题内容进行再分类;并将态度类表达归入表情式言语行为;对"我宣布……"一类的表达进行言语行为归类。塞尔对言语行为的分类标准不再是动词,而是言外之的、适从向、心理状态和命题内容,从而使言语表达有了统一的衡量标准和比较标准。塞尔的言语行为理论作为语言

---

[1] 问句是特殊类型的言语行为。塞尔将之归入指令类言语行为,但它又不同于一般类型的指令式言语行为。同时,问句又在庭审中占据十分重要的地位。因此,在分析庭审话语中的问句之前,很有必要单独对问句进行分析和阐释。

[2] 虽然,塞尔所列出的标准,有一些不是分类标准,而是描述特点,但是为了表达上的方便,本书仍用"分类标准"来表示塞尔所列出的12个分类标准。

[3] 塞尔将问句归入指令式言语行为,但未作具体论述。本书对问句归入指令式言语行为的原因进行了具体的分析和论述。

分析工具的功能大大加强,且每一种言语行为都与庭审有着密切的关系。

第三部分分析塞尔言语行为理论中的关键概念与庭审语言之间的关系。这些关键概念包括语境(context)、字面意义(literal meaning)和以言行事力量指示项(illocutionary force indicating device)。

第四部分阐明了塞尔言语行为理论的工具性特征与本书之间的关系。塞尔制定的言语行为分类标准为语言分析提供了统一的分类标准和描述标准,使言语行为归类实现系统化和标准化,并使不同类型的言语行为之间增加可比性。同时,塞尔的分类标准体现了说话者、言语表达和客观世界之间的互动关系。塞尔的言语行为理论理念及分类标准和描述标准符合本书的研究内容和研究思路。

第五部分介绍了对庭审言语行为的分析维度。分析维度为塞尔分类标准中契合庭审语言特点,并能体现说话者、言语表达和客观世界之间的互动关系的项。分析标准和分析维度包括:言语行为分类,即根据塞尔的言语行为分类标准将法庭话语进行逐句归类;言语行为再分类,将每一种言语行为根据其中的关键因素进行再分类;[1]行为对象;心理状态;以言行事目的;以言行事力量指示项。

第六部分专门阐释本书对问句的处理方式。鉴于问句在言语行为分类中的特殊性和问句在庭审话语中的重要性,本部分对问句的再分类和问句中"讯问"和"询问"两种方式的区别,专门进行阐释和论述,为后面三章的实证分析部分奠定理论基础。塞尔认为问句属于指令式言语行为,笔者将之简称为

---

[1] 不同种类言语行为的关键因素不同,具体见相应言语行为再分类部分的论述。

"问指式言语行为",并根据命题内容,将问指式言语行为进一步区分为断言式问指和断言式加表情式问指。"讯问"和"询问"是两种不同的问句形式,本书综合以往研究的内容和两个词汇的含义,根据是否对受话者有利的标准,将庭审中的问话分为"讯问"和"询问"。"讯问"的内容对受话者不利,甚至"有害";"询问"的内容对受话者有利。

第七部分阐明了本书对言语行为的划分与个数的计量标准。言语行为的划分与个数的计量与语句的划分不完全重合,而是根据言语行为的标准进行划分和计算。

第三章、第四章和第五章是本书的实证部分,分别对法官、公诉人和辩护人的法庭用语进行言语行为归类统计和特征分析。这三章的分析模式基本相同。第一步,对三方的言语行为类别进行数据统计,发现不同类别的言语行为的数量和比例,并分析其中蕴含的相应角色在庭审中的地位、作用和营造的法庭氛围。第二步,对每一种言语行为进行分析,分析标准包括言语行为亚分类、心理状态、行为对象、以言行事目的和以言行事力量指示项。具体做法是对每一个标准进行数据统计,并根据数据统计结果分析其中蕴含的庭审特征。第三步,对本章的所有数据统计和分析结果进行总结,发现法官、公诉人或辩护人在庭审中的总体特征:地位、作用、角色特征及营造的法庭氛围。第三章是对法官的单独分析;第四章是对公诉人的分析,并在分析的同时加入与法官的对比;第五章是对辩护人的分析,并在分析的同时加入与法官和公诉人的对比。这样做的好处是将法庭审判的画卷一步步打开,最后得到法庭审判的整体画卷。步步加入对比因素的方法使得公诉人与辩护人的特征分析更加鲜明、高效。

第六章为结论部分。在综合第三、四、五章分析结果的基础上,将本书的分析结论与我国庭审制度改革的目标对比,发现我国庭审改革已经取得的成就和仍旧存在的不足。最后,指出本书取得的成就与存在的局限。

三、研究文献与方法

(一) 文献综述

自从我国1996年进行第一次《刑事诉讼法》修正以来,学术界对我国的诉讼模式和庭审模式进行了广泛而深入的研究,研究角度多种多样,涵盖了法律文化、法律制度、法律理念、历史沿革、外界影响、语言特色、法庭设置等方面;研究成果可谓汗牛充栋。本书的研究对象为我国当下刑事庭审语言。时间节点为"当下";研究内容为诉讼制度改革以来庭审语言的特色及其所反映的庭审模式的特征;理论依据为语言学中的言语行为理论。因此,本书的文献梳理从法学角度和语言学角度分别进行。法学界研究的文献回顾仅限于1996年《刑事诉讼法》第一次修改之后法学界对庭审制度的研究;同样,语言学界研究的文献回顾始于1996年《刑事诉讼法》第一次修改之后。

1. 诉讼制度改革以来,法学界对庭审模式的研究

法庭审判活动是诉讼形态的完整体现,是诉讼活动的中心和重心。[1]因此,可以说庭审模式是诉讼制度的缩影。而相比而言,刑事庭审更能反映我国诉讼制度特色。刑事诉讼制度改革以来,针对我国诉讼制度以及庭审模式中控辩审三方关系的研究主要包括两个层面:一是从制度和理念的层面论述我国诉讼制度的传统模式、改革特色,以及改革在庭审模式中的体现;二是研究控辩审某一方,或庭审中某一因素的特点,分析我国

---

[1] 龙宗智:"论我国刑事庭审方式",载《中国法学》1998年第4期,第88~98页。

的庭审模式在相应方面的特色,以及诉讼制度改革为其带来的变革。

龙宗智在文章《论我国刑事庭审方式》[1]和著作《刑事庭审制度研究》[2]中认为1996年的诉讼制度改革是吸收和借鉴了当事人主义的某些因素,但是我国的刑事诉讼制度远远不是当事人主义的刑事诉讼制度,并且与其有重大区别。其认为我国经过1996年《刑事诉讼法》改革后的庭审方式是一种具有中国特色的混合式庭审方式,这种方式结合了中国固有的传统因素,同时又兼具现代职权主义和当事人主义的某些特色。中国特色主要包括以下几个方面:首先,庭审中法官职权主义因素与对抗制因素共存。由原来的法官包办证据调查改为以控辩举证为主,但同时,法官不是消极地听证,而是在必要时可以讯问被告人,询问证人,调查证据。控辩举证具有对抗制庭审的特征,而法官讯问权和调查权的保留又是职权主义的典型特色。其次,被告人兼具诉讼主体和诉讼客体的地位。主体地位是现代职权主义和当事人主义刑事诉讼模式的典型特征,而诉讼客体的地位为我国诉讼模式所独有。[3]最后,检察官在庭审中仍具有双重身份:公诉人和法庭活动的监督者。虽然,《刑事诉讼法》规定对庭审活动实施监督的为检察院而非公诉人,但是实际上负有监督作用的就是出庭的公诉人。这种双重身份也为我国诉讼制度所独有。[4]

---

[1] 龙宗智:"论我国刑事庭审方式",载《中国法学》1998年第4期,第88~98页。
[2] 龙宗智:《刑事庭审制度研究》,中国政法大学出版社2001年版。
[3] 参见龙宗智、左卫民:"特色与问题——庭审方式与评析",载《现代法学》1996年第4期,第37~43页。
[4] 参见龙宗智:"论我国的公诉制度",载《人民检察》2010年第19期,第5~12页。

我国刑事庭审言语行为的实证研究

卞建林在文章《中国特色刑事诉讼制度的重大发展》中认为2012年《刑事诉讼法》使刑事诉讼制度进一步法治化、民主化和科学化，取得了历史性的重大进步。[1]

有关我国1979年确定的诉讼制度以及1996年《刑事诉讼法》修改的性质，有学者认为我国1979年确定的刑事诉讼制度既非职权主义，亦非当事人主义，而是介于两者之间的，具有中国特色的强职权主义诉讼模式。1996年《刑事诉讼法》修改，弱化但并没有完全剔除强职权主义因素，同时，吸收了当事人主义审判程序中的一些内容，如废止法院在庭审前进行调查、加强控辩双方在庭审中的作用，弱化法官在庭审中的主导地位等。我国1996年《刑事诉讼法》修正后的刑诉模式为以强职权主义为基调的混合式诉讼制度，并且认为，这应该是我国刑事诉讼模式转型的方向。强职权主义为中国特色，混合的内容为现代职权主义和当事人主义诉讼模式中的某些因素，例如，现代职权主义中的人权保障制度，当事人主义中的控辩平衡和当事人的诉讼主体地位等。[2]

文章《中国刑事审判制度发展七十年》对我国刑事审判制度的重要改革特色和存在的问题进行了总结和定性。[3]具体如下：

1996年的《刑事诉讼法》修改，在刑事审判制度上吸收了对抗式诉讼的一些因素，以纠正我国控审权力过于集中和膨胀的特色，赋予当事人更多的自主权和程序参与权，例如，由控方主讯问被告人，辩护人在审判长允许的情况下亦可发问；控辩双方可对案件事实、证据发表意见，相互辩论和质证；被告

---

[1] 卞建林："中国特色刑事诉讼制度的重大发展"，载《法学杂志》2012年第5期，第1~8页。

[2] 参见汪海燕：《我国刑事诉讼模式的选择》，北京大学出版社2008年版。

[3] 汪海燕："中国刑事审判制度发展七十年"，载《政法论坛》2019年第6期，第31~43页。

人所享有的辩护权更加充盈。据此，笔者认为1996年《刑事诉讼法》修改体现了现代诉讼法治的理念。但是由于各种因素的影响，改革效果大打折扣。例如，刑事诉讼法改革着重改变的控辩失衡问题并没有得到彻底的解决。控方仍然享有天然的优势地位，且控方仍然是审判程序的监督者，公诉人被称为"法官之上的法官"。这些局面仍然存在，没有得到根本的改变。控辩失衡，职权主义色彩浓厚，仍然是我国刑事庭审的基本模式和特色。

2012年的《刑事诉讼法》修改以"尊重和保障人权"为重点，在审判阶段对被告人权利的保障进一步深化，这正式标志着我国在刑事诉讼法中对多元诉讼价值的承认和追求。但是因为配套制度和法规存在诸多问题，对于人权保障的追求被虚化。例如，庭前会议功能"实体化"导致庭审虚化，这必然使庭审中对人权的保障也只能有限制地实现。

2014年，党的十八届四中全会以来，推进以审判为中心和认罪认罚从宽的诉讼制度改革，深化庭审实质化，强调庭审在刑事诉讼中的决定性作用。与前两次改革类似，2014年开始的以审判为中心的诉讼模式改革，也因为配套制度的缺乏和旧有制度的障碍，在短时间内难以完全达到既定改革目标。于庭前会议而言，法官于庭前会议中的预断风险以及实体审理倾向仍未根除；于证人、鉴定人、侦查人员出庭作证而言，出庭状况虽然有一定改观，但比例仍然较低，即使出庭作证，效果亦为有限；于法庭调查而言，举证的具体程度和质证的激烈程度虽有所改进，但对证言笔录进行"质证"的情况犹存；于当庭宣判而言，法官的证据认定能力和技术性因素（如判决书体量过大）等都牵制着当庭宣判的落实。[1]

---

[1] 汪海燕："刑事审判制度改革实证研究"，载《中国刑事法杂志》2018年第6期，第21~40页。

经过几次改革和转型之后,我国"刑事审判的目的已由单核式惩罚犯罪向惩罚犯罪与保障人权并重转型;审判构造已由强职权主义模式向'对抗—合作'模式转变;审判原则已由有罪推定向体现无罪推定精神迈进"。[1]

文章《刑事审判制度改革实证研究》[2]以实证的方式,证明我国目前刑事诉讼制度改革存在的问题,认为"司法改革更多体现出权力主导的特征,侧重于顶层设计的引领作用",但忽略了基层法律工作者的作用。

陈光中撰写了一系列文章,探讨刑事诉讼法改革所遵循的理念,并对改革的具体方面提出相应的建议。在《审判中心与相关诉讼制度改革初探》[3]一文中,他从审判中心的理念出发,结合我国的诉讼制度,对我国的诉讼制度改革提出了如下建议:保证审判权依法独立行使,完善辩护制度特别是法律援助制度,完善证人出庭制度、探索贯彻直接言词原则以及保证侦查、审查起诉质量,为公正审判奠定坚实基础。在《刑事诉讼法再修改之基本理念——兼及若干基本原则之修改》一文[4]中,陈光中从理念和应然的层面,论述了我国刑事诉讼法改革应该遵循和改变的理念:其一,惩罚犯罪和保障人权相结合。陈光中认为人权保障的关键在于保障犯罪嫌疑人和被告人的人权,因为在诉讼中,他们处于被动地位,是诉讼关系中的弱势群体。而保障被告人的人权,最关键的就是保障他们的诉讼权利不受司

---

[1] 汪海燕:"中国刑事审判制度发展七十年",载《政法论坛》2019年第6期,第31~43页。

[2] 汪海燕:"刑事审判制度改革实证研究",载《中国刑事法杂志》2018年第6期,第21~40页。

[3] 陈光中、步洋洋:"审判中心与相关诉讼制度改革初探",载《政法论坛》2015年第2期,第120~128页。

[4] 陈光中:"刑事诉讼法再修改之基本理念——兼及若干基本原则之修改",载《政法论坛》2004年第3期,第4~9页。

法机关的侵害,以及法庭审判中的控辩平衡。其二,重视程序公正,改变我国"重实体,轻程序"的观念。在《中国刑事诉讼法立法四十年》一文[1]中,陈光中对我国改革开放40年来《刑事诉讼法》修改的内容进行了总结。改革内容主要包括以审判为中心,加强司法民主与人权保障,以及保障辩护权等。陈光中认为刑事诉讼制度改革要遵循司法规律,刑事诉讼应坚持动态平衡理念。

丁寿兴在著作《庭审中的审判长》[2]中,对成功庭审的概念进行了界定。他认为庭审成功的程度既可以用效率价值来衡量,也可以用程序价值来衡量。用效率价值衡量的庭审是指庭审所达成的结果是否有效解决争端、是否有明确判决结果。用程序价值来衡量的庭审,包括:①当事人的权利以及当事人的诉讼主体地位是否得以保障;②审判程序的安排是否合理、有序;③审判长处置各种事件是否合法、有效。"从诉讼理论上来说,庭审的程序价值在于,它提供了一个能够确保当事人和法官通过平等的争辩、对话、协商而共同认识争议、裁断争议的场合,从而使当事人保持了人格尊严和思想自由。"[3]丁寿兴对于成功庭审的界定,强调的是当事人的诉讼权利、主体地位、人格尊严和思想自由。这些衡量庭审成功与否的重要因素是控辩式庭审中的关键因素。丁寿兴的著作完成的时间正是1996年实施诉讼法改革大概10年,因此,他的有关庭审成功的理念体现出诉讼法改革对我国学者的影响:对于庭审价值追求的多元化,从单纯的破案率标准转向对程序的重视和对当事人人权的保障。

---

[1] 陈光中、曾新华:"中国刑事诉讼法立法四十年",载《法学》2018年第7期,第24~42页。

[2] 丁寿兴主编:《庭审中的审判长》,上海三联书店2006年版。

[3] 丁寿兴主编:《庭审中的审判长》,上海三联书店2006年版,第103页。

我国刑事庭审言语行为的实证研究

卞建林在其文《从我国刑事法庭设置看刑事审判构造的完善》[1]中根据我国刑事庭审的设置,结合诉讼理论和我国的诉讼法,论述了我国刑事庭审的现状。卞建林认为,现阶段我国的刑事庭审呈现独特的伞形结构:审判人员位于伞的顶端,身兼庭审程序的"主持者"和案件实体真实的"发现者",拥有强大到几乎不受限制的法庭调查权,并在一定程度上包揽举证尤其是代替控辩双方对证人进行询问的权力;伞面由公诉人(加上被害人及其诉讼代理人)和辩护人共同组成;被告人孤零零独自位于伞把一端。他认为这种伞形结构体现我国庭审中控辩双方的地位极其不平衡:被告沦为诉讼客体,处于极其弱势的地位;控审职能不分,审判方拥有过多权力的庭审特征。由此得出结论,我国法庭审判的实质是"审讯"或"审问",既不是英美法系的当事人主义诉讼,也不是大陆法系的职权主义诉讼。另外,卞建林从应然的层面,论述了我国刑事诉讼改革应遵循的理念,即明确审判人员的职责,为法官在法庭中的角色重新定位;建立完善的证据展示制度,充分发挥控辩双方在法庭中的对抗作用;加强合议庭功能,纠正"审者不判,判者不审"的不正常现象。

丁寿兴在其著作《庭审中的审判长》[2]中,对我国庭审中审判长应该持的立场和应该发挥的作用进行了论述。结论是法官应持中立的立场,应该起到主持庭审的作用。丁寿兴认为,法官是有别于其他法律职业者的中立裁判者。在法庭中,法官要摆正居中裁判的位置,平衡控辩双方在庭审中的地位和作用。修改后的《刑事诉讼法》将庭审模式由纠问式转变为控辩式,

---

[1] 卞建林、李菁菁:"从我国刑事法庭设置看刑事审判构造的完善",载《法学研究》2004年第3期,第82~93页。

[2] 丁寿兴主编:《庭审中的审判长》,上海三联书店2006年版。

导 论

旨在保持控辩平衡，形成一个平衡的控辩审三角关系。在这个三角关系中，法官的中立立场起着至关重要的平衡作用。[1]丁寿兴认为审判长的第二个重要作用是主持庭审，因而，审判长应该具有驾驭庭审的能力。庭审驾驭能力，就是审判长或独任法官在当事人和所有诉讼参与人的参加下，依照法律，按照一定的程序，组织、指挥、调度并协调举证、质证、辩论等庭审活动所表现出来的技能和技巧。《人民法院五年改革纲要》第15条对审判长在庭审中的要求是"要努力提高驾驭、指挥庭审能力，注重发挥控辩双方在法庭上的诉辩作用，通过证人出庭作证，出示证据，质证，指控与辩护等活动，查清案件事实"。[2]中立意味着客观，不偏不倚，去感情化。与主持相对应的庭审驾驭能力，就是主导作用和能动性。丁寿兴所论述的这两个方面恰恰体现了我国刑事庭审兼具当事人主义和职权主义的双重特色。

杨文革在其文《从"审被告"到"审证人"——诉讼制度改革背景下刑事庭审模式转型刍议》中，[3]从制度解读和理论探讨层面，认为我国应该由"审被告"的庭审模式转化为"审证人"的庭审模式。他认为2012年《刑事诉讼法》中"强制证人出庭"的规定体现了我国"审被告"到"审证人"的思路的转变，且我国当下推行的"以审判为中心"的诉讼制度改革也为审判模式的变换提供了动力。"审证人"是职权主义与当事人主义诉讼的共同特色，而"审被告"是我国刑事庭审模式的最大特征。这与以人权保障、司法民主为核心的时代精神十分不符。杨文革认为2012年《刑事诉讼法》在保留原有"审被告"

---

[1] 参见丁寿兴主编：《庭审中的审判长》，上海三联书店2006年版，第96页。
[2] 丁寿兴主编：《庭审中的审判长》，上海三联书店2006年版，第199页。
[3] 杨文革："从'审被告'到'审证人'——诉讼制度改革背景下刑事庭审模式转型刍议"，载《北方法学》2017年第1期，第133~149页。

模式的基础上，对强制证人出庭作了明确规定，揭开了我国刑事庭审模式由"审被告"向"审证人"转型的序幕。

针对辩护人在诉讼制度中的地位和控辩平衡相关问题，陈光中也撰写了一系列论文。在《辩护人的诉讼地位与证据开示》一文中，[1]陈光中根据我国的法律制度和现实状况，从应然的层面，论述了辩护人在法律诉讼中的地位，认为辩护人应该是诉讼主体的地位。陈光中认为"刑事诉讼的民主化和法治化程度越强，辩护人发挥的作用就越大。确认辩护人的主体地位，与辩护人在刑事诉讼中辩护职能的发挥、权利义务的履行以及我国民主化法治化的进程是一致的"。在《动态平衡诉讼观之我见》一文中，[2]陈光中从我国现实制度状况出发，在理论层面，强调控辩平衡、控辩对抗和控辩和合相统一的重要性。在《我国刑事辩护制度的改革》一文中，[3]陈光中从制度解读的角度，分析2012年《刑事诉讼法》修改中对辩护制度的改革。其第35条规定："辩护人的责任是根据事实和法律，提出犯罪嫌疑人、被告人无罪、罪轻或者减轻、免除其刑事责任的材料和意见，维护犯罪嫌疑人、被告人的诉讼权利和其他合法权益。"陈光中认为在修改的《刑事诉讼法》中，辩护人的职责应当包括实体辩护与程序辩护两个方面。"后者要求辩护人就侦查、起诉、审判活动程序违法或者侵犯被指控人的程序权益为由提出辩护……修改后《刑事诉讼法》强调实体辩护与程序辩护并重，在原有规定基础上增加规定了'维护犯罪嫌疑人、被告人的诉讼权利和其

---

〔1〕 陈光中："辩护人的诉讼地位与证据开示"，载《中国律师》2002年第2期，第31页。

〔2〕 陈光中："动态平衡诉讼观之我见"，载《中国检察官》2018年第13期，第4~5页。

〔3〕 陈光中："我国刑事辩护制度的改革"，载《中国司法》2014年第1期，第24~27页。

他合法权益'的内容。"[1]这些立法的修改体现出对被告人和辩护人权利的重视。

2. 法学界研究成果与特色总结

刑事诉讼法改革以来,法学界对我国刑事庭审模式的研究方式及成果总结如下:

研究方式分为三个层次:一是将庭审作为诉讼制度研究的一部分,分析诉讼制度改革对庭审模式的影响,或诉讼制度改革成就在庭审中的体现;二是研究庭审模式的整体特点,分析庭审中控诉、辩护、审判以及被告的地位、作用及关系特征;三是分析法庭审判中,从控诉、辩护、审判某一方的特色,或从某一方入手,分析庭审模式的特征。

研究成果分为两个层面:一是与庭审模式直接相关的诉讼法改革成果总结,二是庭审模式及庭审中各因素的特征分析。

在诉讼法改革成果层面,法学界研究普遍认为1996年的《刑事诉讼法》修改,不是改纠问制为控辩制,而是在我国的现有刑事诉讼模式中,引入控辩制的某些因素,加强控辩双方的对抗和平衡,限制法官的权力和公诉人的权力。2012年的《刑事诉讼法》修改是在1996年《刑事诉讼法》修改的基础上,进一步体现对人权的保障和尊重。2014年开始的以审判为中心和认罪认罚从宽的诉讼制度改革,进一步体现了对庭审的重视和对人权的保障。但是鉴于我国原有诉讼制度的限制、国情文化特色、司法队伍的素质、经济条件的限制以及配套制度和措施的缺位等因素,改革措施不能得到完全实施,改革效果不尽如人意。但是总体上我国司法诉讼改革的方向是正确的,改革的理念是保障和尊重人权,使刑事诉讼模式向着科学化、民主化

---

[1] 陈光中:"我国刑事辩护制度的改革",载《中国司法》2014年第1期,第24~27页。

和现代化的方向发展。

庭审模式及庭审中各因素层面的研究成果总结如下：

控辩审是庭审中最重要的组成部分，三方关系是庭审模式改革的重点和重心。实现法官地位中立化，作用消极化；实现控辩双方的对抗和平衡；限制控方的权力，限制法官的主观能动作用；保障被告人的权利，保障辩护人的权利。这些是刑事诉讼改革中，对庭审中控辩审三方权利和权力的改革目标。我国目前庭审中最大的问题仍旧是法官的主观能动作用太大，以及公诉人双重地位所导致的公诉人的权力过大。改革的方向是正确的：适应现当代社会发展对庭审模式的要求——尊重和保障人权，实现诉讼的科学化和民主化。

上述研究，无论是诉讼制度层面，还是庭审模式层面，或对庭审中某个因素的研究，绝大部分都是从制度的层面，分析改革理念和现有制度的特色，以及原有制度对新制度的实施形成的障碍。因此，这些研究大多属于理论探讨和制度分析层面的研究。经过分析总结众多学者的研究特色和研究成果，可以得出结论：我国目前庭审制度和模式处在新旧交替的过渡时期，各种因素交织在一起，情况复杂，它不属于某一种典型的庭审模式，而是兼具几种庭审模式的特色，同时又具有我国独特的国情特色。

3. 法学界研究对本书的启示

法学界以宏观层面为特色的研究重制度解读和规范研究，而对庭审实际状况关注不足；理论研究丰富，而实证研究不足。鉴于我国诉讼制度改革的复杂性及其对庭审模式的影响，本书拟从实证的角度，以具体的刑事庭审为研究对象，以庭审语言分析为着眼点，探讨经过几轮的刑事诉讼法改革，到目前为止，我国的庭审模式到底是一种什么样的模式，呈现出什么样的特点：控辩审三方关系到底如何，职权主义因素、当事人主义因素、我国所特有的国情特色,这些因素各占多少比例;是否以及在什么程度上保障和尊重被告人的人权;民主化和科学化的倾向是否有所体现。实证研究是本书的方式,发现庭审的真实状况是本书的目标,从细微处着眼的微观研究是本书的特色。

4. 诉讼制度改革以来,语言学界对庭审特征的研究

1996年我国《刑事诉讼法》修改以来,语言学界运用不同的理论对我国的庭审语言进行了广泛的研究。理论依据多种多样,其中以西方语言学理论为主;研究对象大多为包括庭审参与各方在内的庭审语言综合研究和庭审语言整体研究和专门的法官语言研究;将公诉人语言、律师语言及被告人语言作为专门研究对象的论文极少。鉴于研究理论的繁杂和研究对象在数量上的极度不平衡,对庭审语言的语言学研究的梳理不以理论或研究对象为分类标准。根据本书的研究特点,语言学角度的庭审语言研究文献综述以研究的内容和研究目的,及其与语言学和庭审的关系亲疏程度为综述的分类标准。语言学界对庭审语言的研究可以分为五类,具体如下:

第一类:语言学范畴的研究。这类研究只是把庭审作为语境或研究背景,把庭审语言作为语料,研究庭审语言的语言学特点。这类研究的目的在于以庭审作为研究范例,为研究其他类型的语言或其他类型的机构语言提供相应的研究模式。虽然这些研究也会涉及一些制度的因素,但是这种"涉及"不是专门的,而是"顺便"的,制度不是研究的主要内容和终极目的。因而,这些研究中对制度特色的介绍是片面的和不系统的。这种研究对于庭审实践的意义在于对法庭审判技巧具有有限的和间接的指导意义。这类研究和语言学的相关度要远远大于和庭审制度的相关度,从本质上讲,是语言学研究范畴。

崔凤娟对于庭审中模糊限制语的研究大多属于这一类别。

在专著《庭审语篇中模糊限制语的顺应理论研究》中，崔凤娟运用维索尔伦（Verschueren）[1]的顺应理论构建了模糊限制语的语用学框架，研究了庭审语篇中模糊限制语的实现形式、变异性、商讨性、顺应性、语用功能等，揭示了模糊限制语在庭审语境中的动态生成机制及影响模糊限制语选择的社会、心理等动因。研究成果主要包括四个方面，每一个方面都和语言学理论，而非庭审模式，直接相关。一是提出了研究庭审语境中模糊限制语的模式——把模糊限制语看成是庭审语篇中不同说话者选择的一种语用策略；二是根据不同的交际目的，将模糊限制语的变异在策略层面上划分为三个主要维度：命题内容准确性维度、情感维度和语篇连贯维度；三是模糊限制语的选择主要基于三个原则和策略：合作原则、礼貌策略和语篇连贯；四是模糊限制语是顺应社交世界［例如庭审规则、权力（利）关系等］和心理世界（例如交际者的心理动机）等语境因素的结果。[2]在《模糊限制语对庭审中不同语域的顺应》一文中，崔凤娟指出在不同交际目的的驱使下，庭审交际者会选择不同类型的模糊限制语来顺应不同庭审语域中各种相关的语境因素。根据《庭审语篇中模糊限制语的顺应性》[3]的研究，庭审参与者选择模糊限制语主要来顺应社交和心理两类因素。社交因素主要包括庭审规则和权力（利）关系；心理因素主要指心理动机。[4]

---

[1] See Verschueren, *Understanding Pragmatics*, London: Edward Arnold, 1999, p.66.
[2] 参见崔凤娟：《庭审语篇中模糊限制语的顺应理论研究》，中国社会科学出版社 2013 年版。
[3] 参见崔凤娟："庭审语篇中模糊限制语的顺应性"，载《山东外语教学》2012 年第 4 期，第 42~48 页。
[4] 参见崔凤娟："模糊限制语对庭审中不同语域的顺应"，载《大连民族学院学报》2012 年第 2 期，第 124~128 页。

导 论

廖美珍有一小部分研究也属于这类研究。文章《答话研究——法庭答话的启示》以法庭审判为语料研究答话的类型,旨在为答话的研究提供解决某些问题的途径,提供语言研究的新启示,以及开辟如下的领域:问话的疑问点问题,标准一致性问题,对"应答"中的"直接应答"和"间接应答"的研究问题。而对于该研究的法律意义,只是在文章最后简单提及:"司法审判人员有必要了解答话的类型,然后再考虑答话的合适性,合理性,合法性,以及可接受性等等问题。"[1]《民事审判话语中人称指示语的变异与身份建构》一文探讨人称指示语变异的情形,及其对身份构建的意义。研究结果表明,人称指示语的变异体现了叙事视角或立场的变化,人称指示语的变异是身份建构的一种重要途径,这些身份建构包括:①权益身份的建构;②情感伦理身份的建构;③权势身份的建构;④机构身份的建构。[2]

另外,江铃的《理性与冲突:关于合作原则在法庭互动话语中的适用性》以合作原则分析庭审话语,以证明合作原则不仅适用分析合作型对话,也适用冲突性的对话。[3]胡海娟的《庭审提问策略的语用功能透析》研究在庭审过程中,如何根据变化的交际环境,以及为实现不同的交际目的,而选用不同的提问策略:重复、重述、并置和话题控制。[4]陈海庆、刘亭亭的《庭审语境中公诉人话语停顿的动态属性及修辞功能》从社

---

[1] 参见廖美珍:"答话研究——法庭答话的启示",载《修辞学习》2004年第5期,第29~34页。

[2] 参见夏丹、廖美珍:"民事审判话语中人称指示语的变异与身份建构",载《华中师范大学学报(人文社会科学版)》2012年第2期,第119~124页。

[3] 参见江铃:"理性与冲突:关于合作原则在法庭互动话语中的适用性",载《吉林师范大学学报(人文社会科学版)》2010年第6期,第34~37页。

[4] 参见胡海娟:"庭审提问策略的语用功能透析",载《政法学刊》2008年第5期,第72~75页。

会心理修辞学和互动语言学视角系统分析了公诉人话语中停顿的动态属性及其修辞功能。研究表明"停顿"在公诉人话语中主要分布在句中，出现频繁且停延时间长。此类停顿具有五大修辞功能，即提醒、强调、对立、严肃及疑问功能。其中，强调功能和提醒功能使用频率最高且主要以小停顿的方式出现。[1]

崔玉珍的《法庭讯问的信息分析》主要从信息的角度对法庭讯问进行了探讨，提出法庭讯问的本质就是特殊语境下的信息传递。公诉人和被告人之间的问答形成了信息流，案件事实就在信息流中构建起来。在信息流中，焦点的辖域、焦点的新旧状态、非焦点成分/预设的新旧状态都会影响信息的传递。焦点的辖域直接和事实相关联，焦点的新旧状态反映出公诉人实施的首要言语行为，而非焦点成分/预设的新旧状态则和信息传递的隐蔽性有关。三者从不同方面影响信息的传递，并进而影响案件事实的构建。因此，公诉人要在法庭讯问中达到良好的讯问效果，在讯问过程中就必须注意这些方面对信息传递的影响。[2]

纵观这些研究，可以发现，庭审对于这些研究的意义仅限于提供研究的语境和语料。这些研究的研究对象、研究目的和研究意义都是语言学的。这些研究与庭审制度的相关性极其微小，偶有提及或涉及，也只是限于"顺便"的程度。因此，这类研究应归于语言学研究的范畴。

第二类：庭审技巧/庭审策略类研究。这类研究的特色是，运用语言学理论，研究庭审参加人的语言特色或使用的语言技巧，并提出旨在提高庭审效率或实现司法公正的语言技巧。这

---

[1] 参见陈海庆、刘亭亭："庭审语境中公诉人话语停顿的动态属性及修辞功能"，载《当代修辞学》2018年第3期，第84~95页。

[2] 参见崔玉珍："法庭讯问的信息分析"，载《中国政法大学学报》2014年第5期，第146~160页。

类研究所用理论为语言学理论,但是不是探讨理论本身,而是将理论作为分析语言的工具,因此,理论探讨的深度和系统性远不如第一类研究。这类研究的目的是为提高庭审效率和实现司法公正提出有效的语言技巧,因此,庭审制度和模式的优劣不是关注的重点,重点是语言技巧层面的因素。

孙炳文的《从关联视角看庭审互动中话语标记语的语用功能》研究庭审中话语标记语的语用功能及意义,分析了话语标记语在法庭问答互动中的四种语用功能,即明示功能、人际情感功能、语篇组建功能、语境制约功能。该研究对于庭审的意义在于,在法庭交际中,适当地使用话语标记语可以提高律师、公诉人以及审判长对被告人问话的效率。法庭中的交际者应提高话语标记语的语用意识,引导受话人正确理解问话和准确答话,保证法庭交际互动的顺利进行。[1]该研究同时也具有第三类研究的特色,即庭审语言特色研究(具体见下文)。

陈铭浩、张玥的《话语标记语在法庭会话信息修正中的作用研究》对法庭会话修正中的话语标记语的使用进行了研究分析,揭示了话语标记语在法庭会话信息修正中的使用状况及其作用。研究结果表明,恰当使用话语标记语进行修正可以加强或消除现时语境假设,增强话语的语用制约性,进而有效解决法庭上当事各方在听说和理解上的障碍,扩大双方共识,促进庭审的顺利进行。[2]该研究同时也具有第三类研究特色,即庭审语言特色研究(具体见下文)。

张彦的《法官庭审语言的情感信息》根据情感表达与理解

---

[1] 参见孙炳文:"从关联视角看庭审互动中话语标记语的语用功能",载《当代修辞学》2015年第1期,第56~61页。
[2] 参见陈铭浩、张玥:"话语标记语在法庭会话信息修正中的作用研究",载《山东外语教学》2008年第3期,第41~46页。

和韵律（设计语调、语速、停顿和重音）的关系，以及法官在法庭语境中应该传达的情感信息，对法官庭审用语的韵律特征提出指导性建议。经研究发现，语言情感的表达与理解在韵律层面上涉及语调、语速、停顿和重音。在口语交流中，话语的韵律特征反映出说话人的情感信息。韵律特征在句子层面上体现为语调、语速、重音和停顿等。文章在结论中指出，法官在庭审应该使用什么样的语调，以及如何使用。准确把握表达感情因素的韵律特征，表达合适的情绪，可以有效地提高法官庭审的质量和效率。[1]

张丽萍的《庭审冲突的语言分析及对法官驾驭庭审的启示》运用系统功能语法理论分析诉讼双方对案件事实陈述在概念功能、人际意义和语篇功能上的对立焦点，并指出这些对立焦点对于法官提高驾驭庭审技能的重要性。[2]

高立娟的《浅谈法庭审判中公诉人语言预设策略的运用》运用预设理论，研究公诉人法庭上预设策略的运用。预设包括语义预设与语用预设。公诉人在举证、证明犯罪方面，可以使用不同的预设策略。[3]

属于第二类研究的成果并不多，这些成果的最显著的特色就是，研究目的是为庭审参加人提供旨在提高庭审效率的、指导性的语言技巧或策略。

第三类：庭审语言特色研究。这类研究是根据庭审的语境特色和制度特色，以及由此决定的法庭审判参加人的角色、地

---

[1] 参见张彦："法官庭审语言的情感信息"，载《中国政法大学学报》2012年第3期，第151~161页。

[2] 参见张丽萍："庭审冲突的语言分析及对法官驾驭庭审的启示"，载《南京理工大学学报（社会科学版）》2005年第3期，第68~71页。

[3] 参见高立娟："浅谈法庭审判中公诉人语言预设策略的运用"，载《科技信息》2012年第5期，第580~581页。

位以及彼此之间的权力（利）关系，分析庭审语言的整体特色或某一角色的语言特色。展现法庭审判独有的语言特征是此类研究的终极目的。语言学界对于庭审语言的研究大多属于此类研究。

廖美珍的绝大部分研究属于此类研究。《法庭审判话语框架分析》利用框架理论分析了法庭审判的静态框架和动态框架。研究发现法庭静态框架包括显性框架和隐性框架。显性框架主要是法庭的程序框架，服务于法庭审判的程序正义。显性框架主要由法官或审判长根据诉讼法负责构建。隐性框架主要涉及实体正义。动态框架的研究发现，首先，法庭审判框架的建构是全体审判参与者的建构，但是参与者的法庭角色不同，因此参与框架建构的内容和形式不同。其次，法庭框架的建构是言语行为的建构，由于角色不同，因此言语行为也不一样。该研究认为，框架互动是法庭审判最主要和最本质的互动形式，在框架互动中，最典型的是目的互动和"故事"互动。[1]《目的原则与法庭互动话语合作问题研究》认为合作原则和礼貌原则都无法很好地解释互动话语活动。在大量调查庭审语料的基础上，该研究提出了话语分析的目的原则，认为目的原则是解释法庭互动合作问题的有效模式，其适用层面高于合作原则和礼貌原则。该研究认为目的原则不仅能解释合作问题，还能解释合作程度问题。该研究利用目的原则研究法庭互动语言的特色，在这个层面上，该研究属于此类研究。[2]另外，该研究还涉及了法庭审判中的合作及合作程度的问题，在这个层面上，该研

---

[1] 廖美珍："法庭审判话语框架分析"，载《当代修辞学》2012年第6期，第83~91页。

[2] 廖美珍："目的原则与法庭互动话语合作问题研究"，载《外语学刊》2004年第5期，第43~52页。

究属于第四类研究（具体分析见下文）。《中国法庭互动话语对应结构研究》以"对应"为分析单位，揭示法庭审判中互动话语结构特征，揭示不同互动结构的分布。研究发现法庭问答互动具有七种"对应"结构类型，七种最多的结构是"Q—R"型。[1]专著《法庭问答及其互动研究》系统分析了法庭审判中问答主体间的互动机制、法庭审判的问答互动结构特征、法庭问答互动中的话语形式冲突，法庭问答互动与目的关系，以及法庭互动中的合作问题，并通过法庭问答的互动机制，研究法庭审判中的合作及合作程度，[2]因此，该研究同时也属于第四类研究（具体分析见下文）。《法庭审判问答推理分析》分析了问答与推理的关系，指出问答推理是法庭推理的重要形式，是陈述推理的基础，推理是法庭问答的主要内容。[3]《法庭解述话语现象的生成机制研究》研究法庭中解述话语的特点、作用及其反映出的法庭特色。研究发现"法庭互动中解述话语行为的生成具有'前导行为+核心行为+后续行为'三大构件，并呈现出解述的六类序列结构，还具有对对方话语进行增添、删减、重组、推衍等四种命题特征。在三大构件、六类序列结构和四种命题特征的共同构建下，法庭解述话语行为起到了调节法庭互动参与者合作程度和对抗权力不平等性的作用"。[4]罗桂花、廖美珍的《法庭话语中的言据性》研究法庭参与者话语的言据性特征，及其体现的话语风格、庭审风格和人员身份。例如，

---

[1] 廖美珍："中国法庭互动话语对应结构研究"，载《语言科学》2003年第5期，第77~89页。

[2] 廖美珍：《法庭问答及其互动研究》，法律出版社2003年版。

[3] 廖美珍："法庭审判问答推理分析"，载周庆生、王杰、苏金智主编：《语言与法律研究的新视野》，法律出版社2003年版，第213~223页。

[4] 孙亚迪、廖美珍："法庭解述话语现象的生成机制研究"，载《湖北大学学报（哲学社会科学版）》2017年第4期，第135~141页。

当事人大量使用低信度言据性，体现了"无力型"话语风格；法官使用言据性最少说明法官已经基本退出了实体调查而执行程序性调查，反映出法官客观、中立的立场。[1]《法庭调解话语博弈交际研究》从博弈交际论的视角来审视法庭调解话语，认为法庭调解过程就是参与调解双方权益博弈的过程，其实质是利益驱动的博弈。博弈的双方可能是法官与当事人任何一方，也可能是当事人双方，甚至有可能是当事人一方与书记员。[2]

张清的《法官庭审话语的实证研究》从言语行为理论来分析法官的言语行为特色，用语用学中的目的原则来描述法官审判话语特色。该著作运用了话语分析理论，如会话结构、话轮转换、话题及话语分类等语言学理论，分析描述法官庭审话语的结构和特点。运用言语行为理论分析法官庭审行为发现，法官的庭审话语不仅是说话行为，同时还是施事行为和取效行为。利用目的原则分析法官庭审话语发现，法官的审判话语是一个有结构、有层次的目的系统。法官的话语在目的指引下进行，使用带有目的性很强的话语策略，其中与权力密切挂钩的话语策略手段是打断策略。[3] 该研究同时属于第四类和第五类研究（具体见下文分析）。

李立、赵洪芳的《法律语言实证研究》利用话语分析理论对庭审中各方的权力（利）关系作了研究，从语用研究、话语结构分析、话语策略分析和纯语言研究四个维度探讨法庭话语中权力的实现路径，即话语控制的方式，发现庭审中各话语方实现权力控制和权力抵制的话语策略。研究的特点是运用多种不

---

[1] 罗桂花、廖美珍："法庭话语中的言据性"，载《语言研究》2013年第4期，第92~96页。

[2] 柯贤兵、廖美珍："法庭调解话语博弈交际研究"，载《外语学刊》2011年第5期，第70~75页。

[3] 张清：《法官庭审话语的实证研究》，中国人民大学出版社2013年版。

同的语言学理论,对庭审中各方的话语进行综合分析和比较。[1]该研究前半部分研究庭审中权力话语的表现形式和弱势者的话语表现,换言之,就是研究庭审中不同地位的人和角色的语言特色。后半部分研究庭审参加人的话语策略:法官、公诉人、律师、原告人、被告人和证人的话语策略。因此,赵洪芳的研究兼具第二类研究和第三类研究的特色。

余素青的《法庭言语研究》运用话语综合分析法对法庭言语进行多角度的分析,其中包括对法庭话语语篇结构的静态描写、言语功能分析、言语特征分析、语境因素分析,以及对法庭言语角色之间的互动研究和法庭各言语角色在言语活动中的策略研究。具体做法是用语篇的结构分析法来分析法庭话语语篇的结构特征,用言语行为理论来分析法庭言语的言语方式,通过分析法庭言语活动中的语境因素尤其是法庭言语活动中的制度性语境因素分析法庭言语的特征,运用社会语言学理论的重大权势和亲疏关系研究法庭言语活动中各言语角色之间的互动关系,并在互动的基础上分析控辩双方的论辩策略。[2]总之,该研究的研究方法是语言学的,研究目的和研究结果是与法庭语境以及我国的审判制度密切相关的庭审语言特色,因此,具有庭审语言特色研究的典型特点。

马泽军、刘佳的《庭审语篇中转述话语的御用特征初探》研究庭审中转述话语的语用特征。研究发现在庭审语篇中,"转述话语的视角选择、内容构建以及态度表达都与庭审参与者的身份地位、交际目的密切相关,是说话者为了顺应庭审语境中的社交世界、物理世界和心理世界而作出的语言选择,因而在语用上呈现出转述视角多样、转述内容注重言语事实以及转述

---

〔1〕 李立、赵洪芳:《法律语言实证研究》,群众出版社2009年版。
〔2〕 参见余素青:《法庭言语研究》,北京大学出版社2010年版。

态度具有明显目的性的语用特征"。[1]

李诗芳的《诉讼参与人的情态表达分析及其人际意义》以韩礼德（Halliday）的系统功能语言学为理论依据，考察刑事庭审中公诉人和被告人的情态表达特色及其人际意义。研究目的为发现公诉人和被告人的语言特点。[2]胡海娟的《庭审提问的顺应性研究》，[3]陈剑敏的《顺应论视阈中的中英法庭话语研究》，[4]崔凤娟的《庭审中的模糊语言与权力关系研究》[5]都属于庭审语言特色研究。

第二类研究与第三类研究都是关于庭审语言特色的研究，但是层面不同。第二类研究属于技巧层面的研究，研究提高庭审效率的语言技巧；第三类研究属于制度层面的研究，研究能体现庭审制度的庭审语言特色。因此，在理论深度及理论运用的系统性上，以及在与庭审制度的相关度上，第三类研究要高于第二类研究；在对于提高法庭审判效率的指导意义上，第二类研究比第三类研究更加直观、具体。

第四类：法庭审判特征研究。此类研究以庭审语言为媒介，根据语言特色研究庭审制度特征，如权力（利）关系、法官的地位、公诉人的地位、律师和被告人的地位以及彼此之间的关系等。此类研究的终极目的是发现法庭审判的制度特

---

[1] 马泽军、刘佳："庭审语篇中转述话语的语用特征初探"，载《浙江外国语学院学报》2017年第5期，第26~32页。

[2] 参见李诗芳："诉讼参与人的情态表达分析及其人际意义"，载《北京理工大学学报（社会科学版）》2010年第2期，第120~123页。

[3] 参见胡海娟："庭审提问的顺应性研究"，载《华南师范大学学报（社会科学版）》2010年第5期，第154~158页。

[4] 参见陈剑敏："顺应论视阈中的中英法庭话语研究"，载《山东社会科学》2011年第8期，第116~119页。

[5] 参见崔凤娟："庭审中的模糊语言与权力关系研究"，载《浙江外国语学院学报》2017年第5期，第19~25页。

征,法庭语言是发现制度特征的媒介,语言学理论是分析法庭语言特征的工具。

张清的《法官庭审话语的实证研究》运用话语分析理论,分析法官的庭审话语特色,并根据法官的庭审话语特色发现法官在庭审中的地位。研究发现法官仍然掌握着最大的话语权;另外,在刑事庭审中,法官的庭审话语以程序性话语居多,法官的"主角"功能在淡化。[1]

廖美珍的《目的原则与法庭互动话语合作问题研究》运用目的原则分析法庭互动话语,发现法庭审判中的合作因素和合作程度:"公诉人(法官)总是追求最大程度的合作,而在涉及案情要害的地方,被告总是不愿(或者拒绝)提供最大程度的合作……"[2]廖美珍的《从问答行为看中国法庭审判现状》属于典型的运用语言学理论分析庭审语言特征,进而发现法庭审判特征的研究。该研究以言语行为哲学观作为理论基础,将问答作为言语行为而不是句子处理。采用会话分析法,将整个审判过程按"话轮"和"相邻对"为单位进行定量分析和统计。根据统计结果,"揭示中国法庭审判的模式、审判参与者的作用和地位、问答互动在审判中的作用、问话行为和诉讼解决以及诉讼策略之间的关系"。[3]根据统计数据和结果分析(统计的具体数据在此省略),法官在庭审中起支配和主导作用,法官在刑事审判中的作用和参与程度小于民事审判。中国法庭仍然主要是法官在问,在刑事审判中,法官渐渐淡出实体调查,法官的功能和作用是双重的:既是程序结构性的也是实体性质的,

---

[1] 参见张清:《法官庭审话语的实证研究》,中国人民大学出版社2013年版。

[2] 参见廖美珍:"目的原则与法庭互动话语合作问题研究",载《外语学刊》2004年第5期,第43~52页。

[3] 廖美珍:"从问答行为看中国法庭审判现状",载《语言文字应用》2002年第4期,第25~36页。

同时，法官在审判中的程序作用超过实体调查的作用；在刑事审判中，无论是从整个话语的量的角度看，还是从问话角度看，公诉人排在第一，这是因为公诉人除了询问，还要承担起诉、举证和辩驳的责任，法官在刑事审判中的问话量要低于民事审判；在刑事审判中，法官主问话主要起程序功能和作用；在审判中，公诉人和辩护律师，都把重心放在事实调查上，辩护律师使用是非问话、正反问话和附加问话的比例均高于公诉人，证明辩护律师在利用问话的支配力和控制力方面的着力和考虑要超过公诉人；律师在对证人作直接询问时，使用宽式特指问句是为了更详细更多地让答话人提供有利于自己的情况，而在交叉询问时，多使用正反句或是非句，其目的是控制对方。[1]《法庭问答及其互动研究》一书也属于此类研究。该书用话语分析的方法，系统分析了我国法庭审判中的问答互动，并根据分析结果，概括了我国实行司法改革后庭审的现状和模式；通过法官和律师的问话形式和问话策略及答话人的答话刑事和答话策略，分析了法官和律师在法庭中的作用和地位。[2]

这些研究运用不同的语言学理论，从不同的角度，探讨了庭审语言反映出的我国当时庭审制度的特色。此类研究的研究理论和研究方式是语言学的，研究目的和研究结论是法学的，是与庭审制度直接相关的。因此，从整体上而言，此类研究在本质上属于交叉学科研究，同时，与法学的相关度要高于与语言学学科的相关度，在研究成果和研究意义上，属于法学范畴的研究。

第五类：庭审语言规范研究。此类研究的模式是根据我国现行的诉讼制度和庭审制度或者诉讼制度和庭审制度的改革理

---

〔1〕 参见廖美珍："从问答行为看中国法庭审判现状"，载《语言文字应用》2002年第4期，第25~36页。

〔2〕 参见廖美珍：《法庭问答及其互动研究》，法律出版社2003年版。

念，运用语言学理论，对庭审语言进行规范性研究，指出庭审参加人的语言规范。

张清的《法官庭审话语的实证研究》在分析法官庭审话语特色的基础上，探讨了法官话语规范化的必要性、途径及意义。研究指出在实行当事人主义的审判方式下，法官应尽量处于消极地位；在说规范、说准确的前提下，程序性话语要多说，实体性话语要少说，这是符合诉讼法规定的精神的。[1]

廖美珍的《中国刑事法庭语言规范研究》也属于此类研究。该著作根据我国司法改革的精神和改革后的制度，运用语言学理论，研究我国刑事庭审语言，并确定语言规范，这些语言规范既包括口头语言，也包括书面语言。理论依据包括奥斯汀的言语行为理论，哈贝马斯的交往行为理论，格莱斯的合作原则、礼貌原则。该著作的特点是对法律语言进行微观分析，通过语言研究法律制度、语言和权利之间的关系，最后总结出庭审语言的规范：法官的程序性语言规范12条、法官的实体性语言规范15条以及公诉人的语言规范和律师的语言规范。[2]

孙炳文、王牢靠的《从关联—顺应模式看法官庭审话语》运用关联顺应理论研究法官庭审话语的整体特色，并指出法官应该关联—顺应的因素，及其必要性和重要性。该研究认为法官在庭审中应该关联—顺应以下三个因素：一是关联—顺应当事人或话语参与者的语言语境，以保证庭审中交流的顺利进行；二是关联—顺应担任不同社会角色的当事人的语言语境；三是关联—顺应庭审程序。[3]

---

[1] 参见张清：《法官庭审话语的实证研究》，中国人民大学出版社2013年版。

[2] 参见廖美珍：《中国刑事法庭语言规范研究》，华中师范大学出版社2016年版。

[3] 参见孙炳文、王牢靠："从关联—顺应模式看法官庭审话语"，载《湖北工业大学学报》2012年第6期，第83~86页。

第四类和第五类研究都涉及制度层面的特点,即我国的庭审制度特色,且理论依据都为语言学理论;这两类研究的根本区别在于研究类型的不同:第四类研究是实证性研究,根据语言特色,分析我国的庭审制度特征;第五类研究是规范性研究,根据庭审制度特征,探讨庭审语言规范化的标准。

5. 对语言学研究分类的说明及本书的归属

在这五个类别的研究中,前四类属于实证研究,第五类属于规范研究。前三类属于语言研究,其研究对象和研究目的都是语言的或语言学的,第一类和第三类属于语言特点研究,第二类属于语言技巧研究。第四类和第五类在研究目的和研究意义上属于法学范畴研究,这两类研究的共同点是语言学理论是研究的工具,语言表达是研究的对象,研究目的和对应的研究结果都属于法学范畴。例如,廖美珍的《中国刑事法庭语言规范研究》的研究目的是刑事庭审中,各参与者的言语行为规范,这个言语行为规范是与刑事庭审制度和模式直接相关的规范。[1] 张清的《法官庭审话语的实证研究》的研究目的是论证法官在庭审中的地位,研究结论是法官仍然掌握着最大的话语权,具有法庭审判制度的特征[2](属于第四类研究)。张清的著作还指出了在当事人主义的审判模式下法官庭审语言应遵循的规范[3](属于第五类研究)。这些成果都是直接跟庭审制度相关,语言学理论只是研究的理论依据;法庭话语只是研究的对象,或曰分析庭审制度特征的媒介。

本书属于第四类研究。首先,本书是实证性研究,理论依

---

[1] 参见廖美珍:《中国刑事法庭语言规范研究》,华中师范大学出版社2016年版。

[2] 参见张清:《法官庭审话语的实证研究》,中国人民大学出版社2013年版。

[3] 参见张清:《法官庭审话语的实证研究》,中国人民大学出版社2013年版。

据是语言学中的言语行为理论。研究对象是庭审中控诉、辩护、审判三方的语言表达。研究目的是发现我国的庭审模式现状，具体而言，就是运用语言学中的言语行为理论，分析法庭审判中控辩审三方的语言特色，用语言分析结果探讨庭审中控辩审三方在庭审中的地位、作用和相互关系。研究的意义在于发现诉讼制度改革以来，制度改革和理念更新在庭审中的实现程度和实现方式，并期望研究成果能够为未来我国的庭审制度改革提供有借鉴意义的意见和建议。

对于上述研究分类需要特别说明的是，首先，类别之间的界限不是绝对的，更不是非此即彼的；其次，作品的归属也不是绝对的，有些研究可以归于第一类，也可以归于第二类，甚至可以同时属于两个甚至三个类别。本书对于各研究的归类主要是根据研究的重点或研究所侧重的方面。例如，最典型的是张清的《法官庭审话语的实证研究》就兼具第三类庭审语言特色研究，第四类法庭审判特征研究和第五类法庭审判规范性研究三种研究的特色。廖美珍的《法庭问答及其互动研究》[1]既属于第三类庭审语言特色研究，也属于第四类法庭审判特征研究。最后，本书对庭审语言研究的归类，未必是最合理的。作出这个分类的依据完全是经验性的，是在大量阅读了庭审语言研究成果的基础上，根据研究的内容与语言学和庭审语言以及庭审制度的关系作出的。分类的出发点是理清语言学界对庭审语言的研究与语言、语言学和庭审模式之间的关系，分类的目的是在理清上述关系的基础上，为本书清晰定位，明确研究的方法、研究对象、最终的研究目的和本书的终极意义。

6. 本书的特色

如上所述，本书属于第四类研究模式——法庭审判特征研

---

[1] 参见廖美珍:《法庭问答及其互动研究》，法律出版社2003年版。

究。理论依据是语言学中的言语行为理论,研究对象为庭审语言,研究目的是通过庭审语言的言语行为分析,发现控辩审三方在法庭审判中的角色、地位和权力(利)关系,及其反映出的我国当下的庭审特征。本书的理论依据属于语言学范畴,但研究的终极目的和研究的意义都与法学直接且紧密相关,因此,在研究范畴上属于法学研究。在上述研究分类中,第一、二、三类研究,仅与本书存在主题上的相关性。虽然都是研究庭审语言,庭审中某个或某些参与者的语言(如,法官语言、公诉人语言或律师语言),或者庭审中某种类型的语言(如,模糊限制语、话语标记语等),但是理论依据、研究对象,以及研究目的和研究意义均不相同,尤其是研究目的和研究意义。前三类研究与第四类和第五类研究存在本质上的区别。前三类研究的研究目的都是语言的或语言学的,而本书的研究目的是庭审现状和庭审制度特色,类属法学范畴。第五类研究与本书的研究方法和研究模式存在根本上的不同。本书是实证性研究,而第五类研究是规范性研究,属于完全不同的两种研究类别;在本书中,语言是已知项,庭审特征是未知项,而在第五类研究中,庭审制度是已知项,语言规范是未知项,研究方向是完全相反的。

　　本书与第一、二、三和五类研究的区别属于研究类别上的不同,区别显而易见,因此,有关本书与上述研究成果的区别,不再一一赘述。

　　与本书相关性比较大的研究包括第四类研究中廖美珍的《从问答行为看中国法庭审判现状》[1]和《法庭问答及其互动研究》、[2]

---

[1] 廖美珍:"从问答行为看中国法庭审判现状",载《语言文字应用》2002年第4期,第25~36页。

[2] 廖美珍:《法庭问答及其互动研究》,法律出版社2003年版。

张清的《法官庭审话语的实证研究》,[1]以及第三类研究中李立、赵洪芳的《法律语言实证研究》。[2]本书与这些研究在研究理论、研究对象或者研究目的方面,有"貌合"之处,但实际上,在研究理论、研究对象、研究目的和研究模式上存在本质的不同。具体如下:

第一,与廖美珍的研究比较。本书与廖美珍的研究的相异之处主要存在以下几个方面:其一,研究时代不同。《从问答行为看中国法庭审判现状》发表于2002年,《法庭问答及其互动研究》出版于2003年,两篇作品距本书材料(庭审材料收集于2018年和2019年)已有十五六年的时间,因此,虽然都是对于庭审现状的研究,但此"现状"已非彼"现状"。其二,研究理论不同。廖美珍的研究理论为会话分析法,分析的单位是"话轮"和"相邻对",整个审判过程按"话轮"和"相邻对"为单位进行定量分析统计,从相邻对、问话相邻对、问话的种类和数量,以及问话的启动入手进行分析。本书的理论依据为塞尔的言语行为理论。在研究中,不仅采用了塞尔对言语行为的分类,而且采用了塞尔言语行为中的关键概念,如适从向、指称方式和以言行事力量指示项,对庭审语言进行定性和定量的分析。廖美珍的著作也用到了言语行为理论,但是与本书不同的是,廖美珍对于言语行为理论的运用,仅限于抽象的理念层面,即,将问答行为不是看作句子,而是看作言语行为来处理。在具体的分析中,使用的并不是言语行为理论,而是话语分析方法。塞尔的言语行为理论不但是本书整体上的理念依据,即,将法庭话语看作是言语行为,更是本书进行庭审语言分析的具体工具。其三,研究内容不同。廖美

---

[1] 张清:《法官庭审话语的实证研究》,中国人民大学出版社2013年版。
[2] 李立、赵洪芳:《法律语言实证研究》,群众出版社2009年版。

珍的研究只是研究问答行为，而本书是研究庭审中控辩审三方的所有语言。具体做法是将庭审中控辩审三方的每一句话按照行为理论进行分类、统计，并根据统计结果分析其所反映的庭审特色。另外，廖美珍研究法官、公诉人、律师、被告人和证人的问答话，本书集中研究控辩审三方。之所以做这样的选择是因为被告人和证人在法庭上的弱势地位是肯定的，而且他们的地位如何，与自己的能力高低没有关联或关联甚微。确定他们在庭审中地位的是具有法律知识的强势群体或/和在司法体系中处于权势地位的人员。在庭审中，最具变动性，最能反映庭审制度特色，在庭审中也最具博弈可能性的当属控辩审三方。因此，本书将研究对象锁定在控辩审三方，以期从对他们的言语行为分析中，发现庭审中三方的权力（利）、地位和彼此之间的关系。

第二，与张清的研究比较。本书与张清的《法官庭审话语的实证研究》主要存在以下几方面的不同：其一，研究内容不同。张清研究的是庭审中法官的话语特征；本书的研究内容是庭审中控辩审三方的话语特征。其二，研究理论不同。张清综合运用多种语言学理论：话语分析理论、言语行为理论、语用学中的目的原则；本书运用的是塞尔的言语行为理论及其与言语行为相关的关键概念。其三，研究目的不同。张清的研究目的包括法官在庭审中的作用、法官庭审话语的言语行为特色、目的原则下法官的审判话语特色和话语策略，以及法官语言规范化的必要性、途径和意义；本书的研究目的是通过控辩审三方的言语行为特点，发现控辩审三方在庭审中的作用、地位、和彼此之间的关系，并以此为依据探讨我国当下的庭审特色。

第三，与李立、赵洪芳的研究比较。李立、赵洪芳的《法律语言实证研究》中，虽然有"权力"一词，貌似与本书十分类似，但实际上，存在着本质上的差别。在研究分类中，根据该著作的特色，该研究兼具第二类研究和第三类研究的特色。前半部分属于庭审语言特色研究，研究庭审中权力话语的表现形式和弱势者的话语表现，换言之，就是研究庭审中不同地位和角色的人的语言特色；后半部分研究庭审参加人的话语策略，即法官、公诉人、律师、原告人、被告人和证人的话语策略。而本书属于第四类研究，法庭审判特征研究。具体差别包括三个方面：其一，"权力"在研究中的作用不同。在李立、赵洪芳的研究中，"权力"是已知因素，研究模式是根据庭审参与者的角色、地位和权力（利）关系，研究各自的语言特色及其语言策略；在本书中，"权力"是未知因素，根据控辩审三方的言语行为特色，分析各自在庭审中所具有的权力（利）、地位和彼此之间的关系。且本书所研究的关系，也不仅限于权力（利）、地位和关系，还包括其他的方面，如民主氛围、对被告人人权的尊重和重视。其二，研究目的不同。李立、赵洪芳的研究目的是语言特色和语言策略，而本书的目的是庭审特征。其三，研究理论不同。李立、赵洪芳运用的是几种不同的语言学理论：语用研究、话语结构研究、话语策略研究、和纯语言研究；本书运用的是塞尔的言语行为理论。

　　第四，本书特色。本书尝试运用塞尔的言语行为理论（包括塞尔对言语行为的分类标准、具体类别和塞尔言语行为理论中的关键概念）全面分析庭审中控诉、辩护、审判三方的言语行为特色。根据三方的言语行为特色，分析控辩审三方在庭审中的地位、角色和权力（利）关系，并根据这些关系探讨我国刑事庭审的氛围和特征。自从奥斯汀提出言语行为理论以来，言语行为理论被广泛应用于语言特征分析领域。以言语行为为理论依据的研究，在时间上由来已久，在数量上可谓汗牛充栋，

导 论

在运用角度和运用方式上也多种多样。[1]系统运用塞尔的言语行为理论及其关键概念分析庭审言语,并根据分析结果探讨其中蕴含的庭审模式特征是本书作出的尝试性的努力。对控辩审三方语言逐句进行言语行为归类、数据统计和分析,是本着将微观研究进行到底的精神,以求从经意和不经意的言行中,发现渗透在庭审参加人的意识中,表现在语言上的庭审特征。另外,在本书中,对于我国庭审的描述用"庭审特征"或"庭审的制度特征(特色)"而不是"庭审制度"是源于我国诉讼制度和庭审模式的复杂性。它兼具当事人主义和职权主义的因素,同时包含纠问制、控辩制和审问制的特色,又夹杂了我国的特殊国情和时代特点,因此,很难甚至不可能将其简单地归入某个典型的庭审制度。因而,本书采用"庭审特征"或"庭审的制度特征(特色)"这些表达,表明庭审所包含的所有特征。而这也是本书的特点,不局限于现有的某类庭审制度特色的研究,也不将庭审特征对号入座于某类庭审制度,而是,根据言语行为分析结果,探讨庭审语言中所包含的因素。因此,笔者认为本书是微观的、客观的和全面的。

需要特别指出的是,尽管笔者认为本书是客观的和全面的,但是并不意味着本书结果的绝对正确和全面。虽然,笔者认为本书在研究目的和研究意义上位列法学范畴的研究,但是其仍然属于从非法学的角度研究法学问题的"野路子"。对于塞尔言语行为理论的运用方式(具体见第一章和第二章),对于庭审语言全面的、毫无遗漏的归类、统计和分析,不以制度为局限的庭审特征分析,是本书作出的尝试性的努力。研究的目的一方面是揭示我国庭审现状的主要特征,并为庭审制度的未来发展和改革提供有一定价值的意见和建议,另一方面是希望能够为

---

[1] 具体见第一章中的介绍。

法学范畴的研究提供一种新思路或新的模式。

(二) 研究语料与方法

1. 研究语料

本书的庭审记录全部来自中国法院网庭审直播的文字材料。在对约50万字的100个刑事庭审记录[1]进行了充分的研读之后,从中选取了六个代表性的案例,进行逐句分析。研究语料的选择基于以下几个方面的考虑:

第一,直接采用中国法院网的庭审记录,是因为本书只对庭审语言作言语行为的归类、数据统计和分析,并不涉及语气语调、话语顺序、打断、停顿等语言现象,因此,无需庭审录音或亲临庭审现场。因此,语料的来源一方面真实可靠,另一方面能够满足本书的需要。

第二,因为本书的目的是研究我国刑事庭审的一般特色,因此,在案件的选择上,不涉及重大或特殊案件,而是一般的刑事案件。

第三,在犯罪类型、审判主题和审判程序的选择上,兼顾多样性和时代性。六个案例分别为网络诈骗案、非法收售药品案、行贿案、闺蜜诈骗案、非法经营案和生产、销售伪劣产品案。案例涵盖面广。六个案例中,两个案例为一般程序,四个案例为简易程序。因此,可以考察不同审判程序中控辩审三方的关系。

第四,在案例数量的选择上,兼顾充分性、必要性和论文的容量。六个案例主题各不相同,且都具有时代特征,因此,案例主题涵盖面足以反映当今社会的主要问题。对这些案例的审判情况也可以反映出我国庭审对于相应案例类型的审理状况。

---

[1] 中国法院网的庭审记录是对庭审的忠实记录,但不是具有法律效力的庭审笔录。

同时，本书对每个案例的研究是对控辩审三方的发言逐句进行言语行为的分类和分析。这种微观的、具体的、全面的研究势必需要大量的文字说明和论述，因此，选择过多的案例不可避免地超出本书的容量。综上所述，六个案例涵盖面足够广，同时，研究内容在量上又比较适合本书的容量。

第五，在法院的选择上，六个案例中，四个案例为北京市各法院，两个案例为上海市法院。北京市和上海市分别为我国的政治文化和经济中心。相比较而言，司法人员和辩护人的法律知识水平较高，庭审经验比较丰富，因而，他们的审判和辩护水平及状态能够代表我国司法改革的最前沿和最具时代特色的一面。

六个案例及名称如下：

案例一：2018年10月15日9：30直播杨浦法院审理的一起涉嫌非法制造、销售非法制造的注册商标标识罪案件。[1] 案例二：2018年5月22日14时，海淀法院审理"未获行政许可私卖香烟 女子非法经营被公诉"案。[2] 案件三：2018年10月24日9时，昌平法院审理"闺蜜'化身'男友骗钱 女子涉嫌诈骗被公诉"案。[3] 案件四：2018年9月4日14：10直播黄浦法院审理的一起涉嫌行贿罪案。[4] 案件五：2018年5月21

---

[1] "2018年10月15日09：30直播杨浦法院审理的一起涉嫌非法制造、销售非法制造的注册商标标识罪案件"，载 https://www.chinacourt.org/chat/chat/2018/10/id/50509.shtml，2020年4月14日访问。

[2] "5月22日14时，海淀法院审理'未获行政许可私卖香烟 女子非法经营被公诉'案"，载 https://www.chinacourt.org/chat/chat/2018/05/id/49662.shtml，2020年4月14日访问。

[3] "10月24日9时，昌平法院审理'闺蜜"化身"男友骗钱 女子涉嫌诈骗被公诉'案"，载 https://www.chinacourt.org/chat/chat/2018/10/id/50561.shtml，2020年4月14日访问。

[4] "2018年9月4日14：10直播黄浦法院审理的一起涉嫌行贿罪案"，载 https://www.chinacourt.org/chat/chat/2018/08/id/50345.shtml，2020年4月14日访问。

日9：30，门头沟法院审理"药贩非法收售药品 赚取差价敛财被公诉"案。[1] 案件六：2018年5月28日9：30，怀柔法院审理"婚礼平台结友诈骗 涉嫌诈骗罪被公诉"案。[2]

为了表述的方便，在下文中涉及相关案例时，一律使用案例一、案例二等表示。

2. 研究方法

本书属于交叉学科研究。研究对象、研究目的和研究意义均属于法学范畴，理论依据为语言学中的言语行为理论，研究方法为定性研究和定量研究相结合的实证研究。研究模式是以言语行为理论为依据，分析庭审中控辩审三方的言语行为特征，根据分析结果探讨我国的庭审制度特征。首先，根据塞尔言语行为理论的分类标准，将六场刑事庭审中控辩审三方的语言进行逐句分类；然后，统计每一个案例中，控辩审三方每一种言语行为类型的数量和比例，以及相关分类标准或描述标准的数量和比例；根据统计数据，探讨其中体现的以控辩审三方在庭审中的作用、地位、角色特征、相互关系以及共同体现的法庭制度特征。

---

[1] "5月21日9：30，门头沟法院审理'药贩非法收售药品 赚取差价敛财被公诉'案"，载 https：//www.chinacourt.org/chat/chat/2018/05/id/49674.shtml，2020年4月14日访问。

[2] "5月28日9：30，怀柔法院审理'婚礼平台结友诈骗 涉嫌诈骗罪被公诉'案"，载 https：//www.chinacourt.org/chat/chat/2018/05/id/49696.shtml，2020年4月14日访问。

第一章 CHAPTER 01
言语行为理论的历史沿革与应用

一、言语行为理论简介

20世纪,哲学界经历了"语言学转向"。自此,哲学家开始用语言分析的视角来处理哲学问题。语言哲学领域研究包括两个不同的派别:逻辑语言学派和日常语言学派。逻辑语言学派的代表人物有罗素和弗雷格等。日常语言学派的代表人物有奥斯汀、塞尔、格莱斯和威斯顿等。逻辑语言学派的特色是强调运用数理逻辑手段进行语言分析,这种分析忽视自然语言实际运用中的微妙之处。与之相反,日常语言学派关注的恰恰是语言的实际用法,避免概括性的结论。

言语行为理论是语言哲学中的一个领域,属于日常语言学派。哲学界内部发生语言学转向之后,语言学界内部又发生了一次转向——从语义学到语用学的转向。言语行为理论是语义学转向语用学的一个具体表现。经过这次转向,语言学研究不仅关注语言意义的问题,同时还关注语言做了什么的问题;对于语言问题的关注不再局限于字词句的意义,而是增加了言语行为的作用这一维度;语言学家的关注点从语言说了什么转向语言做了什么。[1]

作为日常语言学派的一支,言语行为理论关注语言的实际运用。言语行为理论运用的是语言分析的方法,即通过语词、言语行为的分析,对一个问题进行细致的考察,不论这个问题是哲学问题、语言问题还是其他方面的问题。[2]

言语行为理论的创始人是奥斯汀。奥斯汀之前,语言学界普遍认为语言的功能仅限于描述、表达和交流思想与知识。20世纪50年代,奥斯汀提出了言语行为理论,他认为语言的主要作用就是完成各种言语行为。描述事实或陈述思想属于言语行为中的一种。[3]奥斯汀提出言语行为理论的最大意义在于改变了人们对语言的传统看法,为语言研究开辟了新的思维维度。奥斯汀之后,他的学生塞尔通过对其言语行为理论的修正、补充和完善,将言语行为理论向前推进了一步。塞尔认为"一切语言交流都涉及语言的行为。语言交流的单位,并不是如一般所认为的那样是符号、语词或句子,或者甚至是符号、语词或句子的象征记号,而是在执行言语行为的过程中,符号、语词或句子产生的结果"。[4]自此,言语行为理论成为人们普遍接受的语用学核心理论之一,甚至,有人认为语用学理论就是言语行为理论,足见言语行为理论在语用学中的重要地位。

二、言语行为理论的历史沿革

言语行为理论由奥斯汀提出,在他的学生塞尔那里得到了

---

〔1〕 参见陈嘉映:《语言哲学》,北京大学出版社2003年版,第17页。

〔2〕 参见陈嘉映:《语言哲学》,北京大学出版社2003年版,第215页。

〔3〕 See J. L. Austin, *How to Do Things With Words*, Beijing: Foreign Language Teaching and Research Press, 2002, p. 3.

〔4〕 John Searle, *Speech Acts: an Essay in the Philosophy of Language*, Beijing: Foreign Language Teaching and Research Press, 2001, p. 3.

第一章　言语行为理论的历史沿革与应用

进一步发展。言语行为理论的诞生是语言学研究由语义学转向语用学的标志,[1]为语言学研究提供了新的思维维度,在语言学发展史上具有里程碑意义。奥斯汀和塞尔从不同的方面阐释了言语行为理论,奠定了言语行为理论的思想基础。两人之后,虽有其他语言学家也提出了有关言语行为理论的思想或原则,但其理念和理论框架仍是奥斯汀和塞尔的思想体系。

(一) 诞生与发展

奥斯汀在《如何以言行事》一书中提出了"以言行事"的概念,对语言本质问题进行了重新定义,标志着言语行为理论的诞生。奥斯汀的言语行为理论包括两个阶段:第一阶段为言语行为二分说;第二阶段为言语行为三分说。

在第一阶段,奥斯汀将言语行为分为施行话语(performative utterance)和记述话语(constative utterance)两种。二分说是将所有的话语按其功用的不同,分为两种。一种的作用是记述,即记述类话语;另一种的作用是实施行为,即施行类话语。[2]奥斯汀尝试用不同的标准将二者区分开来。这些标准包括:①适当与否和真假与否;②语法标准;③特别的词汇;④把事实上的施行话语化约、扩展或分解为语法上第一人称单数直陈主动语态式话语。[3]最终这些尝试都以失败告终。最后,奥斯汀将记述话语归入施行话语,消解了记述话语和施行话语之间的界限。奥斯汀由此转向言语行为三分说。

与言语行为二分说不同,言语行为三分说首先认为,所有的语言都具有实施行为的作用。每一个言语行为包括三个方式:

---

[1] 这一次转向不是语用学代替语义学,而是语用学与语义学并存。

[2] See J. L. Austin, *How to Do Things With Words*, Beijing: Foreign Language Teaching and Research Press, 2002, p. 15.

[3] See J. L. Austin, *How to Do Things With Words*, Beijing: Foreign Language Teaching and Research Press, 2002, p. 27.

话语行为（locutionary act）、话语施事行为（illocutionary act），和话语施效行为（perlocutionary act）。[1]话语行为是指"言说"话语这个行为，话语施事行为是指用话语"做了什么"的行为，话语施效行为是指"做了什么"的结果或效果。三分说的理念前提是"说话就是做事"，包含了三层意思：说些什么就是做些什么，在说些什么当中我们做些什么，以及经由说些什么我们做些什么。通常所说的言语行为理论（theory of speech acts），实际上就是指言语行为三分说的理论。

二分说虽然很快被发现问题重重，并最终被奥斯汀抛弃，但是这并非说明二分说毫无意义或意义甚微。二分说也叫施行话语学说，在这一阶段，奥斯汀提出了"施行话语"的概念，为语言学研究提供了全新的、不同以往的维度。"施行话语"最初指的是约定俗成的仪式或程序，如婚礼、命名等仪式中的具有"施行"作用的话语。奥斯汀认为施行话语"第一，根本不描述或报道或记述任何东西，它们不是非真即假；第二，说出这个句子就是实施一种行为，或者是实施一种行为的一部分，而该行为通常并不被描述为或仅仅描述为说些什么"。[2]奥斯汀对其概念和特征描述是明确的，与"记述话语"的区分也是明晰的。这一区分在语言学发展史上具有里程碑的意义。

由二分说转向三分说，一方面是因为奥斯汀发现了二分说的种种缺陷，另一方面是因为奥斯汀对于言语的兴趣由"专门的仪式或程序的语言"转向"所有的语言"或曰"语言的普遍特征"，由话语类型之间的区分转向话语的不同功能的区分。三

---

[1] See J. L. Austin, *How to Do Things With Words*, Beijing: Foreign Language Teaching and Research Press, 2002, p. 41.

[2] See J. L. Austin, *How to Do Things With Words*, Beijing: Foreign Language Teaching and Research Press, 2002, p. 7.

分说的理念包含了二分说的理论。根据三分说的理念,即"在说话的同时,在做某事"是言语的普遍特征,区分施行话语和记述话语的二分说与全部的言语行为都包括话语行为和话语施事行为的三分说之间的关系是特殊理论与一般理论的关系。[1]三分说的理念是整个言语行为理论的基础。虽然,塞尔对言语行为理论进行了发展,但是其理论基础仍然是言语行为三分说:"在说话的同时,在做某事"是言语的普遍特征;每一个言语行为都包括话语行为、话语施事行为和话语施效行为三个层次。

奥斯汀对于言语行为理论的第三个贡献是将话语施事力量(illocutionary forces)进行了分类。奥斯汀将话语施事力量分为五个类别:裁决式(verdictives)、运用式(exerctives)、承诺式(commissives)、表态式(behabitives)、表明式(expositives)。[2]这个分类后来被指出存在很多问题:其一,这个分类不是对话语施事力量的分类,更大程度上是对话语动词的分类,分类的标准是动词本身的含义,而不是与话语施事行为或话语施事力量有关的因素;其二,分类界限模糊,且类别有重叠之处;其三,标准不统一。虽然,这个分类标准存在很多问题,但是为塞尔后来的分类提供了思想基础和基本范式。

二分说、三分说和对话语施事力量的分类是奥斯汀对言语行为理论的主要贡献。每一阶段的贡献各有其不同的意义。在总体上,奥斯汀的这些学说和理论改变了人们对语言本质的认识。语言的功能不再是传统哲学所认为的描述世界、传递信息的作用,还可以用来实施某些行为。这个理念具有划时代的意

---

[1] See J. L. Austin, *How to Do Things With Words*, Beijing: Foreign Language Teaching and Research Press, 2002, p. 3.

[2] See J. L. Austin, *How to Do Things With Words*, Beijing: Foreign Language Teaching and Research Press, 2002, p. 30.

义。事实证明,这个理念的运用解决了很多语言学界的问题,例如,对于言语与世界之间的关系,不仅仅是"真假"之分,还有"适当"与否的区别。奥斯汀之后,利用这一理念进行的研究不计其数。不仅如此,奥斯汀的言语行为理论更是塞尔言语行为理论的直接基础。塞尔言语行为理论中的很多关键概念和理论直接源于奥斯汀的理论,例如,塞尔对话语言外行为分类的基础是奥斯汀对施事力量的分类,塞尔的间接言语行为理论也是以奥斯汀的言语行为理论为基础的。

(二)深化与进步

塞尔继承了奥斯汀的言语行为三分说,即将言语行为分为话语行为(locutionary act)、话语施事行为(illocutionary act)和话语施效行为(perlocutionary act)三种。且与奥斯汀一样,塞尔将研究重点放在以言行事行为上(illocutionary act)。甚至,在塞尔的著作里,所谓言语行为就是指以言行事行为,例如,他的《什么是言语行为》(What is Speech Act)[1]一文的内容其实就是在讲什么是以言行事行为(what is illocutionary act)。

奥斯汀将话语施事力量(illocutionary forces)分为五个类别。塞尔在指出奥斯汀分类的问题的基础上,对言语行为进行了分类。奥斯汀根据施为动词进行分类,分类标准不明确,类别界限不清晰,甚至不同类别之间出现重叠的现象。[2]与奥斯汀相比,塞尔的分类要更加细致和明确。他不仅列出了12项分类标准(详见第二章),而且给出了执行言语行为需要满足的充分必要条件和语义规则。这些条件是:命题内容条件(proposi-

---

[1] J. R. Searle, "What is Speech Act", in J. R. Searle (edited), *The Philosophy of Language*, Oxford: Oxford University Press, 1979, p. 39.

[2] See John R. Searle, "Austin on Locutionary and Illocutionary Acts", *The Philosophical Review*, Vol. 77, No. 4 (Oct., 1968), pp. 405~424.

tional content)、预备条件（preparatory condition）、真诚条件（sincerity condition）、基本条件（essential condition）。[1]对应这些条件，塞尔总结出了言外力量显示项/词的语义规则，它们分别是：命题内容规则（content rule）、预备规则（preparatory rule）、真诚规则（sincerity rule）和基本规则（essential rule）。[2]塞尔也将言语行为分为五个类别：断言式（assertives）言语行为、指令式（directives）言语行为、承诺式（commissives）言语行为、表情式（expressives）言语行为和宣布式（declarations）言语行为。[3]对于每一种言语行为，塞尔都从四个维度进行了具体的、区分性的描述。这四个维度分别是以言行是目的、适从向、心理状态和命题内容。[4]塞尔对言语行为的分类方法和描述方法使得言语行为的分类摆脱了以施为动词为分类标准的尴尬境地。虽然，塞尔的分类标准也并非十全十美，但分类标准更加系统、全面，使得分类更加清晰，且对言语行为的描述实现了多维度、多视角。

除了对言语行为的分类比奥斯汀更进一步外，塞尔还提出了与言语行为密切相关的一系列关键概念：适从向、以言行是力量指示项、命题行为、指称、谓项、意向性、间接言语行为和语境。这一系列关键概念的提出和阐释从不同角度丰富了言语行为理论的内容，使言语行为理论更加细致、丰满和明确，从而具有更强的实用性。

---

[1] John Searle, *Speech Acts: an Essay in the Philosophy of Language*, Beijing: Foreign Language Teaching and Research Press, 2001, pp. 57~61.

[2] John Searle, *Speech Acts: an Essay in the Philosophy of Language*, Beijing: Foreign Language Teaching and Research Press, 2001, pp. 64~71.

[3] 参见［美］约翰·塞尔：《心灵、语言和社会 实在世界中的哲学》，李步楼译，上海译文出版社2006年版，第142~143页。

[4] See John R. Searle, "A Classification of Illocutionary Acts", *Language in Society*, Vol. 5, No. 1 (Apr., 1976), pp. 1~23.

适从向指词语客观现实或曰世界的适从指向。适从向有两个方向：一是由词语指向客观现实；二是由客观现实指向词语。前者指客观现实是一定的，词语适应客观现实；后者指词语是一定的，客观现实适应词语。指向由以言行事力量决定。[1]这一概念提出的意义在于明确了言语行为和客观现实之间的关系，即哪一方是固定不变的，哪一方是要以对方为标准发生变化的。

以言行事力量指示项或曰以言行事力量标明手段（illocutionary force indicating device）的作用是标明以言行事力量的程度。根据塞尔的理论，以言行事力量指示项可以是施为动词，也可以是词、词序、句型、语气和语调甚至是语境。[2]这一概念的提出表明在塞尔的言语行为理论体系里，言语行为不仅有类别之分，而且有程度之别。并且，对于程度的鉴别有明确的根据。这使得对于言语行为的描述和区分更加细致，因而也更加具有实用性。

奥斯汀将言语行为分为话语行为（locutionary act）、话语施事行为（illocutionary act）和话语施效行为（perlocutionary act）三种。塞尔继承了奥斯汀对于言语行为的这个分类，同时，又进行了更细致的阐释。他认为言语行为包括三个层面：吐语行为、命题行为和以言行事行为，且这三个行为不是同时发生的关系，而是融为一体的关系。[3]命题行为包括指称和谓项两个部分。指称具有以言行事行为的特点，完成一个指称也就是完

---

[1] See John R. Searle, *Expressions and Meaning: Studies in the Theory of Speech Acts*, Cambridge: Cambridge University Press, 1981, pp. 3~4.

[2] See John R. Searle, *Expressions and Meaning: Studies in the Theory of Speech Acts*, Cambridge: Cambridge University Press, 1981, p. 4.

[3] See John R. Searle, *Speech Acts: An Essay in the Philosophy of Language*, Beijing: Foreign Language Teaching and Research Press & Cambridge University Press, 2001, pp. 23~24.

成了一个以言行事行为。谓项本身不能发挥以言行事的作用，需要通过以言行事力量或曰以言行事力量指示项才能切实发挥作用。[1]命题行为概念的提出丰富了以言行事行为概念的内涵，明确了对以言行事行为的内容的重视。将命题行为划分为指称和谓项两个部分，并对每一部分的功能和发挥作用的方式进行分析，这是对以言行事内容的细化和每一部分功能的明确。这种细化和明确化的分析，不但丰富了以言行事行为的内涵，使人们对以言行事行为的认识更加明确和清晰，更提高了以言行事行为理论作为理论依据和分析工具的价值。

意向性是塞尔言语行为理论的重要因素。塞尔认为语言是由说话人心灵的意向性所派生而来，它一方面受到语言规则和语言惯例的制约，并因之具有约定俗成的意义，另一方面还带有说话人的意向。[2]"约定俗成的意义"就是字面意义，"说话人意向"决定的意义就是说话人意义。字面意义与说话人意义有可能完全一致，也有可能大相径庭。将说话人意义字面意义分开的做法为间接言语行为的提出和阐释，以及对隐喻、反讽等修辞手段的阐释都提供了理论依据。在最简单的言语行为中，字面意义和说话人意义是一致的；但是在很多的言语行为中，字面意义和说话人意义是不一致的。这个时候，说话人意义所对应的就是间接言语行为或隐喻。间接言语行为的表达比直接言语行为涵盖了更加丰富的意义内容。它不仅包括字面意义，还包括说话人的含意，且说话人的含意与字面意义并不一致。对于受话人而言，其理解任务也更加繁重，不仅要理解字面意

---

[1] See John R. Searle, *Speech Acts: An Essay in the Philosophy of Language*, Beijing: Foreign Language Teaching and Research Press & Cambridge University Press, 2001, pp. 23~24.

[2] See John R. Searle, *Mind, Language, and Society: Philosophy in the Real World*, New York: Basic Books, 1999, pp. 141~142.

义,更要通过字面意义理解与其不同的说话人的含意。在成功执行间接言语行为中,对于语境、受话人的理解能力、双方共享的文化背景(语境的一部分)的依赖都要大于成功执行直接言语行为的情景。[1]意向性和间接言语行为概念的提出大大拓展了言语行为理论的内涵和外延。间接言语行为的提出解释了最初的言语行为理论无法解释的语言现象。现实中的语言交际情况复杂多变,说话者的意图在很多情况下与字面意义不对应,因此,单纯的言语行为理论不足以涵盖和解释所有的交际情况。意向性和间接言语行为概念的提出弥补了言语行为理论的不足。

  语境是塞尔言语行为理论中的关键概念。在塞尔的言语行为理论体系中,语境几乎无处不在。字面意义、说话人意义、派生的意向性和间接言语行为,这些因素都离不开语境的参与。一般的观点认为字面意义的理解不需要语境的参与,然而,塞尔认为不存在"零语境"的情况,字面意义的理解仍然需要一系列的背景假设和限制,这一系列的背景假设和限制就是语境。[2]塞尔把意向性分为内在意向性和派生意向性,说话人意义由说话人的内在意向性决定,派生意向性是指受话人的意向性,而说话人的意义和受话人的意向性都和语境密切相关。例如,同样是"我饿了"这句话,对父母讲和对老师讲的语境不同,说话者的内在意向性和受话人的派生意向性也迥然不同。对父母,说话意义极有可能是"给我做饭吧",而对老师,说话意义不可能是"给我做饭吧",而有可能是"我可以回家吗";而受话

---

[1] See John R. Searle, *Expression and Meaning: Studies in the Theory of Speech Acts*, Cambridge: Cambridge University Press, 1981, pp. 31~32.

[2] See John R. Searle, *Expression and Meaning: Studies in the Theory of Speech Acts*, Cambridge: Cambridge University Press, 1981, p. 122.

第一章 言语行为理论的历史沿革与应用

人,父母或老师,领会的意思也会截然不同。而同样的例子也恰恰可以说明间接言语行为对语境的依赖。可以说,间接言语行为的解读离不开语境的参与,离开了语境的限制,间接言语行为的解读是不可能或无法实现的。语境的引入将无边无际的言语交际的场景划分了界限和类型,使无限的和难以把握的解读可能性成为有限的、可操作的现实。因此,言语行为理论中引入语境概念的意义也提高了言语行为理论的实用性,使之成为切实可用的分析工具,而不是停留在理论的框架里,很难甚至无法与现实接轨。

通过具体分析可以发现,塞尔继承了奥斯汀的言语行为理论的基本理念,丰富了言语行为理论的内涵,同时,又通过引入一系列概念,使人们对于言语行为的理解更加精确细致,使言语行为理论本身作为语言分析工具的实用性更强。而这正是本书选用塞尔的言语行为理论作为理论依据和分析工具的原因所在。[1]

(三) 小结

奥斯汀的开创以及塞尔的继承和发展奠定了言语行为理论在语言哲学中的地位。其后,有众多的哲学家和语言学家加入言语行为理论的队伍,从不同角度和不同层面丰富了言语行为理论的内容和研究视角。例如,格莱斯的合作原则,利奇的礼貌原则,哈贝马斯的言语行为理论等研究都是言语行为理论研究大家族中的重要成员。本书只着重介绍奥斯汀和塞尔的理论体系的原因包括以下几个方面:首先,二者在言语行为理论中的特殊地位;其次,二者密不可分的关系;最后,本书的需要。作为言语行为理论的开创者,奥斯汀的地位自然无可替代。而作为奥斯汀的学生,塞尔对奥斯汀理论的继承和发展也至关重要。可以毫不夸张地说,要理解塞尔必须首先理解奥斯汀;反

---

[1] 具体分析论述见第二章内容。

之,亦然。两者的理论互相补充,互相说明,浑然一体。本书选择塞尔的言语行为理论作为分析庭审语言的工具与塞尔理论的特点紧密相关(详见第二章),而要深入地了解塞尔的理论,就必然需要了解奥斯汀的理论,以及两者之间的关联。而这也是本部分论述的意义所在:明确塞尔理论在言语行为理论的纵向研究和横向研究中的位置。

三、言语行为理论的应用

言语行为理论自从诞生后,在国内外学术界得到了广泛的应用。应用的角度和层面以及研究对象和研究目的多种多样。以研究对象和研究目的为分类标准,笔者将应用言语行为理论进行的研究作如下分类:

(一)理论研究

这一类研究的研究对象为其他理论,理论依据为言语行为。具体做法是用言语行为理论去研究另一种理论,或者研究言语行为理论与其他理论之间的关系,或者研究言语行为理论对其他理论的贡献。

保罗·安塞莱克(Paul Amselek)的《法哲学与言语行为理论》(Philosophy of Law and Theory of Speech Acts)研究法哲学和言语行为理论之间的关系,论述了言语行为理论对法哲学的贡献,以及法哲学对言语行为理论的贡献,指出言语行为理论对法哲学的贡献在于提供了新的研究视角,和研究法律语言的新方法,并且为法律语言的分析和研究提供了普遍可用的方向和框架。[1]

马丁·马特查克(Marcin Matczak)的《言语行为理论与承

---

[1] See Paul Amselek, "Philosophy of Law and Theory of Speech Acts", *Ratio Juris*, Vol.1, No.3, 1988, pp.187~223.

认规则》(Speech Act Theory and the Rule of Recognition) 运用言语行为理论研究了哈特的承认规则 (the rule of recognition)。[1]

邹立志的《"修辞立其诚"的言语行为限制》运用言语行为理论研究了发话主体的交际意图、接受主体的解码心理和语境因素对话影响造成的"形义扭曲"现象。[2]邱昭继的《奥斯汀言语行为理论与法理学》分析了奥斯汀的言语行为理论对法学理论和法律语言研究的贡献。[3]

这类研究的共同特点是认为言语行为理论为相应理论研究提供了新的研究视角或研究思路,从而在某种程度上改变了人们对语言的看法或更新了相关领域与语言有关的理念。例如,由于奥斯汀的言语行为理论对法理学家哈特的影响,哈特认为法律语言的作用不是描述,而是做事,他认为法律语言具有施事性和取效性特征。[4]

(二) 文化特色研究

这类研究的特色是研究某个群体的言语行为特色,并通过这个群体的言语行为特色,探讨蕴含其中的文化特色、制度特色或心理特色。

莱昂纳德·库苏洪 (Léonard A. Koussouhon) 运用奥斯汀的言语行为理论,通过研究古德勒克·乔纳森 (Goodluck Jonathan) 总统的辞职演说和穆罕默杜·布哈里 (Muhammadu Buhari) 将军的就职演说中五种言语行为的类型所占的不同比例,以及句

---

[1] See Marcin Matczak, "Speech Act Theory and the Rule of Recognition", *Jurisprudence*, Vol. 10, No. 4, 2019, pp. 552~581.

[2] 参见邹立志:"'修辞立其诚'的言语行为限制",载《首都师范大学学报(社会科学版)》2014年第3期。

[3] 参见邱昭继:"奥斯汀言语行为理论与法理学",载《法制与社会发展》2008年第2期。

[4] 参见邱昭继:"奥斯汀言语行为理论与法理学",载《法制与社会发展》2008年第2期。

> 我国刑事庭审言语行为的实证研究

子结构特征，分析他们对尼日利亚所产生的影响。例如，在两者的演说中，断言式言语行为都占了很高的比例。但是在乔纳森的断言式言语行为中，宣称（claiming）类的言语行为占了很高的比例，这表明尼日利亚的和平、统一和稳定在很大程度上依赖于乔纳森；在布哈里的演说中，宣称类的断言式言语行为占比例很低。[1]索菲娅·布朗（Sophia Brown）、乔纳森·马图西兹（Jonathan Matusitz）运用言语行为理论，研究牧师对教堂枪击案的演说，从中发现他们对枪击案的反应和态度。[2]彼德·约翰（Peter John）、本杰明·布鲁克斯（Benjamin Brooks）和乌尔夫·史瑞弗（Ulf Schriever）运用奥斯汀对于言语行为的分类模式（话语行为，话语施事行为和话语施效行为：locutionary act, illocutionary act, perlocutionary act）和塞尔对言外行为（illocutionary）的分类，分析海员的指令性言语行为和承诺性言语行为对团队成员之间交际效果的影响。[3]西蒙娜·西蒙（Simona Simon）和丹尼尔·德吉卡-卡蒂斯（Daniel Dejica-Cartis）运用言语行为理论中的会话分析理论，分析书面广告语中的言语行为的类型及其效果。[4]

---

[1] See Léonard A. Koussouhon, "Pragmatic Analyses of President Goodluck Jonathan's Concession Speech and General Muhammadu Buhari's Acceptance Speech: A Comparative Appraisal", *International Journal of Applied Linguistics and & English Literature*, Vol. 5, No. 4, 2016, pp. 12~19.

[2] See Sophia Brown & Jonathan Matusitz, "U. S. Church Leaders' Responses to the Charleston Church Shooting: An Examination Based on Speech Act Theory", *Journal of Media and Religion*, Vol. 18. No. 1, 2019, pp. 27~37.

[3] See Peter John, Benjamin Brooks & Ulf Schriever, "Speech Acts in Professional Maritime Discourse: A Pragmatic Risk Analysis of Bridge Team Communication Directives and Commissives in Full-Mission Simulation", *Journal of Pragmatics*, Vol. 140, No. 1, 2019, pp. 12~21.

[4] See Simona Simon & Daniel Dejica-Cartis, "Speech Acts in Written Advertisements: Identification, Classification and Analysis", *Procedia-Social and Behavioral Sciences*, Vol. 192, 2015, pp. 234~239.

这类研究的共同特色是将语言作为研究文化、制度或心理特色的媒介，将言语行为特点作为反映文化、制度或心理特色的一面镜子，通过言语行为特色，探讨分析文化、制度或心理特色。

(三) 言语行为特色研究

奥斯汀和塞尔根据不同的标准分别将言语行为分为五个类别。这类研究的特点是研究奥斯汀或塞尔分类中的某类言语行为所具有的特色，或者研究某个群体、某种文化或某个语境中某类言语行为的特色。

武瑷华的《表态言语行为的语义与语用》研究表态类言语行为的语义特征和语用特征。[1]樊小玲和胡范铸的《承诺言语行为与指令言语行为关系探究》研究承诺言语行为与指令言语行为之间的关系。[2]拉里·史密斯（Larry E. Smith）研究不同文化中礼貌言语行为的特色。[3]尼斯琳·纳吉·哈瓦尔德（Nisreen Naji Al-Khawaldeh）研究表达感谢的言语行为的跨文化区别，即约旦语与英语之间的感谢言语行为的区别。[4]

(四) 语言表达的言语行为归类研究

这一类研究的特色是将具有某种或某些鲜明特点的语言表述进行言语行为的分类，并根据相应的言语行为类别，进一步研究此类言语的特色。

---

[1] 参见武瑷华："表态言语行为的语义与语用"，载《外语学刊》2016年第6期。

[2] 参见樊小玲、胡范铸："承诺言语行为与指令言语行为关系探究"，载《陕西师范大学学报（哲学社会科学版）》2013年第5期。

[3] See Larry E. Smith, "Speech act, politeness, the Yamuna Kachru model", *World Englishes*, Vol. 10, 2015, pp. 133~135.

[4] See Nisreen Naji Al-Khawaldeh, "Cross-Cultural Variation of Politeness Orientation & Speech Act Perception", *International Journal of Applied Linguistics and & English Literature*, Vol. 2, No. 3, 2013, pp. 231~239.

李树科的《模糊时间词的言语行为分析》以塞尔的分类标准为根据，研究"回头"这个时间模糊词的言语行为归类，认为该表达属于承诺类言语行为。然后，进一步研究"模糊时间词语"这一类承诺言语行为具有什么样的特色，例如，是真诚的承诺还是不真诚的承诺，在什么情况下是真诚的承诺，什么情况下是不真诚的承诺等。[1]金城的《评价语句的言语行为分析》研究评价语句的言语行为归类及特点。[2]牛保义的《修辞问句言语行为实施的认知机制研究》研究文学作品中修辞问句的言语行为分类及其认知机制。[3]笔者认为文学作品中修辞问句执行的是断言或陈述言语行为，不是直接言语行为，而是间接言语行为。

(五) 小结

上述研究分类并没有穷尽对于言语行为理论的应用情况，但是由于其研究数量不多，没有形成规模；或者，在研究角度上没有代表性，属于个案；同时与本书的角度相差较远，因此在这里不再一一列举介绍。

从上述分类可以看出言语行为理论应用的广泛和多面，囊括了理论研究、实证研究、语言研究和文化制度研究。研究学者也包括了哲学家、语言学家和文化学者。言语行为理论在哲学界、语言学界和文化界的重要地位，以及言语行为理论作为分析理论的重要作用毋庸置疑。

除了上述分类，还有一种对于言语行为理论的特殊运用需要特别指出，那就是对于言语行为理论的"误用"。这类研究，

---

[1] 参见李树科："模糊时间词的言语行为分析"，载《现代语文（语言研究版）》2016年第5期。

[2] 参见金城："评价语句的言语行为分析"，载《外语学刊》2009年第6期。

[3] 参见牛保义："修辞问句言语行为实施的认知机制研究"，载《外语学刊》2009年第6期。

只是借用了言语行为的概念,但其分析的方法和理论依据与言语行为理论中的任何一支都没有关系,例如,道歉言语行为、感谢言语行为、拒绝言语行为、维护言语行为。言语行为的分类中并不存在对应的分类,这些研究只是借了言语行为的"大名",其研究方法和研究对象与目的都与言语行为理论毫无关系。不过,这些误用言语行为的研究从另一个方面证明了言语行为理论影响的广泛和深远。

四、言语行为理论与法律语言的关系

言语行为理论自诞生以来,就与法律语言有着密切的联系。奥斯汀最初的言语行为二分说,就是以宣判类话语为例,将语言区分为施行话语和记述话语。不仅如此,奥斯汀言语行为三分说阶段对法律语言的分类进行了更加详细的说明。在言语行为三分说阶段,奥斯汀最为关注的是话语施事行为。根据奥斯汀的划分,话语施事行为可以分为五个类别:裁决式(verdictives)、运用式(exercitives)、承诺式(commissives)、表态式(behabitives)、表明式(expositives)。奥斯汀认为司法行为不同于立法行为和行政行为,司法行为属于裁决式言语行为,而行政行为和立法行为属于运用式言语行为。同时,他又在司法行为的内部作了进一步区分,认为陪审团的司法行为属于裁决式言语行为,而法官的司法行为是运用式言语行为。奥斯汀特别指出法官的宣判行为是运用式言语行为的典型语境之一。[1]奥斯汀还列出了裁决式言语行为和运用式言语行为的动词。裁决式言语行为的动词有宣告无罪(acquit),定罪(convict),裁判为事实问题[find(as a matter of fact)],裁定为法律问题

---

[1] See J. L, Austin *How to Do Things With Words*, Oxford: Clarendon Press, 1962, pp. 151~157.

[hold（as a matter of law）]，解释（interpret），理解（understand），裁决（rule），估计（calculate），认为（reckon）等。运用式言语行为动词有任命（appoint），贬低（degrade），降职（demote），免除职务（dismiss），剥夺教籍（excommunicate），命名（name），命令（order），命令（command），指令（order），宣判（sentence）等。[1]

　　暂且不论奥斯汀的观点是否存在问题，以及存在什么样的问题，上述事实足以证明言语行为理论与法律语言的密切关系，也可以证明法律语言的特殊性，以及运用言语行为理论分析法律语言的可行性。由于本书的理论依据是塞尔的言语行为理论，因此，对于奥斯汀有关法律语言与言语行为之间的关系，本书不作详细分析和评价，仅用于证明言语行为理论自诞生之日起就与法律语言有着非同一般的关系。

　　塞尔继承和发展了奥斯汀的言语行为理论，虽然，塞尔本人没有直接论及他的言语行为理论与法律语言的关系，但是其言语行为理论与法律语言的关系较奥斯汀的理论更加密切和具体。首先，塞尔完全继承了奥斯汀的言语行为三分说，且与奥斯汀一样都将施事行为（illocutionary）作为研究的重点。而奥斯汀对于法律语言行为的划分就是法律语言的施事行为。[2]其次，塞尔为言语行为的分类确定了十分明确的12个分类标准，这些标准都与法律语言，尤其庭审语言密切相关。最后，塞尔提出了一系列与言语行为理论密切相关的关键概念，这些概念的提出和解释无不与法律语言密切相关。总之，塞尔的言语行为理论

---

[1] See J. L, Austin *How to Do Things With Words*, Oxford: Clarendon Press, 1962, p. 167.

[2] See Monica R. Cowart, "Understanding Acts of Consent: Using Speech Act Theory to Help Resolve Moral Dilemmas and Legal Disputes", *Law and Philosophy*, Vol. 23, No. 5 (Sep., 2004), pp. 495~525.

第一章 言语行为理论的历史沿革与应用

在理念上、关键概念上和分类标准上都与法律语言尤其是庭审语言高度契合。因此，本书将塞尔的言语行为作为理论依据和分析工具来探讨庭审语言特色。这既是对言语行为理论与法律语言之间渊源关系的继承，也是对塞尔理论特色和庭审语境特色的体现。有关塞尔的言语行为理论与庭审语言之间的详细关系，本书将在第二章做具体论述。

五、言语行为理论在本书中的应用方式

言语行为理论的诞生彻底改变了哲学界对语言的看法，成为众多学者研究的对象。有关言语行为理论研究的历史较长，成果丰硕。总体看来，主要包括以下三个方面：①言语行为理论的建立及分析哲学家的早期研究；②言语行为研究中语言学家的加盟；③基于语料库的言语行为研究。[1]研究的视角不同，研究内容和研究的意义也不同。哲学角度的研究着重研究言语行为理论的哲学意义，这部分研究的特色是以哲学的理论性和抽象性为特色。语言学家研究的特色是着重分析作为语言分析工具的言语行为理论的特点，研究如何完善这个分析工具，以及该工具应该具有的特点。例如，格莱斯的会话合作原则和利奇的礼貌原则，都是用具体的原则来完善言语行为理论作为工具的特性。这类研究的特点就是研究对象为言语行为理论，研究内容是该理论的工具性特征，研究目的是如何完善或提高其作为工具的性能和作用。第一类和第二类研究的研究对象都是言语行为理论本身，不同的是研究意义和研究目的。第一类研究的目的和意义是该理论的哲学意义和哲学地位；第二类研究的意义和目的是言语行为理论作为工具的特征和性能。与前两

---

[1] 黄立鹤："言语行为理论与多模态研究——兼论多模态（语料库）语用学的逻辑"，载《北京第二外国语学院学报》2017年第3期。

类研究不同,第三类研究是直接将言语行为理论作为工具,研究对象是语料库中的语言,研究目的是发现所研究语言的言语行为特色。本书属于第三类研究,兼具第二类研究的特色。首先,以言语行为理论为分析工具,研究语料库中的言语行为特色,同时,根据研究内容的需要,论述、分析了塞尔言语行为理论作为本书分析工具的合理性和可行性,并根据研究内容的需要适当补充和"充实"了塞尔言语行为理论的内容,使之更加细致,更加适合作为庭审语言的分析工具。然后,用言语行为理论去分析本书所选语料。语料库研究"较为常用的方法是对所有语料文本进行逐一分析(line-by-line analysis),即对每一个话语单位(utterance)标注一个合适的言语行为类型,随后再使用语料库工具对已经初步标注的语料进行其他信息的加注"。[1] 本书对所用语料文本进行了逐一分析,即对每一个话语单位进行了言语行为归类(归类标准和方法详见第二章)。与常规语料库研究不同的是,本书没有使用语料库工具。鉴于研究标准的复杂性和多维性,本书在对语料文本进行言语行为归类后,采用人工统计的方式,完成言语行为类型及相关特征的数据统计和分析。因此,本书对于言语行为理论的关注和应用是语言学视角的,是工具性的。哲学层面的言语行为理论不是本书关注的内容。

---

[1] Mcallister P. G., "Speech Acts: A Synchronic Perspective", in Aijmer K. & Ruhelmann C., ed., *Corpus Pragmatics: A Handbook*, Cambridge: Cambridge University Press, 2015, pp. 29~51.

第二章 CHAPTER 02
塞尔言语行为理论与庭审的关系

奥斯汀将言语行为分为话语行为（locutionary act）、话语施事行为（illocutionary act）和话语施效行为（perlocutionary act）三种，并以话语施事力量（illocutionary forces）为标准，将话语施事行为进一步分为五类：裁决式（verdictives）、运用式（exercitves）、承诺式（commissives）、表态式（behabitives）、表明式（expositives）。

塞尔继承了奥斯汀的言语行为三分说，且与奥斯汀一样将研究重点放在话语施事行为（illocutionary act）以及话语施事力量（illocutionary forces）上。在对施事行为的分类上，塞尔指出了奥斯汀的不足，他认为奥斯汀对话语施事行为的分类实际上是对于施为动词的分类，并不是对言语行为类型的分类。在指出奥斯汀分类标准所存在的问题的基础上，塞尔根据12个标准将言语行为重新进行分类。不仅如此，塞尔还提出了一系列与言语行为相关的关键概念：语境、以言行事力量指示项、命题内容、谓项、指称方式、行为对象、间接言语行为、隐喻等。

这一系列分类标准的制定，使言语行为分类摆脱了以施为动词为标准的命运，使言语行为的分类更加符合"行为"的特征，而不是依赖"语言"的特点。一系列关键概念的提出和界定，使言语行为理论的内容更加丰富、细致和多维化。塞尔在这两大层面对言语行为理论的发展不但丰富了言语行为理论的内容，而且增强了其作为语言分析工具的工具性功能。

本章将详细介绍塞尔的言语行为分类标准和关键概念，并在此基础上，分析这些标准和概念与庭审（庭审的语境特色和庭审的语言特色）之间的密切关系，以证明本书选用塞尔的行为理论作为庭审语言分析工具的合理性和可行性。

与奥斯汀一样，塞尔研究的重点也是话语施事行为，或曰以言行事行为，或曰言外行为。所谓言语行为，一般情况下就是指以言行事行为。在本书中，除非特殊说明，言语行为一词就是指以言行事行为或言外行为。

一、塞尔言语行为分类标准与庭审[1]

塞尔列举了12个言语行为的分类标准，本部分简要介绍塞尔的每一个标准，并在此基础上，详细论述每一个分类标准与庭审之间的密切关系，以及运用塞尔的言语行为理论分析刑事庭审语言，探讨庭审特色的合理性与可行性。

（一）言外行为目的[2]

不同的言语行为具有不同的目的。"命令的目的是让受话人去做某事。描述的目的是表述（可能是真实的，也可能是假的；可能是准确的，也可能是不准确的）事物的状态。承诺的目标或目的是说话人对某种义务的承诺。"[3]

---

[1] 塞尔对分类标准的表述比较详尽具体，但作为标题，塞尔的原表述略显琐碎。因此，本部分在不改变塞尔原意的前提下，将分类标准适当凝练，以符合标题语言的表达风格。

[2] 塞尔的原表述为"言外行为（类型）目标（目的）"。

[3] John R. Searle, *Expression and Meaning: Studies in the Theory of Speech Acts*, Beijing: Foreign Language Teaching and Research Press, 2001, p. 2.

第二章 塞尔言语行为理论与庭审的关系

"我将某种类型的言外行为目标或目的称为言外之的。[1]言外之的是言外之力的一部分,但不等于言外之力。因此可以这么说:请求的言外之的与命令是一样的,都是为了让说话人去做某事,但言外之力有明显的不同。一般来说,言外之力的决定因素有很多,而言外之的是众多因素中的其中之一(我认为是最重要的那个因素)。"[2]

从塞尔的论述,得出如下结论:同一言语行为的言外之的相同,但同一言语行为包含不同程度的言外之力,换言之,在同一言语行为内部,言外之力可以呈现等级性的差别。"请求"与"命令"同属指令式言语行为,[3]两者的目的是相同的,但是显然言外之力是不同的。"请求"的语气要柔和得多,而"命令"的语气要强硬得多,与之相对应,"请求"的言外之力要远远小于"命令"的言外之力。在指令式言语行为的范畴内,除了"请求"和"命令",还有言外之力比"请求"更小的"央求",比"命令"更大的"勒令"。这些不同的指令式言语行为的言外之的都是"让说话人去做某事",但是言外之力有极弱、弱、强和极强的差别,呈现出等级差别的特点。另外,塞尔还认为,言外之力的决定因素有很多。具体而言,这些因素可以是人的身份地位、人与人之间关系的亲疏程度、场合的正式程度,甚至有可能是说话人所处的社会制度和文化背景。这些因素中的一个或多个综合作用确定了说话者对受话者所使用的语气,也就是塞尔所谓的言外之力。例如,上级对下级,父母对

---

[1] "言外之的"与"以言行事目的"含义相同,两者均指"言语行为的目的",因为塞尔所谓的以言行事行为就是指言外行为,一般情况下,两者可以通用,但是对分类标准的描述一般采用"言外之的"的表述。

[2] John R. Searle, *Expression and Meaning: Studies in the Theory of Speech Acts*, Beijing: Foreign Language Teaching and Research Press, 2001, p. 3.

[3] 原因见下文言语行为类别介绍部分。

子女，可以是"命令"；反之，"命令"就是不合适的，只能是"请求"或"央求"。再例如，在正式场合，上级对下级是命令；而在非正式场合，上级对下级也可以是"请求"。

塞尔认为言外之的是决定言外之力的最重要的因素，是因为其他因素决定的是言外之力的程度，而唯有言外之的可以确定言外之力的"方向"，进而确定言外行为的类型。[1]例如，言外之的是"让对方做某事"，决定了这个力量的"方向"是对方——让对方做某事，而不是自己——让自己做某事，其对应的言语行为类型是指令式言语行为。如果言外之的是"让自己做某事"，其对应的言外之力的方向是自己——让自己做某事，对应的是承诺式言语行为。

由此，可以得出结论：言外行为目的是具有决定性作用的一个标准，它可以确定以言行事力量的方向，进而确定言语行为的类型。鉴于言外行为目的的重要性，塞尔将它放在众标准中的第一位。

庭审活动的最大特色是目的明确，不仅整个庭审活动具有明确的目的，庭审的每一阶段也都有明确的不同的目的，甚至，庭审参加人所说的每一句话都有十分明确的目的。塞尔分类标准对于"目的"的强调完全契合了庭审活动尤其是刑事庭审的特色。

言语行为目的与言语行为类型之间是一一对应的关系，言语行为目的与以言行事力量之间是一对多的关系。刑事庭审的整体目的是发现真相、惩罚犯罪以及进行法治教育和宣传；每一审判阶段又有不同的目的；更进一步，庭审参加人，尤其司

---

[1] See John R. Searle, "Intentionality and Method, The Journal of Philosophy", *Seventy-Eighth Annual Meeting of the American Philosophical Association Eastern Division*, Vol. 78, No. 11 (Nov., 1981), pp. 720~733.

第二章 塞尔言语行为理论与庭审的关系

法人员和辩护律师的每一句话都有具体的目的。庭审的整体目的，以及每一阶段的目的，决定了在庭审这个整体的语境下，以及每一阶段的阶段性语境下，主要适用的言语行为的类型。司法人员和辩护律师的每一个具体目的确定了每一句话所执行的言语行为的类型。使用了合适的言语行为类型，则可以实现对应的以言行事目的；相反，则达不到对应的以言行事目的。与此同时，仅仅选用合适的言语行为类型还不足以有效或高效地达到庭审交际的目的，还要选用合适的以言行事力量，才能真正有效地、成功地达到庭审的目的。

根据塞尔的理论，以言行事力量的确定因素是多种多样的。具体到庭审这个语境中，以言行事力量的确定因素包括庭审的整体制度和文化特色、说话人的身份和地位、受话人的身份和地位、两者之间的关系和以言行事目的等因素。总之，庭审参加人根据以言行事目的、语境特色、说话人和受话人的身份和地位以及两者之间的关系，选用合适的以言行事行为，合适的以言行事力量，才能实现以言行事目的，否则就是无效或低效的交流。而庭审用语中的以言行事力量是否与这些因素相契合正是本书的研究内容。

总之，塞尔对于以言行事目的的强调与庭审语境鲜明的目的性特征相契合。根据以言行事目的确定言语行为的类型，是塞尔划分言语行为的标准也是本书为庭审语言进行言语行为分类的标准。言语行为类型和言语行为目的与以言行事力量之间的一对多的对应关系，在以言行事目的一定的情况下，不同的以言行事力量必定反映不同的语境特色，以及对话双方不同的身份、地位和关系特色。本书在根据以言行事目的确定以言行事行为类型的基础上，进一步根据言语行为中的以言行事力量，确定其力量程度和等级所反映出的庭审特色、说话者和受话者的身份、地位以及彼此之间的关系。这一研究思路和研究因素在逻辑上和研究对象上都与塞尔的标准完全契合。

(二) 适从向

适从向（direction of fit）是塞尔提出的新概念，用以描述语词（words）和世界（world）之间的关系。适从向有两个方向：其一，由语词指向世界，塞尔用向下的箭头↓表示；其二，由世界指向语词，塞尔用向上的箭头↑表示。前者是指世界先存在，语词要适应世界的状况，适应则语词所述为真或正确，不适应，则语词所述为假或错误。后者是指语词先存在，世界要适应语词的状况，世界适应语词，则语词所述内容成为现实，不适应，则语词所述内容没有成为现实。[1]例如，"这里有一本书"，这句话的适从向就是由语词指向世界，如果这里确实有一本书，那么这句话为真，或者说是正确的，如果这里没有一本书，这句话即为假，或者说是错误的。"我明天就完成这项任务"这句话的语词先存在，适从向是由世界指向语词。如果我确实在"明天"完成了这项任务，则这句话的内容成为现实；如果我"明天"没有完成这项任务，这句话的内容则没有成为现实，或曰这句话落了空。

塞尔认为适从向与以言行事目的之间关系紧密。塞尔同时认为"虽然适从向在言语行为的分类中起着重要的作用，但是仍然不能将之作为言语行为分类的全部基础"。[2]具体原因其实在于适从向与以言行事目的之间并非一一对应的关系。以言行事目的相同，其对应的适从向肯定相同；但是相同的适从向可

---

[1] See John R. Searle, *Expression and Meaning: Studies in the Theory of Speech Acts*, Beijing: Foreign Language Teaching and Research Press, 2001, p. 4.

[2] John R. Searle, *Expression and Meaning: Studies in the Theory of Speech Acts*, Beijing: Foreign Language Teaching and Research Press, 2001, p. 4.

第二章 塞尔言语行为理论与庭审的关系

以对应不同的以言行事目的。例如,所有的承诺的适从向,无论以言行事力量如何,适从向都是由世界指向语词,这一点毫无疑问。但是"请你按规则办事"和"我一定会保护你的"这两句话的适从向都是从世界到语词,但是以言行事目的迥然不同:第一句是指令,第二句是承诺。

适从向这个概念的提出有两个方面的意义:一是强调了语词和世界这两个概念在言语行为理论中的重要性;二是明确了在每一类言语行为中语词与世界之间互动的方向。言语行为理论诞生的意义之一就在于改变了人们对于语言的作用的看法。语言不仅仅可以用来描述世界,语言的意义也不再仅仅是真与假,语言还可以用来"做"事情。适从向这一概念的提出正是对言语行为理论这一意义的阐释和证明。

适从向强调并明确了世界和语词之间的关系。在庭审中,语词和客观世界正是最重要的两个因素。案件事实正是已经存在的客观世界,法律规则是已经存在的语词;司法人员的审判语言和辩护律师的辩护语言就是要发现和明确案件事实和法律规则之间的对应关系。法官最后的宣判是语词,对于判决结果的执行是客观世界,对于判决结果的执行就是客观世界指向宣判语词。法官的宣判要合理,则判决结果被执行,宣判最终生效;法官宣判不合理,则判决结果经过上诉被否决或改变,宣判部分或全部失效。塞尔适从向的概念不仅涵盖了庭审中最关键的因素,而且明确了关键因素之间的互动关系及方向。因此,用适从向的维度分析庭审语境中的关键因素及其相互关系不仅能反映各因素之间的静态关系,而且能反映出各因素之间的互动模式。本书根据言语行为中的适从向这一标准,分析庭审语言、法律规则与案件事实之间的指向关系及互动模式,并探讨这些关系和模式反映出的庭审各参与人的身份、地位和角色,以及对应的庭审制度与文化特征。

(三) 心理状态[1]

塞尔认为,"在实施任何具有命题内容的言外行为时,说话者都表达了对该命题内容的某种态度或心理状态。需要注意的是,即使他言不由衷,即使他内心并没有自己所表达的信念、愿望、目的、遗憾或者快乐,他还是在实施言外行为的时候,表达了信念、愿望、目的、遗憾或者快乐"。[2]由此可见,在这一分类标准中,塞尔强调的是"表达的心理状态"(expressed psychological states),而不是真实的心理状态。说话者真实的心理状态并不重要,重要的是在实施言外行为的时候,在言语中,所表达的心理状态。所以,说话者在实施言外行为的时候,真正的心理状态和表达的心理状态,有可能一致也有可能不一致。塞尔的言语行为分类标准关注的是在言语行为中所表达的心理状态,而不是说话者内心真正的心理状态。

塞尔将心理状态作为言语行为实施的真诚条件(sincerity condition),他认为要保证言语行为的成功实施,说话者必须是真诚的,即,说话者所表达的心理状态必须与他真实的心理状态是一致的,否则,言语行为就无法成功实施。[3]例如,"我保证我一定会按时完成任务",在这个表述中,说话者所表达的心理状态(expressed psychological state)是他有按时完成任务的愿望。当且仅当说话者真实的心理状态和这个所表达的心理状态相一致时,这个许诺才是可以成功实施的;相反,如果说话者只是说说而已,并没有要按时完成任务的真实愿望,这

---

[1] 塞尔的原表述为"表达的不同心理状态"。

[2] John R. Searle, *Expression and Meaning: Studies in the Theory of Speech Acts*, Beijing: Foreign Language Teaching and Research Press, 2001, p. 4.

[3] See John R. Searle, "How Performatives Work", *Linguistics and Philosophy*, Vol. 12, No. 5 (Oct., 1989), pp. 535~558.

第二章 塞尔言语行为理论与庭审的关系

个言语行为势必不能成功实施。由此可见，塞尔的观点是言语行为的成功实施需要说话者真实的心理状态和表达出来的心理状态一致，这是成功实施言语行为的真诚条件。但是塞尔的论述并不是全面的。还有一种可能性就是"我保证我一定会按时完成任务"这句话的真实心理状态是"不情愿"或"不愿意"，但是迫于外界的某种压力，"我"还是按时完成了任务。在这种情况下，虽然，真实的心理状态和表达的心理状态不一致，没有满足塞尔所规定的言语行为实施的真诚条件，但是这个言语行为还是成功实施了。笔者认为言语行为成功实施的真诚条件并非真实的心理状态与表达出的心理状态的一致，而是说话者的行为与言语行为中所表达的心理状态的一致。例如，在"我保证我一定会按时完成任务"这个表达中，尽管说话者真实的心理状态和表达的心理状态不一致，但是如果说话者的实际行为与表达的心理状态契合，他就成功地实施了言语行为。

塞尔指出心理状态与言语行为类型之间不是一一对应的关系。一种心理状态可以对应几种言语行为。"相信（believe）可以对应陈述、断言、评论、解释、假设、宣布、推断和辩护。意图（intention）对应许诺、发誓、威胁和保证。愿望（desire）或想要（want）对应请求、命令、指挥、祈求、乞求和恳求。愉悦（pleasure）对应祝贺、庆祝和欢迎等。"[1]塞尔在这里列举的所谓言语行为，实际上不是言语行为，而是施为动词。与心理状态呈现多对一关系的是施为动词，而不是言语行为类型。

塞尔根据一系列标准，将言语行为分为五个类别，并用公式的形式对每一种言语行为进行了描述，心理状态是其中因素

---

[1] John R. Searle, *Expression and Meaning: Studies in the Theory of Speech Acts*, Beijing: Foreign Language Teaching and Research Press, 2001, p. 5.

之一。在塞尔的分类和公式描述中，言语行为类型与心理状态之间的关系是一一对应的关系。且根据塞尔的言语行为分类标准，上述与某种心理状态对应的施为动词都可以划归为同一种言语行为类型。相信（believe）所对应的陈述、断言、评论、解释、假设、宣布、推断和辩护都可以归入断言类言语行为；意图（intention）所对应的许诺、发誓、威胁和保证都可以归入承诺式行为；愿望（desire）或想要（want）所对应的请求、命令、指挥、祈求、乞求和恳求都可以归入指令式言语行为；愉悦（pleasure）所对应的祝贺、庆祝和欢迎都可以归入表达式言语行为。不同的施为动词所表达的不是不同的言语行为类型，而是表达同一言语行为类型中不同程度的心理状态。例如，"陈述"这个施为动词所表达的相信的程度远低于"断言"一词；"命令"所表达的想要的程度要远远大于"祈求"。心理状态的程度与以言行事力量的强度正向对应：心理程度强则以言行事力量强，心理程度弱则以言行事力量弱。

由此，可以得出结论，一种言语行为类型对应一种心理状态。一种心理状态包含不同的程度级别，不同的施为动词可以表达不同程度的心理状态。而实际上，能够表达不同程度的心理状态的不仅限于施为动词。塞尔认为以言行事力量指示项，可以是施为动词，也可以是语气、语调、语序等其他手段；[1]与之相对应，表达不同程度的心理状态的除施为动词外，也可以是语气、语调、语序或其他手段。

塞尔强调言语行为所表达出来的心理状态，而不是说话者真实的心理状态。这一点十分符合庭审语境。在庭审中，各参与者的心理状态十分复杂。庭审语境具有强制约性，在这一语

---

〔1〕 See John R. Searle, *Expression and Meaning: Studies in the Theory of Speech Acts*, Beijing: Foreign Language Teaching and Research Press, 2001, p.21.

境中，人真正的心理状态如何，并不重要，重要的是要按照庭审的要求执行相应的言语行为，言语行为中所体现的应该是符合庭审语境要求的心理状态。例如，法官可能对一个强奸犯恨之入骨，甚至有直接枪毙该罪犯的冲动；但是在庭审中，他不能使用表达出自己真正的心理状态的语言，不能使用咒骂或侮辱性的语言审判被告人；相反，他仍然需要给予被告人相应的人格尊严以及为自己辩护的权利。因此，在法庭审判中，庭审语言所执行的言语行为中应该体现的是符合庭审语境和法律规范的心理状态，而不是说话者真正的心理状态。说话者真正的心理状态如何，在庭审语境中并不重要，它可以与庭审要求和规范相一致，也可以相违背。因此，在对于庭审语言的研究中，只需关注语言中所反映出的说话者的心理状态，而不必去纠结说话者真正的心理状态如何。

本书根据庭审语言表达中的以言行事力量指示项确定表达的心理状态及程度，根据心理状态确定言语行为的类型，根据心理状态的程度分析说护者的身份地位、在庭审中的作用以及这些特征所反映出的庭审特征。根据塞尔对心理状态与言语行为及语言表述之间的关系的论述，这一思路在逻辑上合理可行。此外，需要强调的是本书关注和分析的是在庭审语言中所表达出来的心理状态，而不是说话者真实的心理状态。说话者真实的心理状态与所表达的心理状态可能吻合也可能大相径庭，但这不是本书关注的内容。

(四) 以言行事力量[1]

以言行事要旨（illocutionary point）或以言行事目的（illocutionary purpose）是以言行事行为的中心内容，呈现以言行事要旨的力量就是以言行事力量。相同的以言行事要旨可以用程

---

[1] 塞尔的原表述为"呈现以言行事要旨的不同力量"。

度不同的以言行事力量来呈现。[1]例如，"我建议你现在离开""我认为你现在应该离开""我命令你现在必须离开"。在这三个表达中，以言行事要旨都是"我想让你离开"；而以言行事的力量程度显然不同：第一个最弱，第二个稍强，第三个最强。三个表达的言语行为类型也不同，第一个是指令式（directives）言语行为，第二个是表情式（expressives）言语行为，第三个是指令式（directives）言语行为。由此，可以得出结论，同一类言语行为中包含不同程度级别的以言行事力量，不同类型言语行为之间，也可以进行以言行事力量的比较。在这三句话中，决定以言行事力量强弱的是施为动词"建议""认为"和"命令"，以及情态动词"必须"和"应该"。以言行事力量的确定方式多种多样，详见下文对以言行事力量指示项的介绍和分析。

以言行事力量的程度与心理状态的程度完全对应，心理状态强烈，则以言行事力量强；心理状态弱，则以言行事力量弱。例如，"我恨不得马上飞到你身边"，这句话的以言行事要旨是"我想到你身边"，表达出的心理状态十分强烈，以言行事力量也十分强大。心理状态和以言行事力量在言语行为中的体现方式，或曰表达方式是完全相同的，都是以言行事力量指示项。以言行事力量指示项可以是施为动词，也可以是其他的词，甚至可以是语序和语气语调（详细分析见下文）。在本句中，呈现以言行事要旨的强烈心理状态和强大的以言行事力量的表达方式是"恨不得"和"飞"。由此可见，心理状态和以言行事力量在程度上的相对应和表达上的相统一。

因此，与确定心理状态的方式一样，通过分析以言行事力量指示项确定以言行事力量强度。在庭审中，司法人员能否根

---

[1] See John R. Searle, *Expression and Meaning: Studies in the Theory of Speech Acts*, Beijing: Foreign Language Teaching and Research Press, 2001, p.6.

据审判的需要和庭审制度规范，采用适当程度的以言行事力量不仅直接影响庭审效果，而且直接体现我国的庭审制度特色和文化特色以及司法人员的职业素养和文化素养。因此，本书通过研究庭审语言的以言行事力量程度以及心理状态程度，分析其中反映的庭审制度和文化特色以及司法人员的职业素养和文化素养的思路合理可行。例如，为了表达"请你如实描述案发时的情况"这个以言行事要旨，可以采用下面三种不同的表达方式："你都看到了什么？""请你详述当时的情况。""老实点，说实话！"。言语行为类型都是指令式言语行为，以言行事力量和心理状态完全不同。第一句"讯问"是法庭中最常用的语言，言外之力中等，心理状态客观平静；第二句"请你详述当时的情况"，属于礼貌用语，言外之力中等偏下，心理状态不仅平静而且平和；第三句"老实点，说实话"是程度很强的指令，言外之力很强，心理状态为愤怒且对受话者缺乏礼貌和尊重。第一个表达为法庭一般用语，体现的是法庭审判正常进行，"没有特色"的典型的庭审；第二句是充分表达对被告人的尊重，体现的是民主的庭审氛围；第三句的以言行事力量很强，表现了法官的愤怒情绪，体现的是审判方与被告人极不平等的地位以及粗鲁直接的审判风格和庭审氛围。当然，影响和决定说话者表达的以言行事力量程度和心理状态程度的因素多种多样，案件的性质和被告的态度都会影响到庭审语言的表达，不能单纯根据单独的一句话来推断庭审特色。在此，只是作为对论述方式的举例说明，具体论述，详见下文。

（五）身份差异[1]

对于这一点，塞尔没有作哪怕最简单的论述，而只是给出

---

[1] 塞尔的原表述为"说话人和受话人地位或职位的不同对以言行事力量的影响"。

了简单的例子:"如果将军让士兵去打扫房间,那一定是命令(command)或指令(order)。如果士兵让将军去打扫房间,那有可能是建议(suggestion)或倡议(proposal)或要求(request),但绝不是命令或指令。"[1]在这个例子中,塞尔的观点显而易见,地位高的人说出的话语具有较强的以言行事力量;地位较低的人说出的话语具有较弱的以言行事力量。将军对士兵、老板对员工、家长对孩子,说出的话语一般具有较强的以言行事的力量;而反过来,士兵、员工和孩子所说出的话语的以言行事的力量显然就弱很多。

对于塞尔的论述,笔者认为有两点需要补充说明:

第一,对话双方的地位和职位与以言行事力量之间的关系具有双向性。一方面,对话双方的地位可以影响言语行为的以言行事力量,而以言行事力量也可以反映出双方的地位和角色的差别。例如,命令的言语行为不可能是下级对上级或晚辈对长辈;央求的言语行为也不可能是上级对下级或长辈对晚辈。

第二,塞尔的观点是不全面的。他忽略了一个重要的因素——语境。上述情况只适应某些语境。语境变了,规则也会相应变化,尽管这个规则不一定是明文规定,而有可能是潜规则或不成文的规定。一般而言,说话者的身份和地位与其以言行事力量具有正向对应的特点,即,地位越高,言语行为的以言行事力量越强。但是在某些语境中,身份和地位对立有可能被消解。在身份和地位对立被消解的情况下,言语行为的力量也就不再与身份和地位相对应。例如,长官对下属,在工作中分派任务时,可以是长官所说的话语具有较强的以言行事力量;但在生活中,他们可以是朋友,地位对立被生活语境消解。因

---

[1] John R. Searle, *Expression and Meaning: Studies in the Theory of Speech Acts*, Beijing: Foreign Language Teaching and Research Press, 2001, p.5.

第二章 塞尔言语行为理论与庭审的关系

此,这种情况下,长官和下属的话语可以具有相同或接近的以言行事力量;而且,如果长官犯了错误,下属的话语也可以具有较强的以言行事力量。总之,说话人的地位和职位对以言行事力量确有影响,但是这个影响需要放在一定的语境中,结合语境的特点来考虑其力量程度的采用及合适程度。语境的限定作用至关重要。

庭审是一个具有鲜明特色的语境。纵向比较,庭审不同于生活语境、学校语境、军队语境等其他类型的语境特色;横向而言,不同文化、不同诉讼模式下的庭审语境具有不同的特色。在庭审语境中,控辩审三方的关系是核心和关键。不同庭审制度中的控辩审三方关系不同,而体现三方关系的最重要的因素就是庭审语言。本书通过言语行为中的以言行事力量指示项,确定该言语行为的以言行事力量程度以及说话者(控辩审中某一方)的心理状态,研究其中所反映的说话者和受话者在庭审中的地位和角色特点,并根据分析结果,总结庭审中控辩审三方的地位和关系。控辩审三方的关系是我国庭审制度改革的核心内容之一,实现控辩审三方关系的平衡,是我国庭审制度改革的目标之一。分析庭审中控辩审三方的言语行为特征、以言行事力量强弱、心理状态程度以及身份地位和彼此之间的关系正是明确三方关系的有效研究模式。

(六) 对话双方利益关联[1]

对于这一点,塞尔给出的例子是两组概念:吹嘘(boast)和痛惜(lament),祝贺(congratulations)和吊唁(condolences)。在这两组概念中,显然第一组与说话者的利益关联度更大,第

---

[1] 塞尔的原表述为"话语和说话人、受话人的利益的关联方式"。

二组与受话者的利益关联度更大。[1]所以,在这个标准中,塞尔实际上指的是与对话双方利益的关联度,而不是关联方式;所对比的是与受话者的关联度更高,还是与说话者的关联度更高;而不是与双方的关联方式如何。

塞尔在这里只是指出了关联的不同,但是并没有指出确定或影响关联度的因素,以及如何从言语行为的表达中判断出该言语行为与哪一方的利益关联度更高。笔者认为言语行为中的两个因素与关联度直接相关:命题内容和以言行事目的。命题内容和以言行事目的与哪一方的关联度更高,言语行为与哪一方的关联度就更高。需要特别指出的是,命题内容和以言行事目的的关联方向一定是一致的。或全部和说话者关联度更高,或全部和受话者关联度更高。不存在命题内容与说话者关联度更高,而以言行事目的与受话者关联度更高的情况。因此,判断话语和哪一方的关联度更高,看命题内容或以言行事目的其中之一就可以断定。

塞尔的这一分类标准涉及的是语境与对话参与者之间的关系。这一标准也为庭审语言研究提供了重要的、有价值的分析维度。根据司法人员的言语行为与对话双方关联度的高低判定司法人员是否足够关切当事人的利益,以及是否足够关切辩护人的观点,还是主要以自我为中心。此标准表面上为判定言语行为与对话双方关联度的客观标准,实则能够反映出说话者的心理状态。因此,根据此标准可以判定司法人员在执行言语行为的过程中关切的对象是什么,并据此进一步确定司法人员的关切对象和程度所反映出的我国庭审制度的特征。

---

[1] See John R. Searle, *Expression and Meaning: Studies in the Theory of Speech Acts*, Beijing: Foreign Language Teaching and Research Press, 2001, p. 6.

第二章　塞尔言语行为理论与庭审的关系

（七）具有关联作用的施为表达[1]

有一部分具有施为作用的表达（performative expressions）除了具有执行言语行为的作用，还可以将施为表达所在的话语（utterance）和对话（discourse）的其他部分，或曰其他的话语（other utterances），或话语所在的语篇或语境的其他部分连接起来。[2]例如，"我推断""我答复"和"我得出结论"一类的表达方式。一方面，它们执行一个言语行为；另一方面，它们的作用是把这个言语行为和对话的其他部分，或语篇的其他部分连接起来，表明两者之间的逻辑关系。

塞尔在这里讨论的实际上就是具有连接作用的施为话语。笔者认为这些表达实际上具有三重作用：执行言语行为、连接、表明逻辑关系。在对话中，使用这样的施为性表达具有简洁、明确的优点。

每一次庭审就是一个具体的语境，该语境要求语言表达明确、直接。庭审的整个过程构成一个前后连贯且逻辑关系紧密的完整语篇。在庭审语言中，运用具有关联作用的施为话语具有以下两个优点：一是表达明确；二是体现庭审前后内容的连贯性及其逻辑关系。因此，研究此类施为话语在庭审中的使用情况有利于判定司法人员审判语言的表达水平、司法人员的语言素养及其对庭审效果的影响。需要指出的是，可以根据该标准判定的是庭审语言的表达效果及其审判效率。该标准对于判定庭审语言中所蕴含的制度、文化特色及其说话者的心理状态的意义比较有限。

---

[1] 这个标准不是对塞尔原表述的直接翻译，而是根据塞尔的论述，对塞尔思想的重新总结。塞尔的原表述为"与对话其他部分关系的不同"，这个表达不够直观，因此改为现在的表达方式。

[2] See John R. Searle, *Expression and Meaning: Studies in the Theory of Speech Acts*, Beijing: Foreign Language Teaching and Research Press, 2001, p. 6.

另外，塞尔认为"但是""而且"和"因此"一类的表达也可以实施关联功能。但笔者认为，一方面，关联功能并不是言语行为；另一方面，这些词也并不是施为动词。它们与"我推断""我答复"和"我得出结论"这些表达的唯一共同之处就是具有"关联作用"。但是它们关联的未必是具有执行作用的话语和对话其他部分之间的关系，而且，它们本身不具有执行言语行为的作用。因此，塞尔将这些词放在这里与"我推断""我答复"和"我得出结论"这些表达类比的做法是不合时宜的。虽然如此，这些连词使用与否，以及使用得恰当与否会关联到庭审语言的审判效率。因此本书也包括此类的连词，并将之归入以言行事力量指示项的范畴。（具体见以言行事力量指示项一部分）

（八）命题内容[1]

"汇报和预言之间的差别在于预言一定是关于未来的，而陈述一定是关于现在或过去的。"[2]根据塞尔的举例，"汇报"对应的命题时间肯定是过去，"预报"对应的命题时间肯定是将来。因此，以言行事力量指示项决定的是命题时间的不同，而不是具体内容的不同。而且，这种决定作用是双向的。反过来，命题时间也可以决定以言行事力量指示项。例如，命题时间为过去，以言行事力量指示项就只能是有关过去的表述；命题内容为将来，以言行事力量就只能是有关将来的表述。当然，这个"决定"指的是决定表述的类别，而不是决定表述的具体内容。例如，命题时间为将来，以言行事力量只能是有关将来的表述：预言、估计、承诺、推测等，而不是决定具体的表达用

---

[1] 塞尔的原表述为"由以言行事力量指示项决定的命题内容的不同"。

[2] See John R. Searle, *Expression and Meaning: Studies in the Theory of Speech Acts*, Beijing: Foreign Language Teaching and Research Press, 2001, p. 6.

第二章 塞尔言语行为理论与庭审的关系

词。另外，需要指出的是，以言行事力量指示项也不仅限于动词，还包括语序、语气语调、词序等因素。而命题时间能够决定的仅限于动词这一类的以言行事力量指示项，而不能决定其他类的指示项；能够决定命题时间的以言行事力量指示项也仅限于施为动词，而不包括其他类型的指示项。

塞尔有关以言行事力量指示项对于命题内容时间的决定作用这一点对于庭审语言研究的意义比较有限。首先，庭审中所涉及的案件事实都是有关过去的事件，因此，言语行为的命题时间是不需要推测的，所以，不需要根据以言行事力量指示项推测命题内容的时间。而根据对塞尔观点的进一步阐述，即，命题内容的时间可以反过来决定以言行事力量指示项，可以评价庭审语言中以言行事力量指示项的使用是否得当，而且这个以言行事力量指示项仅限于为动词时的情况。法庭的宣判行为的命题内容时间是将来，但是在法庭宣判中，往往使用十分明确的、程序性的以言行事力量指示项，因此，对于宣判部分语言的研究，这个标准的意义不大。

鉴于此标准的特点与庭审语言所涉及命题内容时间的单一性，这一标准本身对于研究庭审语言言语行为特色的意义比较有限。因此，将这一标准并入"以言行事力量指示项"中，作为以言行事力量指示项的一个维度进行分析，而不单独作为庭审语言的分析标准。

（九）行为实施方式[1]

有些行为必须以言语行为的方式实施。例如，"宣判"这种行为必须以言语行为的方式实施，不管这种言语行为是书面形式，还是口头形式。而一些行为却不一定必须以言语行为的方式实施。例如，"对于估计、判断、总结这些行为，我可以明确

---

[1] 塞尔的原表述为"由以言行事力量指示项决定的命题内容的不同"。

地说出'我估计''我判断''我总结'这些表达来实施这些行为。但是要实施估计、判断和总结的行为，上述表达不是非说不可。我只需要站在一个建筑物前估计它的高度，心里默默地判断你是不是一个精神分裂症患者；或者总结那个挨着我坐的男人已经酩酊大醉。在这些表达中，并没有实施言语行为，哪怕仅仅是内心的言语行为"。[1]根据塞尔的表述，他的目的是想区分必须以言语行为的方式实施的行为和可以但不一定以言语行为的方式实施的行为之间的区别。但是他举例证明的却是以下两种区别：一是在言语行为的实施中，运用施为动词和不运用施为动词的区别；二是是否将言语行为付诸语言表达的区别。第一种区别意指是否直接用到"我判断""我总结""我估计"这些施为动词。事实上，无论使用这些施为动词与否，说话者所执行的言语行为都是不变的。"我总结他是个坏人"和"他是个坏人"，这两个表达都属于断言式言语行为（具体分类说明见下文）。而第二个区别含义指说话者如果将他心中的想法付诸语言（口头或书面），则执行了一个言语行为；说话者如果只是使其留在"心中"，他就没有实施一个言语行为。对于第二个区别涉及的内容不是本书的研究范畴，因此，不作详细论述。第一个区别实际关注的是表达中是否使用施为动词及其表达效果。一般而言，使用施为动词的言语行为的表达更加明确和直接，不使用施为动词的表达需要不同程度的推断或总结才可以知道其实施的具体言语行为。一言蔽之，是否使用施为动词会造成表达效果的不同。

庭审语境要求所有的表达都必须尽可能地明确和直接，以尽可能地提高庭审效率。所以，塞尔这个分类标准对于庭审语

---

[1] John R. Searle, *Expression and Meaning: Studies in the Theory of Speech Acts*, Beijing: Foreign Language Teaching and Research Press, 2001, p. 7.

第二章 塞尔言语行为理论与庭审的关系

言研究的意义主要在于使用施为动词对庭审效率的影响。施为动词属于以言行事力量指示项的范畴，因此，这一标准在庭审语言分析中归入以言行事力量指示项，作为以言行事力量指示项的变量进行分析研究。

（十）语言机制的超越[1]

一些言语行为的实施需要超越语言机制的制度的配合才得以完成，也就是仅仅说出这个话语并不能保证或意味着言语行为的成功实施。[2]例如，"我宣布你加入教会"，并不是任何人说出这句话就意味着言语行为的实施。说话人必须在教会中具有一定的职位，并且在合适的场合，他说出这句话才意味着言语行为的实施。说话人必须具有一定的职位以及必须在合适的场合说出这句表达，这些事实就是超越语言机制的宗教制度。但是恋人之间表达爱意不需要超越语言机制，直接说出表达爱意的话语就可以实施表达爱意这个言语行为。

这一点需要和标准五区分开来。说话人和受话人地位的不同，会导致使用不同的言语行为，这是标准五的内容；而这一分类标准的内容侧重在言语行为的成功实施或完成需要超越语言机制的制度保证。前者是关于言语行为特色的不同，后者是关于言语行为得以成功实施的保障。例如，将军可以用命令的言语行为对士兵说话，而士兵对将军更多用请求的言语行为。这个不同缘于两者之间地位的差别。而将军可以对士兵下达"开战"的命令，这个言语行为得以成功实施或完成的条件是说话人必须是具有宣布开战命令的权力的人即将军，而非士兵。

---

[1] 塞尔的原表述为"需要和不需要超越语言机制完成施为的言语行为的不同"。

[2] See John R. Searle, *Expression and Meaning: Studies in the Theory of Speech Acts*, Beijing: Foreign Language Teaching and Research Press, 2001, p. 8.

此外，还须有相应的军队制度的保障。这种即属于典型的需要超越语言机制才能实施的言语行为的情况。标准五和标准十的区别还在于，标准五中所描述的不同不是必须的，也不是制度性的，只是按常理而言理应如此的一个现象；而标准十是必须的，是按制度而言必须如此的一个规定。所以，将军可以以命令的语气对士兵说话，但也可以以恳求，甚至央求的语气对士兵说话；但是下达"开战"命令的人只能是将军，而不能是士兵。因为按照制度，士兵下达的有关"开战"的命令是无效的。

在庭审中，绝大部分的言语行为都属于必须有超越语言机制的制度保障才可以成功实施的言语行为类型。例如，法官对于当事人的讯问，当事人必须回答。法官讯问的言语行为必须有超越语言机制的法律制度的保障，否则，一个人是没有权力对另一个人进行讯问，并要求对方如实回答的。宣判的言语行为更是典型的需要超越语言机制才得以实施的言语行为类型。

司法人员在庭审中的话语绝大部分是需要超越语言机制的保障的。但是需要注意的是，某些话语只需要超越语言机制的保障就可以完成。例如，宣判，这些言语行为一旦发出，就已完成。但是某些话语仅有超越语言机制的保障，还不足够。除此之外，还必须有对方的配合。

笔者认为，塞尔的这个标准在本质上既不属于言语行为类型的确定标准，也不是对言语行为特色的描述，而是成功实施言语行为的条件。本书的研究内容是庭审语言的言语行为特色，及其所反映的制度和文化特色，而不是言语行为成功实施的条件，因此，本书不包括本项标准。

（十一）施为作用[1]

塞尔认为多数以言行事动词具有施为作用，例如，"许诺"

---

[1] 塞尔的原表述为"具有和不具有施为作用的以言行事动词的不同"。

第二章　塞尔言语行为理论与庭审的关系

"命令""宣布"等。但是有些动词不具有施为作用，例如，"吹嘘""威胁""夸张"等。"我吹嘘"或者"我威胁"这样的表达并没有实施吹嘘或威胁的言语行为。因此，并不是所有的以言行事动词都是施为动词。[1]

塞尔在这里其实犯了跟奥斯汀一样的错误。塞尔批判奥斯汀对言语行为的分类实际上就是对以言行事动词的分类。如果塞尔认为吹嘘和威胁也算是一种言语行为的话，他实际上也是根据动词对言语行为进行分类。而且，根据塞尔后来对言语行为所分的类别，其中不包括吹嘘和威胁这两类言语行为。因而，对于这条标准，塞尔的区分是对的，某些动词具有施为作用，某些动词不具有施为作用。但是这仅仅是区分动词的标准，而不能作为区分言语行为的标准。

塞尔的这个标准蕴含另一层含义，即，句中的动词和句子所实施的言语行为未必是一致的。具有施为作用的动词可以表明本句的言语行为，例如，"我命令"；不具有施为作用的动词不能表明本句的言语行为，例如，"我吹嘘"。

这个标准对于本书的意义在于庭审语言的言语行为分类不能以动词为标准，而应以塞尔的分类标准为依据。在庭审语境中，某些言语行为会使用明确的施为动词，例如，"我宣布"，某些行为不会使用明确的施为动词，例如，一般不会说"我讯问"。另外，是否使用施为动词这一项将归入以言行事力量指示项中。研究不同的以言行事力量指示项的不同表达效果及蕴含的文化和制度特色，以及说话者的身份特征。

（十二）以言行事行为执行风格[2]

塞尔在这一标准中关注的是在以言行事要旨、命题内容以

---

[1] See John R. Searle, *Expression and Meaning: Studies in the Theory of Speech Acts*, Beijing: Foreign Language Teaching and Research Press, 2001, p.7.

[2] 塞尔的原表述为"以言行事行为执行风格的不同"。

及以言行事行为类型相同的情况下，以言行事行为的实施可以有不同的方式。对于这一点，塞尔给出的例证是宣布（announce）和倾吐（confide）之间的区别。[1]宣布和倾吐的命题内容和以言行事目的都是一样的，言语行为类型也是一样的（都属于塞尔归类中的断言式言语行为），但是风格是迥然不同的。例如，表达"我升职了"这个以言行事要旨。实施言语行为的方式可以是高声宣布，也可以是悄悄告诉朋友或家人。两种方式迥然不同，但同属于断言式言语行为。

这一标准跟标准四"呈现以言行事要旨的言外之力不同"有重复之处。同一言语行为包含不同程度的以言行事力量，不同的以言行事力量对应不同的表达风格。例如，表达"请你离开"这个以言行事要旨，可以用请求、命令和威胁等不同的表达风格。每一种风格对应不同的以言行事力量：请求最弱，命令较强，威胁最强。与此同时，此标准又不单纯是以言行事力量的差别。例如，"宣布"和"倾吐"这两种以言行事的方式只是风格不同，并不存在以言行事力量的差别。"宣布"的以言行事力量并不比"倾吐"大，或者说它们之间的以言行事力量并不具有可比性。

以言行事行为执行风格与以言行事力量不完全相同，但是其决定因素都是以言行事力量指示项。一言蔽之，以言行事力量指示项不仅可以确定以言行事力量，而且可以确定以言行事的风格。而且，该标准对于本书的意义与以言行事力量相同。不同的语境需要不同的以言行事力量和以言行事风格，不同的以言行事风格和以言行事力量具有不同的表达效果。因此，在研究中，将本标准与以言行事力量同时作为一个维度中的两个

---

[1] See John R. Searle, *Expression and Meaning: Studies in the Theory of Speech Acts*, Beijing: Foreign Language Teaching and Research Press, 2001, p. 9.

方面进行研究。根据庭审语言中的以言行事力量指示项，分析言语行为的以言行事力量和以言行事风格，以及其中反映的庭审制度特色和文化特色。

(十三) 小结

纵观塞尔的分类标准，可以发现并非12个分类标准都具有将言语行为进行"分类"的作用。这些标准根据其作用可以分为以下几个类别：其一，分类标准；其二，描述言语行为特点；其三，描述施为动词特点；其四，描述语境特点；其五，言语行为实施条件。

真正起到分类标准作用的只有前三项：(一) 言外行为目的、(二) 适从向、(三) 心理状态。这三项的不同决定了言语行为类型的不同。塞尔在对言语行为进行分类的公式里，也只用到了这三项标准。塞尔的言语行为公式中还包括以言行事行为的命题内容，但是命题内容并没有被塞尔作为分类标准。命题内容的重要性及其对于以言行事行为的意义将在下文有关塞尔以言行事行为理论的关键概念部分详细论述。

描述言语行为特点的包括四项：(四) 呈现以言行事要旨的不同力量：该项不具有分类标准的作用，而是对以言行事力量有程度差别的描述；(八) 由以言行事力量指示项决定的命题内容的不同，该项描述言语行为中不同因素之间的关系：以言行事力量指示项与命题内容的时间之间是互相决定的关系；(九) 行为实施方式：在言语行为中是否使用施为动词以表明言语行为类型的不同，以及是否使用施为动词来表明言语行为的类型对表达效果的影响；(十二) 以言行事行为执行风格：在以言行事行为类型和命题内容均相同的情况下，言语行为可以有不同的执行风格。

描述施为动词特点的包括两项：(七) 具有关联作用的施为

表达:将施为动词分为两类,一类具有关联作用,另一类不具有关联作用;(十一)具有和不具有施为作用的以言行事动词[1]:将动词分为两类,一类具有施为作用,一类不具有施为作用,或曰一类动词的含义与本身所执行的言语行为类型是一致的,另一类动词的含义与所执行的言语行为类型是不一致的。

描述语境特点的包括两项:(五)说话人和受话人地位和职位的不同:该项标准并不能决定言语行为的类型,但是说话人和受话人地位或职位的不同是构成言语行为发生的语境的关键因素,也是决定言语行为的以言行事力量和以言行事风格的重要因素;(六)话语和说话人、受话人的利益的关联方式不同:该项标准关注的是话语和说话人以及受话人的关联度的不同,同样,该项标准的作用不是对言语行为进行分类,而是描述话语与对话参与者之间的关系,这一关系是言语行为所在语境的关键因素,与双方关联度的不同必定影响言语行为的表达风格和以言行事力量的程度。

描述言语行为完成条件的只有一项:(十)需要和不需要超越语言机制完成施为的言语行为的不同:该项标准不是分类标准,也不是对言语行为或语境特点的表述,而是有关言语行为完成的条件,即,有些言语行为的完成需要超越语言机制的制度的配合,而有些言语行为则只需要语言机制的配合即可。

对分类标准的具体分析表明塞尔的分类标准是繁琐的。只有前三项具有"分类"的作用和意义,其他项不具有"分类"的功能。但是这并不意味着其他项是没有意义的。其他项从不

---

[1] 塞尔对于该项标准的命名和对于该项标准的介绍是有偏差的,本书对其进行了纠正和论述,详见上文对该条的介绍。在这里,名称仍沿用塞尔的名称,但对内容的介绍采用本书纠正后的含义。

第二章 塞尔言语行为理论与庭审的关系

同的侧面对言语行为、施为动词、言语行为所在的语境和言语行为的实施条件进行了描述。通过这些不同的标准,我们可以从不同的侧面和维度了解言语行为的"完整面貌"。另外,通过这些貌似繁琐,甚至有些重复的标准,我们可以发现塞尔言语行为理论中的关键因素:语境的作用、以言行事力量、以言行事风格、以言行事力量指示项、命题内容以及完成言语行为的条件。塞尔在后来的研究中对这些关键概念及其作用进行了详细的、专门的分析和论述。本书也在下文专门详细介绍了与庭审语言密切相关的关键概念。塞尔对完成言语行为的条件进行了详细的介绍和论述,但是本书关注的是言语行为本身的特点,而不是言语行为的完成条件,因此对此部分的内容,本书不作分析和论述。

上述分析还表明塞尔的分类标准,无论其特色或作用如何,都与庭审之间有着密切的关系。除第八项外,其他标准均契合庭审语境和庭审语言的特色。塞尔的分类标准[1]对于庭审研究存在三个层面上的意义:其一,可以反映出文化和制度特色,塞尔绝大部分的标准都具有这个功用,除标准七、八、九外,根据其他标准所展示的言语行为特色都可以推断出庭审的制度和文化特色。其二,可以体现法庭审判效率,标准七和九主要反映庭审效率。本书的重点是庭审制度和庭审文化特色,但是作为法庭审判很重要的一部分,作为反映司法人员和辩护律师职业素养的重要因素,法庭审判效率的影响因素也被纳入本书的研究范畴。其三,逻辑思路上的统一:塞尔的思路一是根据言语表达,确定以言行事目的、适从向和心理状态,根据这三项确定言语行为类型;二是根据言语表达中的以言行事力量指

---

〔1〕 虽然,塞尔所列出的标准,有一些不是分类标准,而是描述特点,但是为了表达上的方便,本书仍用"分类标准"来表示塞尔所列出的12个分类标准。

示项确定心理状态及其程度、以言行事力量的程度和以言行事的风格;三是根据适从向确定语言和世界之间的顺应关系。本书对于庭审语言的分析,完全符合塞尔对言语行为进行分类和描述的思路,即,一是根据庭审语言表达确定以言行事目的、适从向和心理状态,根据这三项确定表达的言语行为类型;二是根据庭审语言表达中的以言行事力量指示项确定心理状态及其程度,以言行事力量的程度和以言行事的风格;三是根据适从向确定庭审语言与案件事实之间的互动关系。而后,根据上述分析结果,探讨庭审语言中所反映的文化和制度特色。例如,指令式语言是庭审中的典型用语之一,按塞尔的思路确定哪些表述属于指令式言语行为,以及指令式言语行为所表达的心理状态、以言行事力量和以言行事风格。在确定言语行为类型和言语行为特点之后,将这些特点与庭审制度特色相关联,不同程度和风格的指令式语言所反映的庭审制度和庭审文化必然具有不同的特点。

  有一些人对塞尔的分类标准提出了疑问,认为塞尔是根据标准确定言语行为的类型,而后,又根据言语行为的特点描述分类标准的特色。但是这些质疑是否合理,以及塞尔是否真的犯了循环论证的错误,这些对本书不重要。重要的是根据这些标准可以确定出言语行为的类型,这些标准也可以表现出言语行为的特色,而且这些特色也可以进一步反映出庭审语境的制度和文化特色以及参与人的身份地位特征。这些事实是毋庸置疑的,在逻辑推理上也是成立的。

  总之,塞尔的言语行为分类标准和其中所蕴含的关键概念和因素与庭审语境和庭审语言特征十分契合,塞尔分类的逻辑思路与本书对于庭审语言的言语行为研究思路也十分契合。因此,本书选用塞尔的言语行为理论作为理论依据的做法合理、可行。

二、塞尔言语行为分类与庭审

上述分析表明在塞尔所列出的 12 个分类标准中，只有前三个标准是真正的"分类标准"。事实证明塞尔用以表示言语行为类型的公式只包括前三项标准：言外之的、适从向和心理状态。塞尔的公式包括四项标准，第四项为命题内容。塞尔列出的 12 个标准，并没有包括命题内容。标准八涉及了以言行事力量与命题内容的关系，例如，"说话者想让受话者做某事"这个命题内容所对应的言语行为只可能是指令式言语行为，而不可能是承诺式言语行为，或其他类型的言语行为。这一点将在介绍塞尔理论的关键概念部分作详细介绍和论述。

塞尔公式中的四个标准不仅是分类标准，而且也是对言语行为特点的详细描述。本部分将详细介绍塞尔的言语行为分类，并对每一种言语行为的特色进行梳理和补充说明。

（一）断言式言语行为

1. 塞尔的定义与阐释

断言式言语行为（assertives）的目的是让说话人（在不同程度上）确认（commit）表达命题的真实性。断言式表达的心理状态为信念，即相信或认为 p（命题内容）。断言的适从方向为话语到客观现实，即话语适应客观现实。[1]

断言式言语行为的表达公式为：⊢↓B（p）。⊢是判断符号，↓意味着语词指向世界，B 意味着相信，p 是命题内容。断言式这个类别的言语行为中的所有成员都可以在真假的维度上被

---

[1] See John R. Searle, *Expression and Meaning: Studies in the Theory of Speech Acts*, Beijing: Foreign Language Teaching and Research Press, 2001, p. 11.

测评。[1]

确认（commitment）和相信（belief）这两个词是表明程度的，它们本身可以被限定，即被限定为不同程度的相信，但本身并不是限定词，或具有限定功能，即不能用这两个词去限定其他的词（表示以言行事行为的词）。Suggest that p, put it forward as a hypothesis that p, insist that p 和 swear that p, 这几个表达虽然用的是不同的以言行事的动词，但是它们都属于断言式言语行为。它们的不同在于断言的程度不同。在 put it forward as a hypothesis that p 这个表达中，承诺或相信的程度几乎为零；suggest that p 的相信程度稍高，但仍旧很弱；而在 insist that p 和 swear that p 这两个表达中，承诺或相信的程度是很高的。[2]

根据塞尔对断言式言语行为的观点，可以发现塞尔分类的两个明显特点。其一，塞尔不再以施为动词作为划分言语行为的标准，施为动词的意义不是划分以言行事行为类别的根据，而是表明断言不同程度的。这个程度是表现出来的心理状态，也是以言行事力量的程度。吹嘘（boast）和抱怨（complain），以及得出结论（conclude）和推论（deduce），表示的也都是断言式言语行为。它们的不同之处在于断言的程度不同，而决定断言程度不同的就是这些动词。其二，塞尔的言语行为是一个范畴，其中包含不同的程度和等级。塞尔在这里只是提到以言行事动词具有确定断言程度的作用，但是实际上，可以确定断言程度的表达，除了以言行事动词，还包括其他的表达，如词序、语气语调、动词以外的其他词类等。塞尔将这些称为以言

---

[1] See John R. Searle, *Expression and Meaning: Studies in the Theory of Speech Acts*, Beijing: Foreign Language Teaching and Research Press, 2001, p.11.

[2] See John R. Searle, *Expression and Meaning: Studies in the Theory of Speech Acts*, Beijing: Foreign Language Teaching and Research Press, 2001, p.12.

第二章 塞尔言语行为理论与庭审的关系

行事力量指示项（本书将在下文作详细介绍）。根据塞尔对断言式言语行为的定义和阐释，笔者总结出其中的关键点，并对之进行详细的介绍和论述。具体如下：

2. 断言有程度之别

塞尔在对断言式言语行为的描述中，反复提到了"程度"一词。塞尔所说的这个程度是指断言的程度。在断言式言语行为中，表达不同可能意味着断言的程度不同。例如，在塞尔所举的例子中，猜测（put it forward as a hypothesis that p）和坚持认为（insist that p）表示的都是断言式言语行为，但是断言的程度差别很大。"猜测"的断言程度极弱，而"坚持认为"的断言程度极强。因此，断言式言语行为不是一个点，而是一个轴。在这个轴上是断言程度不同的言语行为。断言的程度由以言行事力量指示项决定。根据塞尔的理论，以言行事力量指示项可以是动词，也可以是词、词序、句型甚至是语气和语调。因此，确定言语行为程度的根据是各种形式的以言行事力量指示项。以言行事力量指示项有时候甚至可以不是具体的言词表达，而是对话双方的身份、地位、关系或其他的语境因素。例如，在朋友之间，"你撒谎了"这句话的断言程度是一般的；但是在法庭审判中，出自法官或公诉人之口的"你撒谎了"这一表达的断言程度是极强的。言词表达完全一致，但是语境不同，说话人的身份和地位也不同，因而，断言程度也随之不同。

总之，断言有程度的差别，以言行事力量指示项、语境、对话双方身份和地位的不同、说话人与受话人关系的不同等因素都可以决定或影响断言程度的选择和表达。同时，不同的以言行事力量对应不同的以言行事风格。因此，不同程度的断言式言语行为对应不同的表达风格。"坚持认为"（insist that p）的风格很强硬，而"猜测"（put it forward as a hypothesis that p）

的表达就委婉很多。

3. 评价类表达属于断言式言语行为

对评价类表达进行专门论述是因为评价类话语在法庭上的使用频率很高，而塞尔的分类不包括评价类言语行为。与一般的断言式言语行为相比，评价类言语行为具有强烈的主观色彩，但是评价类话语完全符合断言式言语行为的分类标准。首先，评价类表达的言外之的是（在不同程度上）向受话者确认自己所作出的评价的真实性，或自己所作出的评价是符合客观事实[1]的。其次，评价的对象是客观事实，而且这个客观事实是先于话语而存在，因此，评价类话语的适从向是由话语指向世界，是话语适应客观世界。评价可能中肯，也可能不中肯。中肯，则话语适应客观世界，此评价为真，或曰此评价符合事实；不中肯，则话语不适应客观世界，此评价为假，或曰此评价不符合客观事实。再次，评价的心理状态为（不同程度）相信或确认，即，说话者认为他所评价的内容是真实的。最后，评价话语的命题内容为评价的内容。例如，甲：她绝对是个好人；乙：她特别善于伪装。这两个完全不同的表达可以是评价同一个人，主观性很强，但是用言语行为分类标准对这两个评价进行分析，可以发现两者同属断言程度很强的断言式言语行为。甲表达的言外之的是想让受话者相信其所说的话，"她绝对是个好人"，是真的。"她的表现"为客观事实。甲表达的适从向是由言语"她绝对是个好人"指向客观事实"她的表现"，如果言语符合客观事实，则甲的言语适应客观事实，甲的表述为真，否则甲

---

[1] 塞尔言语行为理论中的客观事实，即指客观世界（the world），本书对塞尔言语行为相关术语的表述统一采用王加为、赵明珠翻译的塞尔的专著《表达与意义》中的表达。塞尔的客观世界是与言语表达相对的，除言语以外的所有存在都叫客观世界，或客观事实。在本书中，所有的客观事实均指塞尔言语行为理论中的概念。

第二章 塞尔言语行为理论与庭审的关系

的表述为假。甲的心理状态为"特别相信他所说的内容",心理程度较强,对应的断言程度也较强,因为甲用了"绝对"一词。甲的命题内容为"她绝对是个好人"。乙的言外之与甲一样是想让受话者相信其所说的话,"她特别善于伪装",是真的。"她的表现"为客观事实,乙表达的适从向是由言语"她绝对是个好人"指向客观事实"她的表现",如果言语符合客观事实,则乙的言语适应客观事实,乙的表述为真,否则乙的表述为假。乙的心理状态为"特别相信她所说的内容",心理程度较强,对应的断言程度也较强,因为乙用了"特别"一词。乙的命题内容为"她特别善于伪装"。

综上所述,评价类表达完全符合断言式言语行为的各项标准,唯一不同之处在于命题内容是说话者的主观观点,但这个观点完全建立在客观事实基础之上。因此,评价类表达属于断言式言语行为。

4. 断言式言语行为与庭审

断言式言语行为在庭审中占据很大的比例。在断言式言语行为中,客观事实先于话语而存在。而在庭审中,案件事实、法律法规、庭审制度以及与案件相关的其他事实都是先于庭审语言而存在的客观事实,因此,断言式言语行为在庭审中占有很重要的地位。法官、公诉人、辩护人和当事人都要对案件有关事实表达(不同程度的)确认或相信,并在必要的时候对其进行评价。这些表达都属于断言式言语行为的范畴。同时,断言有不同的程度,而庭审中对事实的确认程度也绝非整齐划一。而控辩审三方对案件事实及其他相关客观事实的断言程度以及断言方式与风格的不同可以反映各自在庭审语境中的身份、地位和角色特征,并进一步反映出庭审模式特征。

总之,断言式言语行为为庭审中的主要言语行为类型,断言的程度可以反映出对话双方的身份地位特征以及庭审的语境特征，因此，塞尔对于断言式言语行为的分类标准和描述标准与本书的研究内容与研究目的十分契合。

（二）指令式言语行为

1. 塞尔的定义与阐释

指令式以言行事行为的言外之的（以言行事行为的目的/言外行为的目的）是说话人想让受话人做某事所作的（不同程度的）尝试。这个尝试的程度可以是有节制的尝试，如，我邀请你或建议你做某事；也可以是非常强烈的尝试，如，我坚持要你做某事；甚至是极弱的尝试，如，我央求你做某事；或极强的尝试，如，我强迫你做某事。指令式的适从向是从客观事实到话语，即客观世界要适应话语，客观世界要按话语所表达的意义发生改变。客观世界适应话语，则指令实现；客观世界不适应话语，则指令没有实现。心理状态是想要，即说话人想要受话人做某事的某种程度的尝试。命题内容是说话人 S 想要受话人 H 做未来的某事 A。[1]

指令式言语行为的符号表达式是！↑W（H 做 A）。！代表指令，即指令式言语行为的言外之的；↑指适从向为世界适应词语，语词先于客观世界而存在，世界要按语词的内容发生相应的改变；W 表示心理状态为想要，[2]命题内容为 H does A，即，受话人 H 做未来的事情 A。[3]与断言式言语行为不同，指

---

[1] See John R. Searle, *Expression and Meaning: Studies in the Theory of Speech Acts*, Beijing: Foreign Language Teaching and Research Press, 2001, p. 13.

[2] 塞尔对于此项的解释为"真诚条件"，塞尔所谓的真诚条件实际上就是真实的心理状态，因为本书只关注言语行为本身的特色，而不关注言语行为成功实施的条件，因此，在这里将其表述为"心理状态"。一方面适应本书的需要，另一方面并未违背塞尔的原意。

[3] See John R. Searle, *Expression and Meaning: Studies in the Theory of Speech Acts*, Beijing: Foreign Language Teaching and Research Press, 2001, p. 13.

第二章　塞尔言语行为理论与庭审的关系

令式言语行为的命题内容不具有真值,受话人不能以真假来判断,只能对说话人所说的话表示不同程度的拒绝或同意。[1]

塞尔认为属于这一类的动词有:请求(ask)、命令(order)、指挥(command)、要求(request)、乞求(beg)、恳求(plead)、渴望(pray)、哀求(entreat)、邀请(invite)、允许(permit)和建议(advise)。[2]塞尔列出的这些动词都属于施为动词。一方面,这些动词都能够执行指令式以言行事行为;另一方面,这些动词表达的指令的程度是不同的,因而,指令风格也大不相同。"哀求"的指令程度要远远小于"命令"的指令程度,"邀请"的礼貌程度要远远大于"要求"的礼貌程度。

根据塞尔对指令式言语行为的阐释,可以发现理解指令式言语行为需要特别注意的是不能以一般的意义去理解"指令"一词的含义。塞尔对言语行为的分类不是根据施为动词,而是根据言外之的、适从向、心理状态和命题内容四项标准。因此,对于塞尔言语行为类别的名称的理解也不能以普通动词的含义为标准。只要符合"说话人在不同程度上想让受话人做未来的某事"这一标准的表达都是指令式言语行为。指令式言语行为并不等同于"命令"。例如,在塞尔所列举的动词中,"哀求""乞求"和"邀请"类行为都属于指令式言语行为,而这些词的含义与"指令"一词的含义却大相径庭。在理解塞尔言语行为类型时,需要转变思维,不能以普通词的含义理解塞尔言语行为类型的含义。

---

[1] See John R. Searle, *Expression and Meaning: Studies in the Theory of Speech Acts*, Beijing: Foreign Language Teaching and Research Press, 2001, p.14.

[2] See John R. Searle, *Expression and Meaning: Studies in the Theory of Speech Acts*, Beijing: Foreign Language Teaching and Research Press, 2001, p.14.

2. 指令有程度之别

与断言言语行为一样，指令类言语行为也有不同的程度。塞尔在对指令式言语行为的阐释中，同样提到了"程度"一词。他指出指令式言语行为是说话人想要受话人做某事的不同程度的尝试。塞尔所列出的属于指令式言语行为的动词也充分说明了指令的不同程度。请求（ask）、命令（order）、指挥（command）、要求（request）、乞求（beg）、恳求（plead）、渴望（pray）、哀求（entreat）、邀请（invite）、允许（permit）和建议（advise），这一系列的动词不仅表明了指令式言语行为的不同表达方式，而且也表明了指令的不同程度以及指令的不同风格。例如，"请求""建议"和"命令"都是说话者想让受话者做某事，但是显然，请求是指令程度极弱的指令式言语行为；建议的程度稍强，受话者可以做可以不做；命令的强度最高，受话者必须做。命令的风格强硬，建议的风格委婉，请求的风格已经到了软弱的程度。

与断言式言语行为一样，指令式言语行为程度的确定不仅是施为动词，还可以是其他的表达手段：词序、语气语调、句子结构甚至语境等。

3. 问句属于指令类言语行为

塞尔指出问句属于指令式言语行为。问句是说话者想让受话者回答问题的一种尝试，即让受话者完成一个言语行为尝试。[1]但是笔者认为问句又不同于普通的指令式言语行为，因为对于问句而言，除了发出让受话者回答问题这个指令外，说话者的另一个重心是问话的内容。因此，在本书中，笔者根据问话的内容，将问句进行再分类。问话的内容有关已经存在的事实的

---

[1] John R. Searle, *Expression and Meaning: Studies in the Theory of Speech Acts*, Beijing: Foreign Language Teaching and Research Press, 2001, p. 14.

第二章　塞尔言语行为理论与庭审的关系

问句被称为断言式问句。此类问句的内容以及受话者要回答的内容符合断言式言语行为的特征：言外之的为说话者（在此处为问题的回答者）不同程度的确认说话内容的真实性，适从向为语言（回答问题的言词）指向客观世界（问句中所涉及的事实），心理状态为不同程度的相信，命题内容为对客观事实的描述。问句的内容是有关表情的问句被称为表情式问句，表情式问句的内容和受话者回答的内容均符合表情式言语行为的特点（表情式言语行为特点详见下文阐释）。作此区分的目的是体现问句内容的差别，因为在问句中，问句的内容具有核心地位和作用。在庭审语言中，问句占极大的比例，是庭审语言的主要形式之一，因此，对问句的特别关注十分必要。笔者根据问句内容对问句进行再分类的意义将在庭审语言具体分析部分详细论述。

问句的形式有很多种：由特殊疑问词引导的特殊疑问句；由"是否""是不是""有没有"等引导的选择性问句；反问句。这些不同形式的问句究其根本是问句内容的不同。特殊疑问句是想得到未知的具体信息，选择问句和反问句都是要确认已知信息的真假。因此，在本书中，对于问句的分类均以问句内容为标准，而不关注问句的具体形式，因为形式的本质是内容，且可以被内容包含。

与指令式言语行为有程度之别一样，问句这种特殊的指令也包含不同的程度。言语行为的程度由以言行事量力量指示项确定，在问句中，最常见的且最明显的以言行事力量指示项为语气虚词。语气虚词具有减弱语气的作用，有语气虚词的指令程度要弱于没有语气虚词的指令程度。例如，"你做什么了？"和"你做什么了呢？"，前者的语气明显强于后者，因此，指令程度也明显强于后者。另外，除了语气虚词外，语境对于问句的指令程度也具有很强的影响，甚至是决定性作用。例如，"你的姓名，年龄？"这句话如果是在普通场合，指令强度是很弱的，受话者完全可以选择回答或不回答。但是在庭审中，这句话属于强指令，受话者必须回答，没有拒绝的权利。

4. 指令式言语行为与庭审的关系

指令式言语行为与庭审关系密切。首先，根据指令式言语行为的定义，指令式言语行为是说话者想要受话者做某事的尝试，指令式言语行为是法庭中必不可少的言语行为类型，尤其法官指挥庭审的进行，必须使用指令式言语行为。而且，作为一种特殊的指令形式，问句在法庭中更是必不可少的言语行为类型。其次，指令的程度与语境特点结合可以反映对话双方的身份、地位特征、语境的制度和文化特征。本书根据所选案例中指令式言语行为的数量、程度及其分类标准的特色，分析言语行为实施者的身份、地位、角色特征和庭审的制度和文化特征。根据指令式言语行为的特点，这一思路符合逻辑，切实可行。

(三) 承诺式言语行为

1. 塞尔的定义与阐释

承诺式言语行为（commissives）的言外之的是让说话人承诺（不同程度地）未来做某事。适从向是从客观现实到话语，即话语先存在，客观世界要适应话语。适应，则承诺实现；不适应，则承诺落空。心理状态为意图或意向，即说话者要有做未来这件事的意图或意向。命题内容是说话人 S 做未来某个动作 A。[1]

承诺式言语行为的符号表达式为 C↑I (S does A)。C 表示

---

[1] See John R. Searle, *Expression and Meaning*: *Studies in the Theory of Speech Acts*, Beijing: Foreign Language Teaching and Research Press, 2001, p. 14.

第二章 塞尔言语行为理论与庭审的关系

以言行事目的为承诺，↑表示适从向为世界指向话语，I 表示心理状态为意图（意向），[1] S does A 表示命题内容为说话人 S 未来做某事 A。[2]

对于承诺式言语行为需要特别注意的是，它的以言行事目的是让说话人承诺未来某事，换言之，是通过说话人的承诺，赋予说话人未来做某事的责任或义务。说话人未来是否做了某事，或曰是否兑现了承诺，不是承诺式言语行为所涉及的内容。这一点对于理解与应用承诺式言语行为十分重要。例如，我保证为你保守秘密。通过发出"我为你保守秘密"这个承诺，说话人被赋予了"为你保守秘密"的责任或义务。但是"我"最终是否真的为你保守了秘密，则不属于承诺式言语行为所涉及的范畴。

2. 区分指令式言语行为与承诺式言语行为

承诺式言语行为和指令式言语行为的适从向相同，都是由世界指向话语，但是并不能以此为标准将两者划归为同一种言语行为。虽然，承诺式言语行为和指令式言语行为的适从向一样，但是从二者的定义与表达式可以看出，承诺式言语行为的言外之的是让说话人承诺未来做某事（一般是说话人自己承诺自己未来做某事），但不一定试图让自己做某事，因此，承诺式行为中的重点是赋予说话人做某事的责任，但并不一定在实际中试图/努力让其本人去做。但是指令式言语行为的言外之的是试图让受话者去做某事（但并不一定让受话者承诺或有某种义

---

[1] 塞尔对于此项的解释为"真诚条件"，塞尔所谓的真诚条件实际上就是真实的心理状态，因为本书只关注言语行为本身的特色，而不关注言语行为成功实施的条件，因此，在这里将其表述为"心理状态"。一方面适应本书的需要，另一方面并未违背塞尔的原意。

[2] See John R. Searle, *Expression and Meaning: Studies in the Theory of Speech Acts*, Beijing: Foreign Language Teaching and Research Press, 2001, p. 14.

务去做某事），因此，指令式言语行为的重点是要求受话者去做某事，但并没有赋予受话者做这件事的义务或责任。可见，承诺式言语行为和指令式言语行为的言外之的所涉及的对象不同，前者为说话者，后者为受话者；对对象所施加的行为不同，前者为义务，后者为要求。因此，虽然两个行为的适从向一致，但并不能以此将二者划归为同一种言语行为。

3. 承诺有程度之别

承诺式言语行为是说话者承诺未来做某事的言语行为。虽然，说话者未来有可能真的去做，也有可能不去做，但这不是承诺式言语行为的内容。我们只关注，说话者说话时所完成的行为，即所许下的承诺。承诺也有程度的差别。有特别弱的承诺，例如，"我明天有可能去上课"；有程度较强的承诺，例如，"我明天一定会去上课"。很明显，前者的承诺程度要远远弱于后者。但是需要注意的是，程度强的承诺不一定实现，程度弱的承诺也不一定落空。正如前文所述，承诺行为的落实状况不是承诺式言语行为所涉及的内容，所谓程度的强弱，是指承诺式言语行为被实施时，它的程度的强弱。决定承诺式言语行为程度的是以言行事力量指示项，在第一个承诺中，以言行事力量指示项是"可能"，在第二个承诺中，以言行事力量指示项是"一定"，两个指示项均为副词。这再一次证明，以言行事力量指示项不一定是施为动词。

4. 承诺式言语行为与庭审的关系

在庭审语境中，司法人员作出承诺式言语行为的情况很少，原因在于：其一，司法人员处于完全主动的地位，审判的任务也是要求当事人交代事实；其二，司法人员并没有向当事人承诺本人做某事的权力和责任，法庭审讯纯属按法律规则办事，其语境不是承诺式言语行为发生的语境。另外，我们需要特别注意的是，塞尔所谓的承诺不同于普通意义上的承诺。例如，"我明天有可能来"，这句话，在一般意义上不是承诺，但是按塞尔的分类标准，这是承诺程度较弱的承诺式言语行为。从这个意义上讲，法庭中也存在承诺式言语行为。例如，择日宣判，这个表达就是一个承诺式言语行为。因为它符合塞尔承诺式言语行为的几个标准：适从向是世界指向话语，命题内容是说话者未来做某事，心理状态为意图/意向。因此，庭审中存在一定量的承诺式言语行为，在分析中需要特别注意的是，此处所谓的承诺式言语行为不是一般意义上的承诺，因而，它所反映的说话人的身份、地位和语境特征也不同于一般意义上的承诺。

（四）表情式言语行为

这个言语行为的汉语名字"表情"是动宾结构，即表达感情/情绪，而不是名词，这是我们在讨论此类言语行为之前，必须澄清的含义。

1. 塞尔的定义和阐释

表情式言语行为（expressives）的言外之的是表达真诚条件下对命题内容中某个事物的心理状态。此类言语行为没有适从向，既不是客观事实去适应话语，也没有让话语去适应客观事实，命题内容的真值是预设的。因为这一点，在英语中，表情式动词不能带 that 从句，而必须用动名词的形式。例如，不能说 I congratulate you that you won the race，只能说，I congratulate you on winning the race。因为"你赢得比赛"这个命题内容的真值已经被预设，即这件事已经被认为是真的，所以，没必要用 that 从句的形式，因为这个形式在这样的结构中不具备含有预设真值的功能，而动名词形式"on doing sth"的含义就是指这件事情已经是事实了。[1]

表情式言语行为的符号表达式为 E ø（p）（S/H + property）。E 表示的是此类言语行为的言外之的，即对命题内容表达某种心理状态。ø 是零符号，表示没有适从向。p 是一个变量，表示此类言语行为的执行过程中所表达的各种心理状态。"S/H + property"表示的是命题内容将某种特性赋予说话者 S 或受话者 H，这种特性必须是与说话者 S 或受话者 H 有关的，不能是与二者毫无关联的特性。如，我可以祝贺你，或者因为你赢得了比赛，或者因为你的美貌，但是我不能因为牛顿的成就，向你表示祝贺。[2]

典型的表情动词有"thank"（感谢）、"congratulate"（祝贺）、"apologize"（道歉）、"condole"（慰问）、"deplore"（惋惜）和"welcome"（欢迎）。[3]

2. 表情有程度之别

表情式言语行为有程度差别，这一点甚至在符号表达式中就有相应的表现。P 这个变量，可以指不同的心理状态，也可以指同一种心理状态中不同的程度。[4]例如，难过、悲痛和痛不欲生就是几个不同等级的心理状态。其实，到底是属于不同的心理状态，还是属于心理状态的不同程度，具有很强的主观性。例如，欢喜和悲伤可以看作是两种不同类别的心理状态，同时，也可以看作是情绪这条心理状态轴上的两种不同程度的

---

[1] See John R. Searle, *Expression and Meaning: Studies in the Theory of Speech Acts*, Beijing: Foreign Language Teaching and Research Press, 2001, p.15.

[2] See John R. Searle, *Expression and Meaning: Studies in the Theory of Speech Acts*, Beijing: Foreign Language Teaching and Research Press, 2001, p.16.

[3] See John R. Searle, *Expression and Meaning: Studies in the Theory of Speech Acts*, Beijing: Foreign Language Teaching and Research Press, 2001, p.15.

[4] See Mark Siebel, "Illocutionary Acts and Attitude Expression", *Linguistics and Philosophy*, Vol.26, No.3 (Jun., 2003), pp.351~366.

心理状态。同理，祝贺和惋惜可以看作是两种不同的心理状态，也可以看作是同一条轴上的两种不同程度的心理状态。表情式言语行为的程度与感情的强烈程度一致。强烈感情的表达对应的必定是程度强的表情式言语行为，弱的感情对应的必定是程度弱的表情式言语行为。另外，需要注意的是，在表情式言语行为中，表达程度的以言行事力量指示项，可以是施为动词，也可以是其他的方式，如词序、语气甚至是语境等。例如，简单的"高兴！"在某种语境下比"我高兴"，甚至是"我很高兴"所表示的程度要高。所以，一方面，要根据表达感情的需要选用不同程度的表情式言语行为；另一方面，要根据语境的需求或表达的需要，选用合适的以言行事力量指示项。

3. 对塞尔的补充和修正

塞尔认为表达式中的 property 是命题内容将某种特性赋予说话者或受话者，这种特性必须与说话者或受话者相关。笔者认为，除了特性，还应该加上状态（state）和行为（action/behavior），因为特性是深入本质层面的东西，而在绝大部分的情况下，命题内容是让说话者或受话者进入了某种状态或者受话者或说话者做出了某个行为，例如，"为你的美貌而倾倒"，"美貌"是受话者的特性；但是"祝贺你成功了"中"成功"是受话者的状态，而不是受话者的特性。

塞尔还认为这种特性必须与说话者或受话者相关。笔者认为，这种特性或状态可以和说话者或受话者中的任一方关联，也可以与双方同时关联，也可以与双方都不关联，而与第三方关联。这完全有可能且符合逻辑与常理。例如：

（1）我为自己获得成功而高兴。

（2）祝贺你考试取得好成绩。

（3）我们成功了，这简直不可思议。

（4）他那么年轻就残废了，这太让人伤感了。

第一句与说话者有关，第二句与受话者有关，第三句与说话者和受话者同时相关，第四句与说话者和受话者都无关。我们因为与自己毫无相关甚至是陌生的人的遭遇感到伤感，为他人的成功而感到喜悦，都是可能且正常的。因此，在这一点上，笔者认为塞尔对命题内容中"特性"的限制过于狭隘。

4. 表情式言语行为与断言式言语行为

笔者认为，表情式言语行为同时也可以作为断言式言语行为。因为说话者所表达的情绪其实就是一种先于话语存在的客观现实，只不过这个客观现实是存在于人的头脑中，话语的适从向是话语指向客观现实；心理状态为相信，即，相信此时此刻说话者本人对自己的情绪的描述；命题内容就是本人对某件事或状态的情绪。例如，"我为自己获得成功而高兴"，这句话中，我高兴的心理状态是客观现实，是说话者说这句话之前就已经存在的，因而，适从向是话语指向客观现实；说话者我相信我所说的这句话的内容的真实性。

表情式言语行为可以属于断言式言语行为，但这类行为是特殊的，特殊之处在于一般的断言式言语行为的客观现实，是纯粹的客观世界，而表情式言语行为的客观现实为人的主观世界。在研究中，仍旧将表情式言语行为和断言式言语行为分开处理。

5. 态度表达属于表情式言语行为

表情式言语行为的英文 expressive 就是表达的意思。表情式言语行为的言外之的是表达真诚条件下对命题内容中某个事物的心理状态。这个心理状态可以是情绪类的，也可以是态度类的。而且，情绪和态度的分界线在某些情况下也不是那么清晰。例如，"满意"可以理解为态度，也可以理解为情绪；"赞成"

可以理解为态度,也可以理解为情绪;"鄙视"同样如此。例如:

(1) 我对你的表现很不满意。
(2) 我赞成你毕业后先找工作后读研。
(3) 我对明星的欺骗行为表示鄙视。

这三个句子都是表达对某件事的态度,也可以理解为是表达对"你的表现""毕业后先找工作后读研"和"明星的欺骗行为"这些因素的情绪。这三个表达都没有适从指向,心理状态分别是不满意、赞成和鄙视,第一句和第二句的命题内容是受话者的状态,第三句的命题内容是第三者的行为。这些条件都符合塞尔对表情式言语行为分类的标准,因而,态度类表达属于表情式言语行为。

6. 表情式言语行为与庭审的关系

根据上述分析,表情式言语行为包括表达情绪的言语行为和表达态度的言语行为。庭审的语境特色是重法而轻情。在庭审中,法律至上,人的感情或情绪基本不起作用。司法人员在庭审中的用语也都严格按照法律规定和庭审程序进行,情绪的成分极少。但是人毕竟是有感情的动物。在实际庭审的过程中,情绪为绝对的零也不符合人性;同时,在庭审过程中,不可避免地需要表达对某些情节的态度。因此,虽然,表情式言语行为不是庭审语境的主旋律,但是研究庭审语境中表情式言语行为的数量、比例、程度和以言行事力量指示项,有助于发现平时不容易被察觉的细微之处,而这些细微之处正好可以体现出庭审语境中,司法人员对法和情的处理方式,以及司法人员在审判中是否做到了客观、冷静。

对法和情的处理也是我国现阶段实行依法治国要处理的中

心问题之一。处理得好,庭审效果好,效率高;处理得不好,不仅会影响庭审的效果,也会影响庭审、法律以及司法人员的形象。另外,需要注意的是,司法人员的表情式言语行为的命题内容的都是说话者对受话者或第三者的特性、状态或行为的情绪或态度,不存在司法人员对本身的特性、状态或行为表达情绪或态度的情况。因为在庭审中,司法人员本身的情况与庭审毫无关系,与庭审直接相关的是当事人,或与当事人有关的第三方的特性、情况或状态。

(五) 宣布式言语行为

1. 塞尔的定义与阐释

宣布式言语行为(declarations)的表达式是 $D\updownarrow\emptyset\ (p)$。D 表示宣布的言外之意是宣布;$\updownarrow$ 表示适从向既有话语到客观事实,也有客观事实到话语;$\emptyset$ 表示心理状态不存在或不重要,[1] p 表示命题内容。[2] 与其他类的言语行为相比,宣布式言语行为有诸多特殊之处。

2. 宣布式言语行为的特殊性

宣布式言语行为是五种言语行为类型中最特殊的一种。不仅每一项分类标准都与其他的四类言语行为不同,而且言语行为的实施条件和结果也与其他四类言语行为完全不同。其特殊之处主要体现在七个方面。

第一,命题内容与以言行事力量显示项的特殊性。宣布式言语行为的特点是命题中所描述的事物状态通过以言行事力量

---

[1] 塞尔对于此项的解释为"真诚条件",塞尔所谓的真诚条件实际上就是真实的心理状态,因为本书只关注言语行为本身的特色,而不关注言语行为成功实施的条件,因此,在这里将其表述为"心理状态"。一方面适应本书的需要,另一方面并未违背塞尔的原意。

[2] John R. Searle, *Expression and Meaning*: *Studies in the Theory of Speech Acts*, Beijing: Foreign Language Teaching and Research Press, 2001, p. 18.

第二章 塞尔言语行为理论与庭审的关系

显示项表现出来。人们通过宣告一个事物的存在而使其存在,说话本身使其存在。这一类言语行为的成功实施保证了命题内容和客观世界的对应。例如,如果我成功实施了命名你为主席的行为,你就成为主席了。

第二,命题内容和言外之力的特殊性。在宣布式言语行为中,命题内容和言外之力之间没有表面句法结构的区别,因此实施宣布行为的话语的表面句法结构隐藏了这类话语具有宣布的言外之力这一特征。例如,"你被解雇了""我辞职"这些语句,在言外之力和命题内容上没有任何差别。塞尔认为,这类语句在实施言语行为的时候,它们的语义结构是"我宣布,你被解雇了。""我宣布,我辞职。"

第三,命题内容与客观现实之间关系的特殊性。言语行为是否能够成功实施决定了命题内容是否能与客观现实相对应。成功,则相对应;失败,则不相对应。同时,命题内容就是客观现实,客观现实就是命题内容。成功,这个客观现实就存在;失败,则这个客观现实就不存在。而其他的四种言语行为类型,客观现实或命题内容会有一个在言语行为实施之前就存在,言语行为的实施,就是使不存在的一方去适应存在的一方。断言式言语行为中,是客观现实先存在,使话语(命题内容)适应客观现实;承诺和指令这两类言语行为中,是话语(命题内容)先存在,客观现实要适应话语;表情式言语行为是客观现实先存在,表达说话者对客观现实的情绪或状态。

第四,仅仅完成言语行为本身会给相关对象带来变化的特殊性。宣布式言语行为实施本身就能给相关对象带来状态或条件上的某种变化(无须其他条件的满足),这是宣布式言语行为和其他几个类型的言语行为之间的差别。

第五,适从向的复杂性。在其他类型的言语行为中,以言行事力量显示项作用于命题内容，然后显示出命题内容和现实之间的适从向。在断言式的言语行为中，适从向是话语到世界；在指令式和承诺式当中，适从向是从世界到话语；在表情式当中，没有适从向，因为命题内容是预设的。宣布式言语行为的特别之处在于，宣布这个言语行为的实施可以带来一种适从向。其他言语行为有一种适从向，或没有适从向，而宣布式言语行为的适从向是双向的，而且这个双向的适从向是言语行为的实施带来的。

第六，超语言机制的必要性。几乎所有的宣布式言语行为都需要超语言机制的保证，即，语言机制以外的规则。同时，说话人和受话人必须在这个超语言机制中占有合适的地位，宣布式言语行为才可以成功实施。例如，我是领导，你是员工，我才可以宣布"你被辞退了。"我是将军，你是士兵，我才可以宣布"向敌人开炮！"如若没有超语言机制的保障，说话人和受话人双方只是具备话语交流能力的状态不足以成功实施宣布式言语行为。只有一类宣布式言语行为不需要超语言机制的保证，那就是言语行为的完成只涉及言语本身的话语，例如，"我定义""我简要说明"。

第七，宣布式言语行为不存在程度上的差别。因为在宣布式言语行为中，心理状态的作用为零，也就是心理状态如何，不影响宣布式言语行为的实施。将军宣布开战时的心理状态，或宣布开战的语气强度均不影响"宣布开战"这个言语行为的实施状态。总之，说话者实施宣布式言语行为时的心理状态或许会有各种状态，但是这个状态不影响言语行为的实施，因此，也不进入对此类言语行为的描述体系中。

3. 事实性宣布言语行为

一些语句兼有断言式言语行为和宣布式言语行为的特征。

第二章 塞尔言语行为理论与庭审的关系

这是因为在一些制度下，不仅需要确定事实，还需要一个权威来判断发现事实的过程完成后，事实到底如何。例如，法官和裁判的判决都属于事实性宣布："你有罪！""你出局了！"

事实性宣布言语行为的表达式为 Da $\downarrow\updownarrow$ B (p)。Da 表示以宣布之力实施断言的言外之的；第一个箭头表示断言适从向，即言语适应客观现实，第二个箭头表示宣布的适从向；B 代表心理状态是相信；p 代表命题内容。[1]

与普通宣布式言语行为不同的是，事实性宣布言语行为在实施之前，有一个预先存在的事实，宣布式言语行为是对这个事实的一个评价或定性，且事实的状态随着宣布式言语行为的实施发生变化。例如，对于"你有罪"这个表达，一定有预先存在的"你犯罪"的事实，"你有罪"这句话是对"你犯罪"的事实的评价，且宣布"你有罪"之后，你就确实进入了"有罪"的状态。所以，与普通评价不同的是，事实性宣布言语行为里的评价会引起事实的变化，而普通评价不会引起事实的变化。例如，宣布"你有罪"，你就从一个无罪之身变成一个罪犯；宣布"你出局"，你就是出局了，失去了参加比赛的资格。但是"你这样做是不道德的"这句评价并不会引起事实的变化。

总之，事实性宣布兼具宣布式言语行为和属于断言式言语行为的评价类表达的特色，但是又与它们不同。事实性宣布言语行为的三个要点：有预先存在的事实；对事实进行评价或定性；言语行为的实施会带来状态的变化。

4. 对于"我宣布……"一类表达的言语行为的归类

之所以将此类表达单独论述是因为"我宣布……"这类表

---

[1] John R. Searle, *Expression and Meaning: Studies in the Theory of Speech Acts*, Beijing: Foreign Language Teaching and Research Press, 2001, p. 20.

达的情况比较复杂。有"我宣布"字样的表达并不一定执行的就是宣布式的言语行为。具体执行的言语行为的类型由宣布后面的内容确定。具体而言，有三种情况：

第一种情况：宣布后面的内容是纯粹的宣布式言语行为，那么这句话就是宣布式言语行为。例如，我宣布这艘船的名字叫长征一号。那么这句话实施的就是宣布式言语行为。

第二种情况：宣布后面的内容是事实性宣布，那么这句话就是事实性宣布言语行为。例如，我宣布你有罪；我宣布你出局了。这两句话实施的就是事实性宣布式言语行为。

第三种情况：宣布后面的内容是其他类型的言语行为，那么这句话就是实施的其他类型的言语行为。例如，我宣布我明年要结婚；我宣布我一定会报仇的；我宣布他就是偷东西的那个人；我宣布我对你失望之极。很显然，第一句和第二句为承诺式言语行为，第三句为断言式言语行为，而第四句为表情式言语行为。这些语句的特点是，虽然句中有"宣布"的字样，但是宣布后面的内容并没有给事实带来状态上的变化，不符合宣布式言语行为的特点。

根据上述分析，可以得出结论："我宣布……"这一表达的言语行为类别归属由"我宣布"的宾语从句的言语行为类型决定，并不能因为有"宣布"的字样，就将其归为宣布式言语行为。

5. 宣布式言语行为与庭审的关系

宣布式言语行为是庭审中必不可少的言语行为。开庭、闭庭、庭审中某个阶段的开始和结束、最后的判决结果，所有这一切都必须实施宣布式言语行为。在庭审中，宣布式言语行为也可以分为纯粹的宣布式言语行为和事实性宣布言语行为。

根据塞尔对宣布式言语行为的界定和描述，宣布式言语行为需要超越语言机制的保障才得以完成。庭审语境便是宣布式言语行为超越语言机制的保障。在宣布式言语行为中,心理状态不重要,而在庭审中,司法人员一般根据程序的要求实施宣布式言语行为,心理状态如何不造成对宣布式言语行为的实施及实施效果的影响。宣布式言语行为内部没有等级和程度的差别,只有成功实施与否的差别。在庭审语境中,司法人员根据程序实施宣布式言语行为均可成功。尽管,最后的宣判结果有可能通过上诉改变,但在宣判的当时也是生效的,即也是成功实施了宣布式言语行为。由此可见,宣布式言语行为在庭审中的表现较为单一。宣布式言语行为虽然是庭审中不可或缺的言语行为类型,但是鉴于庭审的语境特征和宣言式言语行为的特征,宣布式言语行为所反映出的制度特色和文化特色比较有限。

(六) 小结

纵观塞尔对言语行为的分类及其对每一类别的描述,可以发现塞尔言语行为分类的以下几点特征:

第一,不能按字面意义去理解塞尔言语行为类别的含义和特征。例如,指令式言语行为不仅包括指令,还包括请求,甚至恳求一类的表达;评价类表达属于断言式言语行为;态度类表达属于表情式言语行为。

第二,每一种言语行为都是一个范畴,并且除宣布式言语行为外,都有程度和等级之分。这一特点使原本不属于同一类型的表达可以归入同一言语行为类别,且可以分为不同的强度等级。这一做法增强了不同表达之间的可比性,使对语言表达的研究得以更加系统、条理和明晰。

第三,彻底改变了以施为动词作为言语行为判断标准的理念和做法。塞尔的四个分类标准具有很强的工具性特征。这四个标准不仅确定了塞尔的五个言语行为类型,而且,成功区分了塞尔没有提到的表达类型,并将之归入五个言语行为之中。塞尔在分类中没有提及评价类和态度类言语行为,但是根据塞尔的分类标准,可以成功地将这两类表达归入塞尔的言语行为分类中。如上文所述,评价类属于断言式言语行为,态度类属于表情式言语行为。另外,带有"我宣布……"表达的句子不一定是宣布式言语行为,根据塞尔的分类标准,以及我宣布的内容,可以将之归入不同的言语行为类别。

第四,每一种言语行为都与庭审有着密切的关系,且前四种言语行为都能反映出庭审的制度特色和文化特色,以及司法人员的身份、地位特征。宣布式言语行为虽然在反映庭审的制度特色和文化特色方面的意义有限,却是庭审中不可或缺的言语行为类型。

总之,塞尔对言语行为的分类,以及对每一类别的描述和限定,使言语行为理论的发展有了质的飞跃,彻底告别了以施为动词作为言语行为划分标准的做法。塞尔的分类方法及其标准使得本不属于同一类别的言语行为可以归入同一类别,而同一类别的言语行为又可以划归为不同的程度和等级,这就大大加强了同一类别的言语行为之间的可比性,使得塞尔的言语行为理论作为语言分析工具的功能大大加强。学术研究历史也证明,学术界对奥斯汀理论的应用多属于言语行为理念层面的借鉴,而不是将之作为具体的语言分析工具。塞尔对言语行为理论的发展改变了这一局面。同时,塞尔的言语行为类别与庭审之间的密切关系,也证明了本书采用塞尔理论的合理性和可行性。

三、塞尔言语行为理论的关键概念与庭审语言研究

在塞尔的言语行为理论体系中,除了言语行为的分类标准

第二章 塞尔言语行为理论与庭审的关系

和实施的充要条件,塞尔还提出并阐释了一系列关键概念。这些概念的提出和阐释进一步明确了塞尔的言语行为思想,丰富了言语行为理论体系的内容。这些关键概念包括语境、指称、言外之的、以言行事力量、以言行事力量指示项、字面意义、隐喻、间接言语行为、命题行为、谓述和意向性等。这些概念有的是塞尔首次提出,有的不是塞尔首次提出。塞尔的贡献主要在于他首次从言语行为理论的角度阐释了这些概念。由于篇幅和研究范围的限制,本书在此仅简要介绍与阐释与本书内容直接相关,且在言语行为类别和分类标准的论述中没有详细阐释的关键概念及其与庭审语言分析和本书之间的关系。这几个关键概念为语境(context)、字面意义(literal meaning)、以言行事力量和以言行事力量指示项(illocutionary force indicating device)。

(一)字面意义和语境

语境概念是语用学中的关键概念,也是塞尔言语行动理论中的关键概念。在语用学所涉及的各种意义的阐释中,字面意义是与语境的关联度最小的一个概念。即便如此,塞尔仍然认为,并且利用实例证明了,语境对于字面意义的不可或缺性。塞尔重视语境的最突出的体现就是塞尔对语境和字面意义的关系论述。[1]塞尔质疑了广为接受的一个观点:"句子的字面意义可以理解为不受语境影响的意义",[2]或曰"句子的字面意义是在'零语境'或'空语境'下的意义"。[3]塞尔认为,句子的

---

[1] See Mava Jo Powell, "Conceptions of Literal Meaning in Speech Act Theory", *Philosophy & Rhetoric*, Vol. 18, No. 3 (1985), pp. 133~157.

[2] John R. Searle, *Expression and Meaning: Studies in the Theory of Speech Acts*, Beijing: Foreign Language Teaching and Research Press, 2001, p. 117.

[3] John R. Searle, *Expression and Meaning: Studies in the Theory of Speech Acts*, Beijing: Foreign Language Teaching and Research Press, 2001, p. 118.

字面意义只有相对于一系列语境或背景假设时才适用;[1]对于很多句子来说,在理解句子时,并不存在零语境或空语境,句子的句意只有在一系列背景假设的语境基础上才能得到正确表达。[2]例如"开炮!"这个表达,其字面含义可以指:①把炮弹打开;②向天上开炮;③向自己开炮;④向敌人开炮等含意。到底指的是什么需要根据本句表达发出时所处的场景确定。在战争中,由将军对士兵喊出,这种情况下,显然是意项④的含义。在庆祝场合,总指挥官对负责礼仪炮的士兵或相关人员下达命令,这种情况下,显然是意项②。总之,字面意思的理解同样离不开语境的限定。除此之外,该表达对应的言语行为的成功实施也离不开语境的关联。只有将军在战场上对士兵下达这个命令,这个命令才会被真正执行;如果不是将军对士兵下达,下达的场合也不是在战场上,这个命令就不一定会被成功执行。

根据塞尔对字面意义与语境的关系的论述,可见语境对于塞尔言语行为理论的重要性。在塞尔言语行为理论每一个关键概念的阐释中,语境都是重要参与者。虽然塞尔没有单独地论证语境的重要性,也没有具体分析语境的构成因素,但是在塞尔的言语行为理论中,没有一个关键概念能够离开语境而谈其意义。字面意义、直接言语行为、间接言语行为、隐喻、指称、谓述,等等,对于这些关键概念的论述和理解都离不开语境这个关键因素。只有限定在一定的语境中,这些概念才有意义,否则就无从谈起。语境能将表达的不同层次的含意确定化、唯

---

[1] See John R. Searle, "Literal Meaning", *Erkenntnis* (1975-), Vol. 13, No. 1, *Philosophy of Language* (Jul., 1978), pp. 207~224.

[2] See John R. Searle, *Expression and Meaning: Studies in the Theory of Speech Acts*, Beijing: Foreign Language Teaching and Research Press, 2001, p. 117.

第二章 塞尔言语行为理论与庭审的关系

一化,这是语境最重要的作用。

根据塞尔对字面意义与语境的关系的阐释,语境可以是人类共识和文化背景这种比较宏大的语境,也可以是有具体的时间地点的具体语境。由此,笔者得出结论,语境是分层次的、具有等级性的。语境由高到低,或曰由广阔到具体,依次为人类共识、文化背景、制度背景、专业背景、具体场景等。每一个层次的内部又可以根据具体的程度进行再一次的分级。对语境的分级可以根据研究的需要选择不同的分级程度。

根据塞尔的观点,哪怕是字面意义的理解都离不开语境的限定作用。这一点尤其适用庭审语言的研究。由于庭审语境的特色,庭审表达一般按字面意义理解即可。在庭审用语中,极少有隐喻和间接言语行为等表达,但这并不意味着庭审语言的理解可以脱离语境的限制。恰恰相反,语境的限定作用对于庭审语言的表达和理解十分重要。例如,与其他语境相比,庭审语言的表达有鲜明的语境特色;在不同的司法制度和司法文化中,庭审语言又有鲜明的制度或文化特色。由此可见,语境的限定作用对庭审语言有重大影响,因此,可以说庭审语言是有着鲜明的"语境特色"的语言,被语境所限定,又反映语境的特色。而这正是本书根据庭审语言特色,探讨我国庭审制度和诉讼制度特征的逻辑前提和理论基础。

(二) 以言行事量指示项

塞尔认为一个言语行为包括三个层面:其一,说出语词、句子的吐语行为;其二,进行指称和谓述的命题行为;其三,以言行事行为,如陈述、要求、愿望、许诺。[1]

命题包括指称和谓项:如果两个言语行为的指称和谓项是

---

[1] See John R. Searle, *Speech Acts: An Essay in the Philosophy of Language*, Beijing: Foreign Language Teaching and Research Press, 2001, p. 23.

相同的，那么这两个言语行为就有相同的命题。例如，在"你在写作业呀""你最好现在就写作业"和"你必须立即写作业"，在这三个句子中，"你"是指称，"写作业"是谓项，因此三个句子的命题是一样的，都是"你写作业"。三个表述不一样的地方是以言行事行为的类型和以言行事力量。第一句话为断言式言语行为，第二句和第三句为指令式言语行为，第二句的以言行事力量很弱，第三句的以言行事力量很强。以言行事力量的载体就是以言行事力量指示项（illocutionary force indicating device）。以言行事力量指示项的两个功能：一是确定以言行事行为的类型；二是确定以言行事力量的程度。在这三句表述中，第一句话中的以言行事力量指示项为"在"和"呀"。这两个词表明该表述为断言式言语行为，即描述"你写作业"这个先于话语存在的客观事实，适从向为言语指向客观世界，心理状态为相信，命题内容为"你写作业"。这个表述的以言行事力量较弱，以言行事风格比较轻松，这个以言行事力量的程度是由"呀"这个以言行事力量指示项决定的。第二句表述中的以言行事力量指示项为"最好""现在"和"就"。这三个词是三个不同的以言行事力量指示项。一方面，表明该表述为指令式言语行为，以言行事力量程度为较弱，因为它是一种"建议"，而不是强迫式的命令，是建议受话者现在写作业，这些都是由表述中的三个以言行事力量指示项决定。第三句表述中的以言行事力量指示项为"必须"和"立即"，这两个以言行事力量指示项确定了该表述属于指令式言语行为，以言行事力量较强。

根据塞尔的阐释和笔者的举例说明，对以言行事力量和以言行事力量指示项的特色，可以作如下总结：

第一，以言行事力量指示项有三个功用：其一，确定以言行事行为的类型；其二，确定以言行事力量的程度；其三，确

第二章　塞尔言语行为理论与庭审的关系

定以言行事的风格。

第二，除宣布式言语行为外，其他四种言语行为内部都有程度和风格的差别，这些程度和风格的差别就是以言行事力量和以言行事风格的差别，由以言行事力量指示项确定。

第三，以言行事力量指示项的表达方式有很多种类型，而不是仅限于施为动词。它可以是施为动词，也可以是副词、名词或任何对以言行事力量产生影响的表达；它也可以不是具体的表达，而仅仅是词序或语序；它也可以不是付诸语言的表达，而仅仅是语气语调；它甚至可以是"缺失"的状态。

第四，在以言行事力量指示项"缺失"的状态下，语境对于以言行事行为的类型和以言行事力量具有决定性的作用。

第五，不同的以言行事力量和以言行事风格具有不同的修辞效果，对应不同的以言行事力量指示项也有不同的修辞效果。

第六，以言行事力量和以言行事力量指示项的选择和表达效果都受语境的制约，同时，又反过来反映语境的特色。

综上所述，笔者认为以言行事力量指示项是可以有多种表现形式的一个变量。它与语境和言语行为之间的逻辑关系可以总结如下：语境特色影响或决定言语行为的类型、以言行事力量程度和以言行事风格，这些因素在言语中的具体表现形式为以言行事力量指示项；而根据言语表述中的以言行事力量指示项，可以确定以言行事行为的类型、以言行事力量的程度和以言行事风格，并进而推断言语表述所处的语境特色。它们之间的关系可以用下图表示：

$$语境 \xrightleftharpoons[反映]{决定} 以言行事力量（指示项）$$

庭审是有鲜明特色的语境，庭审制度特征和庭审参加人的身份地位特征决定了庭审用语中的言语行为类型和以言行事力量,而以言行事力量可以反映出庭审及庭审参加人的对应特征。庭审语境与以言行事力量之间的关系契合本书的逻辑思路——通过分析庭审用语的言语行为类型、以言行事力量指示项、以言行事力量或风格探讨庭审制度特征和庭审参加人的身份、地位和角色特征。鉴于以言行事力量的复杂性和重要性,以言行事力量将作为本书的重点研究对象。

四、塞尔理论的"工具性"特征与本书

作为言语行为理论的开创者,奥斯汀对言语行为理论的最大贡献是提出了言语行为的理念,改变了人们对于语言的功能的看法,即,不仅可以言有所述,而且可以言有所为。然而,奥斯汀对于言语行为的分类以施为动词为基础。这样的分类一方面没有真正体现言语行为理论的理念,另一方面,分类繁杂,缺乏统一标准。因此,作为分析语言的工具,奥斯汀言语行为理论的意义和功能十分有限。以往学术研究对于奥斯汀言语行为理论的应用也主要是理念层面上的应用。这种理念上的应用主要体现在两个层次:其一,在研究中,将语言看作是言有所为,而不仅仅是言有所述;其二,采用奥斯汀以施为动词作为言语行为分类标准的做法,对某些言语行为进行命名,例如,询问类言语行为、感谢类言语行为、道歉类言语行为等,这些分类均遵循了奥斯汀以施为动词为分类标准的理念。这两种应用方式虽然有整体和具体之分,但均是理念上的应用,并没有将之作为实际分析的工具。其根本原因在于奥斯汀的言语行为理论缺乏作为语言分析工具的特质。

塞尔继承了奥斯汀的言语行为理念,为言语行为的分类列举了一系列的标准,对言语行为进行了多维度的描述和界定,

第二章 塞尔言语行为理论与庭审的关系

并提出了一系列与言语行为理论直接相关的关键概念。这些做法使言语行为理论的发展实现了质的飞跃，丰富了言语行为理论的内涵并增强了言语行为理论作为语言分析工具的功能。

塞尔根据四个标准将言语行为分为五个类别。这四个标准将语言表达与说话者和客观世界联系起来，使语言、世界和说话者在语言的表达中实现了"三位一体"的融合。适从向表达的是语言和世界之间的关系；言外之的是说话者的言外之的，心理状态是说话者的心理状态，这两项将言语与说话者联系起来；命题内容为语言表达的内容，是语言本身。没有任何言语是凭空存在的，任何言语都与说话者和说话者所处的客观世界存在着必然的联系。这样的分类标准将言语与说话者和客观世界联系起来，从而使得语言分析可以超越纯语言的范畴，而涉及语言以外的因素和世界。本书的研究对象为庭审语言，研究目的为发现与庭审语言直接相关的庭审语境的特色和说话者的身份地位特征。庭审语境为庭审语言所在的客观世界、控辩审为说话者。依据塞尔的分类标准，庭审语境特色、司法人员以及庭审语言内容和方式统一于庭审语言表达中。这是塞尔分类的标准，也是本书得以进行的前提和基础。

塞尔的分类标准不仅将世界、说话者和语言连接为一体，而且为具体的语言分析提供了统一的标准。塞尔的分类标准使得按传统观点，或按奥斯汀的分类方式，不属于同一类别的言语行为得以归入同一言语行为类别，大大增加了言语行为归类的条理性和语言表达之间的可比性。例如，按照奥斯汀的分类标准，"请求"和"命令"属于不同类别的言语行为，但是按照塞尔的分类标准，这两类表达同属指令式言语行为，可以放到指令式言语行为的范畴内进行比较和研究。

"请求"和"命令"属于不同程度和级别的指令，"请求"

是程度很弱的指令,"命令"是程度很强的指令。而这正是塞尔理论的第三个工具性特征:将同一种言语行为进行程度或等级上的分类。不仅如此,塞尔还提出了与言语行为程度或等级直接相关的概念:以言行事力量和以言行事力量指示项。以言行事力量指示项、以言行事力量和言语行为程度或等级,这些概念的提出不仅使同一言语行为内部可以进行再次划分,而且为划分提供了具体可依的标准。

语言表达形式和内容多种多样,但是根据塞尔的分类标准,所有的语言表述可以归入五个类别,从而使语言分析可以实现条理化、清晰化。在每一个类别内部,以言行事力量指示项确定了言语表达的力量程度以及言语行为的风格,这一程度区分细化了语言表达的特点,并且使言语分析层次分明。以言行事力量和言语行为的程度与风格与表达效果直接相关,因此,这一分析维度不仅关系到语言的特点,而且关系到语言的表达效果,即语言与说话者和周围世界的联系。庭审语言表达具有鲜明的制度特色和机构特色,以塞尔的分类标准和程度划分分析庭审语言,不仅能以清晰有序的方式呈现出庭审语言的特点,而且能体现出庭审语言的表达效果,而这正是本书的研究思路和研究目的,即,对庭审语言进行言语行为分类,分析其言语行为特色,然后进一步探讨其中反映的庭审语境特色和说话者的相关特征。

根据上文分析,在塞尔所给出的12个分类标准中,除去前三项为分类标准外,其他标准均为对言语行为从不同角度和层面的描述:对言语行为特点进行描述的包括四项、对施为动词特点描述的包括两项、对语境因素描述的包括两项、描述言语行为完成条件的一项。[1]同时,塞尔还提出了一系列的描述言

---

[1] 对塞尔分类标准的分析,见上文.

第二章 塞尔言语行为理论与庭审的关系

语行为的关键概念:适从向、以言行事力量、以言行事力量指示项、语境和言语行为程度等。[1]这些描述性的分类标准和关键概念具有两个方面的作用:其一,丰富了言语行为理论的内容,使得言语行为理论不仅仅是一种理念,而是有着丰富内涵,可以从多层次、多角度进行论述和分析的理论;其二,增强了言语行为理论的工具性功能,为将言语行为理论作为语言分析的工具提供了更多的分析依据和标准,例如,以言行事力量指示项为属于同一类别但不同程度的言语行为提供了进一步分类的依据,适从向将语言与世界的关系分为两个方向,对语境的重视体现了言语行为与客观世界之间的紧密关系。一言蔽之,这些标准和关键概念的提出为语言分析提供了多种维度和多种标准,连接了言语和语境、言语和说话者,并涉及了言语行为的效果。这些都使塞尔的言语行为理论可以成为不但真正有用,而且有效的语言分析工具。

因此,运用塞尔的言语行为理论对庭审语言进行分析,不仅可以实现分析的多维度和多层次,而且可以根据言语与语境和说话者的关联分析庭审的语境特征;不仅可以实现分析庭审语言特征的目的,而且可以实现根据庭审语言特征分析庭审制度特征和庭审参加人在庭审中的地位、作用和角色特征。

五、本书的分析维度

本书根据研究的需要,选取了六个刑事案件,[2]全面分析并综合对比了其中控诉、辩护、审判三方的言语行为特征。对言语行为的分析分为两个层面:其一,将控辩审三方的庭审用语逐句进行言语行为归类和数量统计,对比言语行为类别的数

---

[1] 这些关键概念有的是单独提出,有的是蕴含于分类标准的阐释当中。
[2] 选取的标准见导论部分。

量和比例，分析其中反映说话者的身份、地位、角色特征和整体庭审氛围特征；其二，选取塞尔言语行为分类标准和关键因素中与本书直接相关的项（选取标准及理由见下文），逐项进行数量统计和分析。

对言语行为类别的数量统计和分析可以呈现庭审语言的整体面貌和特点；对言语行为相关标准的逐项统计和分析可以发现言语行为的细微之处；对控辩审三方每一方的单独研究可以深入细致地了解每一方的语言特色和对应庭审特征；对三方的对比研究可以发现三方在庭审中的整体"布局"和不同作用。总之，本书兼顾面与点、全局与局部、共性与个性。具体研究维度和分析方法如下：

第一，言语行为分类。根据塞尔的言语行为分类标准（言外之的、适从向、心理状态和命题内容），对控辩审三方的言语行为进行言语行为的分类和数量统计。根据言语行为的类别和数量比例，分析言语行为特色以及其中蕴含的庭审特征。首先，分别分析控辩审三方各自的特色；然后，综合对比三方的类别数量和比例，发现其中的异同。

第二，对言语行为进行再分类。根据塞尔的分类及阐释，除宣布式言语行为外，其他类型的言语行为内部都存在程度的差别，可以进一步分为不同程度和级别的言语行为。本书对每一类型的言语行为进行了进一步的区分，但区分的标准不全是程度，而是根据研究的需要和每一种言语行为类型的特点，根据不同的标准，对每一种言语行为进行了再分类。具体分类标准及原因如下：

本书对每一种言语行为进行再分类遵循的统一标准为相应言语行为中的最关键点，而最关键点的确定标准是，该点是否对庭审效果有影响，是否可以反映出庭审的特色或说话者的身

第二章 塞尔言语行为理论与庭审的关系

份、地位和作用等特征。

问句虽然属于指令式言语行为,但是鉴于问句形式的特殊性和问句在庭审中的重要性,本书对问句进行专门研究和分析,并且为了表达的简洁,将之称为"问指式言语行为"。在本书中,问指式言语行为的再分类标准是根据问句的命题内容的言语行为的类别,因为在问句这种形式中,最关键点,即,对法庭审判最重要的点就是问句的内容,而不是问话者的心理状态。根据问句的命题内容,本书将问句进一步分为断言式问指和断言加表情式问指。[1]

对于普通指令式言语行为进行进一步分类的标准为强度级别,即根据指令式表达的以言行事力量指示项,确定指令发出者的心理状态和对应的指令程度。在本书中,将指令式言语行为根据是否要求受话者必须执行分为两个等级:"强指令"为受话者必须执行的指令;"弱指令"为受话者可以自由选择执行或不执行的指令。

断言式言语行为的分类标准有两项:命题内容的作用是否可以作为法庭审判的根据;表述的形式为肯定或否定。断言式言语行为是说话者对已有客观事实的不同程度的确认,表明的是言语与客观事实的关系。因此,在庭审中,断言式言语行为命题内容的作用——是否可以作为法庭审判的依据,以及说话者对客观事实的确认方式——肯定或否定,这两项的作用至关重要。

宣布式言语行为的再分类标准是根据所宣布式言语行为是纯粹的宣布,还是兼具其他言语行为的特点。例如,在庭审中,有的表达既是宣布式言语行为,又是指令式言语行为。这一再分类标准直接指向的是宣布的命题内容和命题内容的执行方式,以及这两项因素在庭审中的作用。在前文分析中,笔者指出,

---

[1] 具体介绍见本章第六部分本书对问句的分类和分析角度。

宣布式言语行为在反映庭审的制度特色和文化特色方面的作用比较有限。但是兼具其他言语行为类型特点的宣布式言语行为的作用必然有所不同，因此，十分有必要区分出纯粹的宣布式言语行为与"身兼双职"的言语行为，并分析其在庭审中的具体作用和反映的具体庭审特征。

承诺式言语行为的分类标准是根据说话者的心理状态，将之分为不同的类别和级别。根据上文分析，对于塞尔言语行为的分类不能以言语行为名称的一般意义去理解言语行为的特点和作用。一般而言，承诺式言语行为的心理状态必定是主观的，是说话者向受话者保证将来去完成某事的言语行为。但是根据塞尔对言语行为的程度和级别的区分，承诺的心理状态也可以有客观的状态。在庭审语境中，说话者尤其是司法人员的心理状态的客观程度极其重要，心理状态是否客观不仅影响庭审的氛围，更可能影响庭审的效果甚至结果。因此，很有必要将庭审中的承诺式言语行为，以心理状态为标准，进行主观和客观的区分，以发现庭审中承诺式言语行为的特色，及其所反映的庭审特色。

根据对所选六个案例的言语行为的归类分析，发现其中不存在表情式言语行为，所以，本书不涉及表情式言语行为的分类。

第三，行为对象。每一个言语行为肯定都有行为对象，"凭空喊话"式的表达不称其为言语行为。尤其在庭审中，每一个言语行为必定有明确的对象。同样的表达对不同的行为对象会产生不同的表达效果。例如，同样是程度强的指令式言语行为，可以指向被告人，也可以指向司法人员；断言式言语行为的对象可以是法庭，也可以是被告人；宣布式言语行为以及承诺式言语行为都可以指向不同的对象。同一表达，行为对象不同，

第二章　塞尔言语行为理论与庭审的关系

修辞效果必然不同,反映出的庭审特征也不同。

本书不但分析了每一种言语行为以及再分类的言语行为的行为对象,对不同的行为对象也进行了统计、分析和比较,从中发现规律性,进而总结出相应言语行为的修辞效果及其所反映出的庭审特征。

第四,心理状态。在塞尔的言语行为分类中,除了宣布式(纯粹的宣布,即,非事实性宣布)言语行为外,其他类型的言语行为都有对应的心理状态。不同的言语行为对应不同的心理状态,不仅如此,在同一类言语行为内部,心理状态也有不同的级别之分。心理状态的级别不同,以言行事力量的程度也不同。在宣布式言语行为中,纯粹的宣布没有心理状态,或曰,心理状态如何并不影响以言行事力量的级别和以言行事行为效果。但是事实性宣布式言语行为为宣布式言语行为和断言式言语行为的融合,因此,这一类型言语行为也涉及说话者的心理状态。同时,纯粹的宣布式言语行为也并非没有心理状态,或者说心理状态对言语行为的执行和效果没有丝毫影响。说话者的心理状态并不能决定或者影响宣布式言语行为执行的成功或失败,但却可以影响受话者的接受程度和心情,或者影响交流的氛围或状态。因此,要精确研究言语行为实施的状态:成功与否、对受话者的心理状态的影响、受话者的接受程度、对交流氛围的影响等因素,宣布式言语行为的心理状态的研究亦必不可少。

根据每一类言语行为的特点,本书对每一种言语行为的心理状态进行了分类。分类的标准取决于言语行为对应的心理状态的特点。问指式的心理状态是"问",因此以"问"作为分类的标准,将其分为讯问和询问两种。[1]指令式言语行为的心理

---

[1] 讯问和询问的区别见本章第六部分本书对问句的分类和分析角度。

状态为希望（wish），根据说话者是否希望受话者必须执行言语行为，将其分为强和弱两类，"强"是希望必须执行，"弱"是并不一定希望对方执行，只是表达出这个愿望，对方有选择的自由。断言式言语行为的心理状态为相信（believe），根据说话者对所说事实的相信程度，将此类言语行为的心理状态分为信赖、相信、客观、想确认、假设、推测、接受等几个级别。这几个级别，由强到弱依次递减，精确表达了说话者对所断言的事实的心理状态。对于宣布式言语行为，本书根据说话者宣布时的语境、宣布的内容和说话者在当时的语境中的心理状态和对所宣布的内容的相信程度，将宣布式言语行为的心理状态分为客观和相信两种。承诺式言语行为的心理状态为意图（intentional），意图的程度级别决定了命题内容（说话者做某事）实现的可能性和实现的效果。本书根据承诺式言语行为的语境和承诺的内容，将承诺式言语行为分为客观和相信两种。

第五，以言行事目的。以言行事目的，或曰言外之的，是塞尔对言语行为分类的第一个标准，足见其重要性。言外之的不同，以言行事行为的类型也必然不同。但是在同一言语行为类型内部，同一言外之的可以对应不同的心理状态、不同的以言行事力量和不同的命题内容。在同一语境中，实现同一个以言行事目的，可以选择不同程度或强度的以言行事力量；而不同的以言行事力量必然有不同的修辞效果。在庭审语境中，每个言语行为都有明确的言外之的，言外之的以及言外之的与以言行事力量的对应情况是反映庭审特色的重要指标。因此，本书将明确每一个言语行为的言外之的，并分析言外之的与以言行事力量和心理状态的对应情况。

第六，以言行事力量指示项、以言行事力量和以言行事风格。以言行事力量虽然不是将言语行为进行分类的标准，但是

第二章 塞尔言语行为理论与庭审的关系

绝对是以言行事行为的关键特点，甚至可以说是核心特点，因为以言行事力量的强度决定着以言行事行为的风格和行为效果。合适的以言行事力量可以使得言语行为成功实施，实现交际目的；不合适的以言行事力量，则会导致言语行为实施的失败，或者产生不好的交际效果。因此，可以毫不夸张地讲，以言行事力量是同一言语行为类别内部中最关键的因素。在言语表达中，以言行事力量指示项决定着以言行事力量的程度。以言行事力量指示项的表达方式有很多，包括施为动词、施为动词以外的其他词性、词序、语气语调等。甚至，在语境特色鲜明的情况下，说话者不需要使用具体的语词，或使用特定的语气语调，语境本身就可以确定以言行事力量的程度。鉴于以言行事力量程度的重要性和以言行事力量指示项的表现形式，以言行事力量指示项是本书的主要分析内容。本书根据庭审语言中的以言行事力量指示项，确定以言行事力量的程度或风格，并分析这种程度或风格的以言行事力量所反映出的庭审特征。

第七，适从向。适从向的概念涉及的是客观现实和言语之间的互动关系，是塞尔言语行为分类的标准之一。言语指向世界的适从向，即言语适应客观世界，对应的言语行为为断言式；世界指向言语的适从向，即客观世界适应言语，对应的言语行为为指令式和承诺式；不存在适从向的言语行为为表情式；双向的适从向，即言语与客观世界同时互相适应，对应的言语行为为宣布式；此外，事实性宣布言语行为有三个适从向：宣布式言语行为的双向适从向和断言式言语行为的言语适应客观世界的适从向。不同方向的适从向表现出世界与言语之间不同的关系，这个关系是动态的，具有方向性的。

庭审中最主要的内容是案件事实，语言是调查案件事实的最主要手段和渠道。因此，在庭审中，案件事实与语言之间的动态关系和庭审语境与庭审语言之间的动态关系成为庭审语言特色研究中不可或缺的关键因素。这两个动态关系一方面反映庭审效果,另一方面反映庭审特征。鉴于适从向在决定言语类型中的重要作用,与其他维度不同,本书将适从向这一标准融入对言语行为类型的阐释与分析中。

总之,本书选取了塞尔的分类标准和关键概念中与说话者和语境密切相关,并且能够反映说话者和语境特色的项作为分析维度。通过定性和定量相结合的方式,研究所选维度的数量、所占比例以及表达方式的特点,并进一步探讨其中反映的控辩审三方的身份、地位、角色特征和对应的庭审特征。

六、问指式言语行为分析

塞尔认为问句属于指令式言语行为,笔者在分析问句作为指令式言语行为特色的基础之上,将之称为问指式言语行为(questions as a subclass of directives)。鉴于问句在庭审中的重要地位和问句的特殊性和复杂性,本书对问句进行了再分类,并区分了法庭上两种重要的问话形式——询问和讯问,其目的是使研究更加便利、清晰和高效。

(一) 再分类

塞尔认为问句是指令的一个分类,因为问句是说话者试图让受话者回答一个问题的尝试,即让 H 完成一个言语行为的尝试。[1]笔者认为问句的这个指令不是直接发出的,因为在问句中,说话者并不会说"请你回答"这样的表达,而一旦说了"请你回答"这样的表达,相应的句子已经不是问句,而成为祈使句。所以,所有问句中所含有的指令,是需要受话者根据当

---

[1] John R. Searle, *Expression and Meaning: Studies in the Theory of Speech Acts*, Beijing: Foreign Language Teaching and Research Press, 2001, p. 14.

第二章 塞尔言语行为理论与庭审的关系

时的语境和一个受话人应该具有的理解能力和推理能力来获得的信息。因而,问句这个指令式言语行为的以言行事力量指示项是缺失的,或者说是包含在问句的形式里边,因为问句形式本身就是一种要求对方回答问题的指令。一言蔽之,问句是指令式言语行为,以言行事力量指示项为问句的形式,这个形式在书面中可能为词、语序、问号或语境,在口头表达中可能为词、语序或者语气与语境。

1. 问句的特殊性

问句虽然不属于间接言语行为,但是塞尔有关间接言语行为的推论十分适合问句形式指令的含义的推导。根据塞尔的观点,在最简单的言语行为中,说话人通过让受话人认识到说话人的意向1(说话人具有说出这句话的意向)和意向2(说话人将意义加诸这句话的意向),从而意识到意向3(说话人想让受话人理解说话人加诸这句话的意义)。在最简单的言语行为中,说话者的意向2只意味着说话者将字面意义加诸其表达之上,而在间接言语行为中,说话者不仅在话语表达上附加字面意义,而且还附加了除字面意义之外的其他含义;同时,在意向3中,说话者不仅希望受话人意识到他所附加的字面意义,而且还希望受话人能领略到其所附加的字面意义以外的意义。因此在间接言语行为中,意向2和意向3都涵盖了比最简单的言语行为更加丰富的内容。而涉及间接言语行为的交流的成功"依靠说话人和受话人共享的语言的和非语言的背景,以及受话人的一般的理性力量和推理能力,说话人向受话人传达了比其实际所说的更多的东西"。[1]问句形式的指令式言语行为虽然不是间接言语行为,但是在意向2中,说话者不仅付诸其所说的话语的

---

[1] John R. Searle, *Expression and Meaning: Studies in the Theory of Speech Acts*, Beijing: Foreign Language Teaching and Research Press, 2001, p.32.

字面意义，而且付诸了"此句话为问话，需要你如实回答"的意义。在意向3中，说话者希望受话者理解其说付诸话语的这些含义。因此，问句的含义比一般的直接言语行为更加复杂。与间接言语行为一样，问指式言语行为的含义更加丰富，对语境的依赖性也更大。

根据塞尔的理论，法庭中的每一句问话，都涵盖了司法人员的意向2，即说话者加诸每句问话的字面意义，以及字面意义之外的意义；以及意向3，即说话者想让受话者理解说话人加诸这句话的含义。对于每一句问话，司法人员的意向2最起码包含了两层含义：一是请受话者回答问题的指令；二是请受话者根据问题的内容回答问题，而不是顾左右而言他。因此，对于每一句问话，仅仅知道它是指令式行言语行为还是不够的。更深入的分析研究需要根据问题的内容，对其进行进一步的分类。

2. 再分类标准

本书根据问题内容所涉及的内容，将问句形式的指令式言语行为（即问指）又分为断言式问指和表情加断言式问指。断言式问指的问题内容有关事实。这种情况下，问题的内容是一个断言式的言语行为，其适从指向为言语指向世界，即，所问的事实是已经存在的客观事实，语言指向事实，心理状态为疑问[1]，命题内容为所询问的事实。例如，"你作案的地点在哪里？"这个问题的内容是事实，这个事实已经存在，心理状态为疑问，适从指向为语言指向已存在的客观事实。表情加断言式言语行为的命题内容不仅涉及事实，而且涉及受话者的态度。[2]例如，"你对上述证言是否有异议？"这个问题的命题内容是受话

---

[1] "疑问"为程度十分弱的"相信"，是断言式言语行为的心理状态"相信"轴上的一个等级，具体分析论述见上文对断言式言语行为的介绍。

[2] 态度表达属于表情式言语行为，具体见上文态度类表达归类的分析。

第二章 塞尔言语行为理论与庭审的关系

者对上述证据的态度，以及如果有异议的话异议的内容，而异议的内容又是基于现实的，因而又是一个断言式言语行为。

将问指式言语行为分为断言式问指和断言加表情式问指的意义在于这一分类标准可以反映出问话者关注的具体内容和关注的宽度，而这一指标又可以反映出说话者在庭审中的作用及对应的庭审特征。

(二) 询问和讯问的区别

有关讯问和询问的区别，一般认为讯问是针对人犯或当事人而言，讯问是必须回答的，回答讯问是当事人的义务，而询问是针对律师、证人、受害人而言。也有人认为强行区分询问和讯问既复杂麻烦又容易混淆，建议将讯问一律改为询问或发问。[1]

余承法的分析如下：

"询问"和"讯问"都是问，关键差别在"讯"和"询"二字。现将《汉语大字典》[2]中关于"讯"和"询"二字的解释以及《辞海》[3]所作的定义全部列举如下：《汉语大字典》关于"讯"的解释：①询问；②问候；③告诉；④责问，指责；⑤审问；⑥书信，音信，消息；⑦西周时对俘虏的称谓；⑧乱辞；⑨证实；⑩振奋，迅即。关于"询"的解释：①询问，求教；②谋，查考；③均，协调；④副词，信，确实。《辞海》关于"讯"的解释：①问；②审问；③音信，消息；④告，陈诉；⑤通"迅"，迅速。关于"询"的解释：①询问，求教；②信；③通"均"，协调。由此看来，这两个字（词）的一个重要区

---

[1] 余承法、廖美珍："询问乎·讯问乎——析《中华人民共和国刑事诉讼法》中'问'的表述"，载《求索》2006年第5期，第111~115页。
[2] 汉语大字典编辑委员会著：《汉语大字典》（缩印本），四川辞书出版社、湖北辞书出版社1993年版。
[3] 辞海编辑委员会编：《辞海》，上海辞书出版社1989年版。

别是：前者有"责问""指责""审问"之意，而后者没有。[1]从余承法的分析，可以得出结论：讯问和询问之间从词源上就存在着本质的不同。

为了分析的方便，同时也根据讯问和询问本身的含义，以及两个词普遍的用法，本书将两个词汇作了区分。区分标准是看所问内容是否对受话者有利。对受话者有利或无害为"询问"；对受话者有害为"讯问"。

在本书中，询问和讯问是司法人员在法庭上执行问指言语行为时的两种心理状态。将司法人员的心理状态根据是否对受话者有利这样的标准进行区分，有利于发现司法人员潜意识中的法治理念，有意或无意营造的法庭审判氛围，以及其中所蕴含的庭审文化特色和制度特色。

七、言语行为的数据统计标准

本书对于言语行为的划分不以自然语句，或曰语法意义上的语句，为单位，而是以表达是否完成一个完整的言语行为为标准。根据塞尔的理论，一个言语行为包括三个层面：①说出语词、句子的吐语行为；②进行指称和谓述的命题行为；③以言行事行为，如陈述、要求、愿望、许诺。[2]因此，包括指称和谓述的一个表达就是一个完整的言语行为。例如，"根据法律规定和检察院的建议，并征得被告人的同意，本案适用简易程序进行审理。"[3]根据语法标准，这是一句话。但是根据塞尔的标准，

---

[1] 余承法、廖美珍："询问乎·讯问乎——析《中华人民共和国刑事诉讼法》中'问'的表述"，载《求索》2006年第5期，第111~115页。

[2] John R. Searle, *Speech Acts: An Essay in the Philosophy of Language*, Beijing: Foreign Language Teaching and Research Press, 2001, p.23.

[3] "2018年9月4日14：10直播黄浦法院审理的一起涉嫌行贿罪案"，载https://www.chinacourt.org/chat/chat/2018/08/id/50345.shtml，2020年4月14日访问。

这句话中包括三个完整的言语行为。"根据法律规定和检察院的建议"这一部分的指称为"法官"或"法庭",省略的原因是法庭的语境特色决定了这个指称是显而易见的且无需指明的;谓项为"根据法律规定和检察院的建议";这个言语行为的以言行事目的就是说话者确认本案所依据的内容这个客观事实,适从向为语词指向客观世界,心理状态为相信,命题内容为"法官或法庭根据法律规定和检察院的建议",因此,这一言语行为为断言式言语行为。"并征得被告人的同意"这个表达的指称同样为"法官"或"法庭",省略的原因也是因为法庭的语境特色决定了这里的指称无需指明;谓项为"征得被告人的同意",这个言语行为的以言行事目的为说话者确认法官已经征得被告人同意这个事实,适从向为语词指向世界,即语词适应客观世界,心理状态为相信,命题内容为"法官或法庭征得被告人的同意",因此,这一言语行为为断言式言语行为。"本案适用简易程序进行审理"这一部分更是典型的断言式言语行为的表达,指称为"本案",谓项为"适用简易程序进行审理",以言行事目的为说话者确认本案适用建议程序进行审理这一客观事实,适从向为语词指向客观世界,即语词适应客观世界,心理状态为相信,命题内容为"本案适用简易程序进行审理"。由此可见,按语法标准,应该是一句话的表达,按塞尔的言语行为理论,包括三个言语行为。本书对言语行为的划分和数据统计,以塞尔对言语行为的定义为标准,这一标准不同于语法标准。

第三章 CHAPTER 03
法官庭审言语行为研究

一、言语行为类别数据分析

本书根据塞尔言语行为的分类标准：以言行事目的、适从向、心理状态和命题内容，将法官的庭审话语进行言语行为分类和数据统计。具体如下表所示：

表 3-1　法官言语行为类别数据

	问指	指令	断言	宣布	承诺	总数
案例一	52 40.3%	45 34.8%	24 18.6%	6 4.7%	2 1.6%	129
案例二	9 20%	13 28.8%	14 31.1%	7 15.6%	2 4.5%	45
案例三	13 28.2%	16 34.8%	11 23.9%	5 10.9%	1 2.2%	46
案例四	32 22.1%	24 16.6%	63 43.4%	15 10.3%	11 7.6%	145
案例五	72 40.4%	33 18.5%	43 24.2%	27 15.2%	3 1.7%	178
案例六	46 55.4%	12 14.5%	19 22.9%	6 7.2%	0	83

根据表3-1中的数据，可以发现法官在法庭中所执行的言语行为类型呈现明显的规律性。在所选案例中，言语行为类型排在前三位的无一例外都是问指、指令和断言这三种言语行为。排在第四位的是宣布式言语行为。排在最后一位的是承诺式言语行为。所选案例均未采用表情式言语行为。在位列前三的言语行为中，问指占据第一位的有三个案例，断言占据第一位的有两个案例，指令占据第一位的有一个案例。问指占据第二位的有两个案例，断言占据第二位的有两个案例，指令占据第二位的也有两个案例。问指占据第三位的有一个案例，指令占据第三位的有三个案例，断言占据第三位的有两个案例。

根据上文分析，塞尔的言语行为分类标准决定了不能从普通词义的层面去理解塞尔言语行为类别的含义。每个言语行为类别内部存在程度和级别的巨大差异。例如，最典型的例子，"哀求"和"命令"都属于指令式言语行为，但在普通意义层面，这两个言语行为的差别很大。然而，塞尔的伟大之处正是在于将貌似天壤之别的言语表达归为一类，使之遵循共同的分类标准。这些标准不仅使得在普通含义层面迥然不同的言语表达之间具有可比性，而且表明了言语行为、说话者和客观现实之间的关系。具体到庭审语境中，言语行为类别的数据统计及比例可以表明法官在庭审中的身份、地位和作用。

根据法官在法庭中言语行为的类别数据和比例以及这些言语行为的特征，可以发现法官在庭审中地位和作用的整体特色。

第一，在庭审中，问指式言语行为和指令式言语行为的总数占绝对优势。问指式言语行为属于指令式言语行为。指令式言语行为的统一定义就是说话者想让受话者做某事所做的不同程度的尝试。无论尝试的程度如何，说话者执行指令式言语行为的目的是想让受话者做某事。因此，在庭审中，法官的首要作用，是发出指令（存在程度差异的），要求受话者做某事。而庭审语境中，法官话语的受话者包括公诉人、辩护人、当事人或者整个法庭。所以，在此可以得出结论：法官在庭审中的首要作用是对其他庭审参加人发出指令。当然，指令因程度、命题内容、行为对象和以言行事力量指示项等标准的不同，而具有不同的含义，相关详细内容将在指令式言语行为的单独分析中专门论述。

第二，问指式言语行为根据其命题内容，可以进一步分为断言类和断言加表情类。两种类别的命题内容都涉及断言类的命题内容，因此，问指式言语行为的命题内容均为对已经存在的客观事实的确认（不同程度地）。断言式言语行为的命题内容也是有关已经存在的客观事实。根据表3-1，问指式言语行为和断言式言语行为的总和在法官的言语行为比例中占绝对的优势。据此，可以得出结论：①客观事实为法官在庭审中关注的重点；②关注的方式为使言语表达符合客观事实。这两点确定了客观事实在法官话语中的重要地位。

在庭审中客观事实包括案件事实、法律法规、庭审制度以及庭审活动等。对不同事实的关注度进一步反映出法官在庭审中的关注重点。断言式言语行为是法官使自己的话语适应客观事实，问指式言语行为是法官对受话者发出指令，让对方表达适应客观事实的命题内容。这两种不同的关注角度也进一步反映出法官在庭审中的身份、地位和作用。有关不同事实种类与角度所反映的法庭审判特征将在具体的言语种类分析中进行详细论述。

第三，宣布式言语行为的特征是言语行为的完成会给相关对象带来状态上的变化，且某些言语行为的实施需要超语言机制的保障。在所有的案例中,宣布式言语行为的数量都稳居第三位。数据表明,一方面,宣布式言语行为是法官在法庭中必然实施的言语行为,另一方面,宣布式言语行为并不仅限于法庭最后的宣判,而是贯穿在庭审的整个过程。根据宣布式言语行为的特征,法官在庭审中的重要作用之一是可以给客观事实带来状态上的变化;而这一作用的实现需要超越语言机制的制度保障,而这正是法官在庭审中权威地位的体现。而体现重要作用以及权威地位的具体方面需要根据宣布式言语行为的命题内容进一步确定,相应内容将在宣布式言语行为一节中详细分析和论述。

第四,承诺式言语行为在六个案例中的数量和比例都位居最后。甚至在案例六中,承诺式言语行为的数量为零。这里所谓的承诺不是普通意义上的承诺,它的特点包括:①时间指向将来;②适从向是世界指向话语;③动作完成者为说话人。说话人既是承诺式言语行为的实施者,也是命题内容中动作的完成者,时间指向为将来。这一特点恰好与问指、指令和断言式言语行为在庭审语言中占据的数量比互相说明。问指式与断言式言语行为的命题内容均是有关已经存在的或曰过去的信息;指令式言语行为(包括问指式和普通指令式言语行为)命题内容中的动作由受话者完成。承诺式言语行为的数据从另一方面表明法官在法庭中的主要作用或任务是确认已经存在的客观事实以及对其他庭审参加人或整个法庭发出不同程度的"指令"。[1]

第五,庭审中没有表情式的言语行为。"表情"即为表达感情或情绪,且感情或情绪可以分为不同的程度或级别。态度类

---

[1] 这里所谓的"指令"仍然不是普通意义上的指令,是塞尔言语行为概念中的"指令",其中有程度或级别之分。

表达属于表情式言语行为。在庭审中不存在表情式言语行为的事实表明在庭审中，不存在任何程度的，哪怕是最微弱程度的，感情或情绪的表达；也不存在个人态度的表达。这一点表明在庭审中，法官个人情感或态度的参与度几乎为零，[1]法官在语言表达方面，做到了客观、冷静和中立。

第六，适从向是塞尔言语行为分类标准之一，它表明的是客观世界和语词之间的互动关系。指令式言语行为的适从向为客观世界指向语词，即客观世界要适应语词的变化，这个适从向体现的是语词的主导性和重要性，客观世界的被动性或服从性的特征。断言式言语行为的适从向为语词指向客观世界，即语词适应客观世界的状况或变化，这个适从向体现了客观世界的重要性和主导性，以及语词的被动性。两个适从向综合起来，体现的是客观世界和语词之间的互动关系。因此，分析特定语境或场合中不同方向的适从向的数量和比例能够体现在相应场景中，语词与客观世界之间的互动关系和模式。

在庭审中，适从向为客观世界指向语词的包括问指式、指令式和承诺式言语行为；适从向为语词指向客观世界的是断言式言语行为；适从向为双向的是宣布式言语行为；不存在适从向的是表情式言语行为。根据表3-1中的数据统计，在六个案例中，世界指向语词的适从向与语词指向世界的适从向的比例分别为案例一103∶97，案例二29∶22，案例三34∶24，案例四71∶93，案例五127∶125，案例六65∶65。这表明在庭审中，法官对客观事实的关注与对语词的关注度是基本同等的。其既关注语词是否真正地反映了客观事实，也重视客观现实能否根据

---

[1] 在某些言语行为中，有"表情"的因素，所以个人情感或态度在法庭中的参与度只能是"几乎为零"，而不能绝对地说"是零"，这一点将在分析每种言语行为的分项特点时，具体分析。

其言语行为的命题内容发生相应变化。客观现实与法官的庭审话语在庭审中保持着动态平衡，它们之间的彼此适应是法官庭审中关注的主要内容之一。

综上所述，根据对法官在庭审中言语行为类别的数量统计和对比分析，法官在庭审中的主要作用主要包括以下几个方面：①对其他庭审参加人或整个法庭发出不同程度的"指令"；②较多已经存在的客观现实；③较多关注客观现实与语词之间的互动关系和彼此之间的适应状态；④个人情感和态度几乎不参与庭审，在庭审中的表达做到了客观、冷静和中立。根据言语行为类别的数据得出的有关法官在庭审中作用的结论比较宽泛或仅具有方向性，不够具体和深刻。对每一种言语行为具体特征的剖析将展示法官在法庭中的具体作用、地位以及对应的庭审特征。

二、问指式言语行为分析

问指式言语行为为法庭中的主要言语行为之一，其主要目的是获取信息，问指式言语行为的特征表明问话者获取信息的种类与方式、与受话者之间的关系状态、问话者在庭审中的作用和地位以及问话者以此塑造的庭审特征。问指式言语行为数据统计及分析如下：

表 3-2　问指式言语行为分析标准及数据统计

分析标准	标准分类	案例一 52	案例二 9	案例三 13	案例四 32	案例五 72	案例六 46
再分类	断言	38	7	12	25	69	36
	表情加断言	14	2	1	7	3	10

续表

分析标准	标准分类	案例一 52	案例二 9	案例三 13	案例四 32	案例五 72	案例六 46
行为对象	辩护人	13	/	/	7	5	/
	公诉人	2	/	/	2	1	2
	被告人	37	2	9	23	66	44
	辩护人+被告人	/	7	4	/	/	/
心理状态	讯问	24 被告人[1]	0	8 被告人	13 被告人	50 被告人	28 被告人
	询问	28 辩护人13 公诉人2 被告人13[2]	9 被告人2 辩护人+被告人7	5 被告人+辩护人4 被告人1	19 辩护人7 公诉人2 被告人10	22 被告人16 公诉人1 辩护人5	18 被告人16 公诉人2
以言行事目的	具体信息	14	3	7	9	43	21
	二种情况之一	15	6	5	10	18	15
	具体信息&二种情况之一	23	0	1	13	11	10
以言行事力量指示项	语气虚词（讯问）	4 (28)[3]	0	0 (8)	1 (13)	2 (50)	7 (28)
	语气虚词（询问）	1 (24)[4]	2 (9)	0 (5)	1 (19)	0 (22)	2 (18)
	缺失	讯问：4 询问：0	0	0	讯问：7 询问：0	讯问：34 询问：0	0

[1] 这里指行为对象为被告人。
[2] 分项表述为针对不同行为对象的询问个数。
[3] 括号中为讯问的总数。
[4] 括号中为询问的总数。

第三章　法官庭审言语行为研究

（一）再分类

问指式言语行为可以进一步分为断言式问指和表情加断言式问指。[1]例如：

(1) 因本案何时被采取何种强制措施？
(2) 16.5 万是怎么分批次给的？
(3) 被告人＊＊＊，对起诉书指控的犯罪事实和罪名有没有意见？
(4) 被告人对公诉人所出示的证据有无异议？[2]

在（1）和（2）中，命题内容是有关具体的信息，以言行事的目的是想从受话者那里得到具体的信息，这两个表达都是断言式问指。(3) 和（4）的命题内容包括两个层面：态度和具体信息。例（3）态度层面的内容为"有没有意见"，具体信息层面的内容为"意见的内容"；例（4）态度层面的内容为"有无异议"，具体信息层面的内容为"异议的内容"。当然，在(3) 和（4）中，具体信息层面存在的前提为"有意见"或"有异议"；如果"没有意见"或"没有异议"，则不存在"意见的内容"或"异议的内容"。但是当法官发出这样的问话的时候，其是允许受话者表达"意见"或"异议"的，或曰，其给了受话者表达"意见"或"异议"的机会。因此，从问话角度和问话者立场出发的分类，将之命名为"表情加断言式问指"。

表 3-2 的统计数据表明，在六个案例中，断言式问指的数量明显大于表情加断言式问指。两种类别的问指式言语行为的命

---

〔1〕 分类标准详见第二章论述。
〔2〕 (1)~(4) 出自案例一。参见"2018 年 10 月 15 日 09：30 直播杨浦法院审理的一起涉嫌非法制造、销售非法制造的注册商标标识罪案件"，载 https://www.chinacourt.org/chat/chat/2018/10/id/50509.shtml，2020 年 4 月 14 日访问。

题内容都涉及断言式的表达，而断言式表达的命题内容是有关已经存在的客观事实，纯断言式问指的数量明显大于表情加断言式问指的数量。这两个特点综合起来，表明了对已经存在的客观事实的关注是审判人员关注的核心，是他们期望从受话者那里获得的首要内容。而这个客观事实在法庭审判这个语境中，一般就是案件事实或与案件有关的事实。[1]因此这一点表明在法庭中，处于法官关注内容首要位置的为案件事实以及与案件有关的事实。

另外，在六个案例中，虽然表情加断言式问指的数量要明显小于断言式问指，但是在所选案例中，除案例三只有一句此类表达外，在其他的案例中，表情加断言式表达都占据了一定的比例。表情加断言式问指在法官语言中的"稳定地位"体现出法官对受话者态度和意见的关注和重视，而且审判人员不仅关注是否有不同态度或意见，而且给予了受话者表达不同态度或意见的机会，无论这个受话者是辩护人、被告人抑或公诉人。对于断言式问指，受话者没有选择权，只能按照问话的命题内容进行回答；与之相反，对于表情加断言式问指的回答，受话者被给予了自由表达的机会。

综合上述特点，问指式言语行为的再分类及其数据统计表明当下庭审具有以下特色：首先，客观事实为法官关注的首要内容；其次，对受话者态度的关注和给予受话者自由表达的机会，表明法官对受话者（被告人、辩护人或公诉人）态度或意见的尊重，对其在法庭中地位的重视。第一点表明法庭审判以事实为重的特点，第二点表明法庭审判的民主性和多维性，民主性在于法官给予所有庭审参加人自由表达自己意见的机会，多维性在于法庭审判不仅限于法官一个人的角度，而是以多方

---

〔1〕 在本书中，"案件事实"指案件本身的情节和事实；"与案件有关的事实"指法律法规、庭审制度和庭审活动等与案件相关，但又不是案件本身的事实。

第三章 法官庭审言语行为研究

的意见和建议为基础。

（二）行为对象

问指式言语行为的行为对象即为需要回答问题的人。确定行为对象的方法有二。一是根据言语表达中的指称，例如，"被告人，你对起诉书指控的事实及适用法律有什么意见？"[1]这句话的行为对象显然是被告人；"被告人和辩护人是否有证据向法庭提供？"[2]这句话的行为对象显然为被告人。二是根据语境，例如，"羁押时间是什么时候？"[3]这句话的行为对象只能是被告人；"是否申请新的证人到庭，调取新的物证？"[4]这句话根据语境，它的行为对象可以同时是被告人和辩护人。

表3-2数据表明在问指式言语行为的行为对象中，除案例二外，其他案例中被告占据绝对的首位，辩护人居第二，针对公诉人的问话数量极少。由此可见，审判人员问询的主要对象为被告，因此，法官获得与案件有关的客观事实的渠道首先为被告，其次为辩护人，并且获得方式为客观、冷静、中立。针对公诉人的问话极少，这一点表明法官既不从公诉人处获得案件信息，也不主动征求公诉人的意见或态度。在庭审中，针对案件事实的审和判方面，法官作为司法人员独立进行。

---

[1] 出自案例三，"10月24日9时，昌平法院审理'闺蜜"化身"男友骗钱女子涉嫌诈骗被公诉'案"，载https://www.chinacourt.org/chat/chat/2018/10/id/50561.shtml，2020年4月14日访问。

[2] 出自案例三，"10月24日9时，昌平法院审理'闺蜜"化身"男友骗钱女子涉嫌诈骗被公诉'案"，载https://www.chinacourt.org/chat/chat/2018/10/id/50561.shtml，2020年4月14日访问。

[3] 出自案例三，"10月24日9时，昌平法院审理'闺蜜"化身"男友骗钱女子涉嫌诈骗被公诉'案"，载https://www.chinacourt.org/chat/chat/2018/10/id/50561.shtml，2020年4月14日访问。

[4] 出自案例三，"10月24日9时，昌平法院审理'闺蜜"化身"男友骗钱女子涉嫌诈骗被公诉'案"，载https://www.chinacourt.org/chat/chat/2018/10/id/50561.shtml，2020年4月14日访问。

(三) 心理状态

塞尔将心理状态作为言语行为分类的标准,但是心理状态与言语行为之间不是一一对应的关系。言语行为有程度的差别,不同的心理状态对应不同程度的言语行为,言语行为程度与心理程度之间是一一对应的关系。[1]指令式言语行为是说话者想让受话者做某事所做的不同程度的尝试,"不同程度的尝试"所对应的便是不同程度的心理状态。在庭审中,问指式言语行为在作为指令的程度上,基本没有区别。一方面,问题的发出即意味着受话者回答的义务,同时,受话者又有保持沉默的权利。因而,对问指式言语行为的心理状态的研究不以其作为指令式言语行为的指令程度为标准,而是选择问指式言语行为的命题内容为心理状态的分类标准。

本书根据问指式言语行为的命题内容是否对行为对象有利,将其分为询问和讯问两种类型。[2]具体到庭审语境中,讯问的命题内容对受话者不利,主要是对案件事实的关注;而询问的命题内容对受话者有利,是对受话者利益的关注和尊重。[3]例如,"你是什么时候开始收药的?"[4]"这次何时因何原因被刑事羁押?"[5]"给石多少钱算的?"[6]"每套获利多少

---

〔1〕 见第二章对心理状态这一分类标准的阐释。

〔2〕 具体见第二章对讯问和询问的区分。

〔3〕 具体见第二章对讯问和询问的区分。

〔4〕 出自案例五,"5月21日9:30,门头沟法院审理'药贩非法收售药品 赚取差价敛财被公诉'案",载 https://www.chinacourt.org/chat/chat/2018/05/id/49674.shtml,2020年4月14日访问。

〔5〕 出自案例五,"5月21日9:30,门头沟法院审理'药贩非法收售药品 赚取差价敛财被公诉'案",载 https://www.chinacourt.org/chat/chat/2018/05/id/49674.shtml,2020年4月14日访问。

〔6〕 出自案例一,"2018年10月15日09:30直播杨浦法院审理的一起涉嫌非法制造、销售非法制造的注册商标标识罪案件",载 https://www.chinacourt.org/chat/chat/2018/10/id/50509.shtml,2020年4月14日访问。

钱?"[1]这些表达都属于典型的讯问,其目的是获得有关案件事实的真相。而"被告人＊＊＊、＊＊＊,法庭宣布的上述各项权利听清楚了没有?"[2]"被告人和辩护人有何意见?"[3]"是否申请新的证人到庭,调取新的物证?"[4]"被告人,你对起诉书指控的事实及适用法律有什么意见?"[5]这些表达都属于典型的询问,其目的是征求受话者的意见和态度,给受话者表达自我观点的自由和机会,体现对受话者利益的关切,对受话者人格的尊重。

本书从各案例中询问与讯问的数量比、讯问与询问的行为对象的分布两个方面分析两种不同心理状态的问指所反映出的庭审特色。

根据表3-2的数据统计,可以发现在所选的六个案例中,询问和讯问数量占据第一位的分别有三个:案例一、案例二和案例四中,询问的数量最多;案例三、案例五和案例六中,讯问的数量最多。不仅如此,除案例二中讯问的数量为零,案例五中讯问和询问的数量悬殊(讯问比询问数量多28个),在其

---

[1] 出自案例一,"2018年10月15日09:30直播杨浦法院审理的一起涉嫌非法制造、销售非法制造的注册商标标识罪案件",载 https://www.chinacourt.org/chat/chat/2018/10/id/50509.shtml,2020年4月14日访问。

[2] 出自案例一,"2018年10月15日09:30直播杨浦法院审理的一起涉嫌非法制造、销售非法制造的注册商标标识罪案件",载 https://www.chinacourt.org/chat/chat/2018/10/id/50509.shtml,2020年4月14日访问。

[3] 出自案例二,"5月22日14时,海淀法院审理'未获行政许可私卖香烟女子非法经营被公诉'案",载 https://www.chinacourt.org/chat/chat/2018/05/id/49662.shtml,2020年4月14日访问。

[4] 出自案例三,"10月24日9时,昌平法院审理'闺蜜"化身"男友骗钱女子涉嫌诈骗被公诉'案",载 https://www.chinacourt.org/chat/chat/2018/10/id/50561.shtml,2020年4月14日访问。

[5] 出自案例四,"2018年9月4日14:10直播黄浦法院审理的一起涉嫌行贿罪案",载 https://www.chinacourt.org/chat/chat/2018/08/id/50345.shtml,2020年4月14日访问。

他的案例中,询问和讯问的数量基本相当。这一事实表明,在我国现阶段的庭审中,法官对包括案件事实和与案件有关的事实的客观事实的关注和重视与对被告人利益的关切、对被告人格尊严的重视和对辩护人态度和观点的尊重基本同等。

讯问类的行为对象均为被告人,这表明法官获取有关案件信息的途径主要是通过被告人;在所选案例中,询问类的行为对象囊括辩护人、被告人和公诉人,但比例不一:被告人所占比例最大,辩护人次之,公诉人最少。询问的命题内容对受话者有利,是对受话者利益的关注和尊重,因此,这一比例特点充分反映出法官对被告人利益的关切,对被告人态度和意见的尊重以及对被告人人格的尊重。辩护人位居第二的事实表明了法官对辩护人意见和态度的尊重,但程度远不如对被告人的重视,这一对比凸显了法官对被告人法庭地位的重视和尊重。对公诉人的问话方式均为询问体现了对公诉人的尊重,而极少的数量和比例表明在获取信息和征求意见和态度方面,法官具有独立性,或曰法官与公诉人之间互相独立。

(四) 以言行事目的

指令式以言行事行为的以言行事目的[1]是说话者想让受话者做某事进行的(不同程度的)尝试。问指式以言行事行为的目的就是说话者想让受话者回答问题所作的(不同程度的)尝试。鉴于命题内容对问指式言语行为的重要性,本书对以言行事目的的分类仍旧以命题内容为分类标准。根据这一标准,将问指式言语行为分为三类:第一类为具体信息类,其问话目的是获取具体信息;第二类为二种情况之一类,其问话内容为受话者提供两种情况,问话目的是让受话者从两种情况中选择一种;第三类为二种情况加具体信息,问话内容和目的兼具前两

---

[1] 以言行事目的,又称言外之的或言外行为目的。

种的特点，既需要受话者选择两种情况之一，又需要受话者提供具体信息，这种以言行事目的往往涉及受话者的态度或观点。例如：

(1) 给石多少钱算的？每套获利多少钱？
(2) 获利多少？
(3) 被告人的辩护人，听清楚了没有？
(4) 被告人＊＊＊，到案后有无检举揭发他人犯罪？
(5) 个人承包？
(6) 28.5块一套对吧？
(7) 被告人＊＊＊，对起诉书指控的犯罪事实和罪名有没有意见？
(8) 被告人＊＊＊的辩护人有无问题向被告人＊＊＊发问？
(9) 被告人对公诉人所出示的证据有无异议？[1]

(1) 和 (2) 属于第一类，即问话者希望受话者提供具体的信息；(3)(4)(5)(6) 属于第二类，即问话者希望受话者从问话中的两种情况选择其中一种；(7)(8)(9) 属于第三类，问话者不仅希望受话者从问话提供的两种情况中选择其中之一，而且希望受话者进一步提供详细信息。当然，对于 (7)(8)(9) 三个问题，如果问话者的回答是否定的，即"没有意见""没有问题""没有异议"，但是因为存在肯定回答的可能性，如果是肯定回答，就要继续提供具体信息，但从问话者的角度出发，表达态度或意见的自由和机会给予了受话者，因此，以问话者的初衷为标准，将 (7)(8)(9) 这一类型的问题归为第

---

[1] (1)~(9) 出自案例一。"2018年10月15日09：30 直播杨浦法院审理的一起涉嫌非法制造、销售非法制造的注册商标标识罪案件"，载 https://www.chinacourt.org/chat/chat/2018/10/id/50509.shtml，2020年4月14日访问。

三类。

　　根据表3-2的数据对比，可以发现在六个案例中，以言行事目的为具体信息的问指式言语行为在三个案例（案例三、案例五、案例六）中数量最多排名第一；目的为二种情况之一的行为在一个案例中（案例二）数量排名第一；目的为具体信息加二种情况之一的问指式言语行为在两个案例（案例一、案例四）中数量排名第一；以言行事目的为二种情况之一的言语行为在五个案例（案例一、案例三、案例四、案例五、案例六）中排名第二。

　　第一类问指式言语行为的目的是获取具体信息，但又不给出某种引导，因而发问的方式最为客观；相比较而言，第二类对受话者具有一定的引导性，例如，"个人承包？"和"28.5块一套对吧？"这两个问句都在问题中包含了具体信息，需要受话者首先选择对问题中的具体信息进行肯定或否认；第三类的主要作用和目的是让受话者表达自己的主观观点。根据三种类型的问指在几个案例中所占比例，可以得出如下结论：

　　首先，法官通过问指式言语行为的主要目的是获取与案件有关的具体信息，而不是获悉受话者的态度或意见。这些具体信息可能是案件事实，也可能是与案件有关的事实。

　　其次，相当数量的第二类问指言语行为的存在表明在少数情况下，法官的问话具有引导性的特征。因为第二类目的的问话需要受话者先肯定或否定问话中的信息，才可以进一步交流。无论肯定或否定，已经存在的信息对受话者具有一定的引导性。笔者认为，在庭审中，为保证提问方式的绝对客观，避免对受话者形成某种引导或误导，这种方式应该尽量避免。

　　最后，第三类问指的主要目的是获悉受话者对某个事实的主观态度或观点。庭审中此类言语行为的相当数量的存在体现了法官对被告人的利益的关注，对其人格和观点的尊重，体现了对辩护人观点的尊重和重视,体现了具有民主、平等特色的法庭审判氛围。

但是第三类问指在总体上的数量不可忽视的同时,在不同案例中的比例和数量比较悬殊。表3-2的数据表明,第三类问指在案例一和案例四中数量比占据第一位;在案例二中,数量为零;案例三中只有一个;案例五和案例六在数量上远远落后于前两类问指。这一数据对比表明,对被告人和辩护人的尊重和重视,以及法庭审判中的民主和平等的氛围,在不同审判中程度差别很大,并不是目前法庭审判的主流特征,因此,对应特征在我国仍处于起步阶段。

总之,法庭审判中,法官实施问指式言语行为的主要目的为获取与案件事实有关的信息;获取方式以客观为主,同时,兼具某些有引导性的方式;法官已经开始主动关注和尊重被告人的利益和态度及观点,但整体上仍处于起步阶段,并非我国法庭审判的主流特征。

(五) 以言行事力量指示项

1. 以言行事力量指示项的表达形式

塞尔认为以言行事行为包括三部分:指称 R,以言行事力量指示项,谓项 P,这三项内容组合起来,构成一个完整的言语行为。[1] 以言行事力量指示项,可以是明确的表达,如,在书面语中,可以是词序、句型、标点、施为动词、语气词以及其他具有以言行事功能的表达;在口头语中,可以是语气、语调等。[2] 在某些情况下,以言行事力量指示项未必以语言或表达

---

[1] See John R. Searle, *Speech Acts: An Essay in the Philosophy of Language*, Beijing: Foreign Language Teaching and Research Press, 2001, p.23.

[2] See John R. Searle, *Expression and Meaning: Studies in the Theory of Speech Acts*, Beijing: Foreign Language Teaching and Research Press, 2001, p.21.

的方式表现出来，某些语境本身就具有决定以言行事力量的作用。在这种情况下，以言行事力量指示项在语言表达上呈现"缺失"的状态，但是可以根据语境的特点，推断以言行事力量，或者也可以说，这种语境具有以言行事力量的作用。同时，需要指出的是，即便在以言行事力量有具体的语言表达的情况下，语境对以言行事力量也具有影响，甚至是决定性的作用。语境对以言行事力量指示项的影响体现在两个方面：一是语境的特点影响以言行事力量指示项的选择，不同形式的以言行事力量指示项适用于不同的语境；二是语境影响甚至决定以言行事力量指示项的表达效果，同一以言行事力量指示项在不同的语境中，表达的以言行事力量强度不同。

2. 本书中以言行事力量指示项的形式

所选案例中的问指式言语行为的以言行事力量指示项分为四类：①特殊疑问词；②是否，有无一类表示二选一的表达；③以言行事力量指示项缺失；④语气助词。第一类和第二类指示项的作用是确定指令的类型为问指式，第三类是指在以言行事力量指示项缺失的情况下，语境具有确定言语行为类型为问指的作用，例如，名字，年龄，职业之类的表达，虽然没有特殊疑问词或表示选择问句的表达，但是在庭审语境中，它们只可能是问指式言语行为，而不存在第二种可能。在庭审语境中，前两类指示项具有确定言语行为的类型的作用，但不能确定或影响以言行事力量的程度，因此，前两类指示项不影响言语行为的表达效果和实施效果，因此，本书不对前两类指示项作分析。第三类和第四类情况对以言行事力量强度有影响，因而，对以言行事行为的表达效果和实施效果有影响。本书集中分析这两类以言行事力量指示项对庭审效果的影响。

第三章　法官庭审言语行为研究

3. 以言行事力量指示项的缺失情况及体现的庭审特征

根据表 3-2 数据，可以发现在所选案例中，存在以言行事力量指示项缺失和不缺失的案例比例为 1∶1。而在具有以言行事力量指示项缺失情况的案例中，缺失均发生在讯问类的言语行为中。笔者认为原因有二：一是缘于庭审语境的鲜明特点，以言行事力量指示项的缺失不影响受话者对以言行事行为的理解；二是讯问类的言语行为更加契合庭审语境，更能体现和代表庭审语境的特色，因此，以言行事力量指示项缺失的情况均发生在讯问类言语行为中；而询问类言语行为本身不是典型的庭审用语，不能代表庭审语境的机构特色，因此，询问类言语行为的以言行事力量的缺失有可能引起误解，所以，询问类言语行为没有以言行事力量缺失的情况。

以言行事力量指示项的缺失减少了表达的用词量，增强了表达的力度。以言行事力量指示项缺失的情况发生在讯问类问指中，更加增强了讯问的力度，彰显了法庭审判的威严和法官审判的力度。例如，"被告人白某，你的姓名（别名）、性别、出生年月日、民族、出生地、文化程度、职业、住址、户籍所在地派出所、身份证号码、政治面貌？"[1]这个表达要远比"被告人白某，你的姓名（别名）、性别、出生年月日、民族、出生地、文化程度、职业、住址、户籍所在地派出所、身份证号码、政治面貌（都）是什么？"更加简洁有力度。通过对所选案例的统计分析，可以发现以言行事力量指示项缺失的情况都发生在讯问被告人的个人信息的审判初始阶段。因此，在审判伊始，法官就以较强的以言行事力量营造出威严、正式、有力

---

[1] 出自案例五，"5 月 21 日 9：30，门头沟法院审理'药贩非法收售药品　赚取差价敛财被公诉'案"，载 https://www.chinacourt.org/chat/chat/2018/05/id/49674.shtml，2020 年 4 月 14 日访问。

度的审判氛围。

4. 语气助词类指示项的使用情况及体现的庭审特征

第四类指示项，语气助词吗、呢、吧、的等，具有双重作用，一方面具有确定言语类型的作用，另一方面具有缓和语气、减轻以言行事力量强度的作用。例如，①"你做什么呢？"和"你做什么？"；②"你去吗？"和"你去？"；③"你有问题吗？"和"你有问题？"。在这三组表达中，语气助词都具有缓和语气、减轻以言行事力量的强度的作用，三组表达中的第一个表达都要比第二个表达的语气柔和；而第②组和第③组中的"吗"不仅具有缓和语气的作用，而且具有确定言语类型的作用。有"吗"的情况下，不需要语境或语气，就可以确定该表达的言语行为类型为问指；而在没有"吗"的情况下，则需要通过语境或语气才能确定该表达的言语行为类型。鉴于语气助词对问指类言语行为的修辞效果的影响作用，本书着重分析庭审语境中，问指式言语行为中语气助词的存在与否对以言行事力量及庭审效果的影响，而不分析不同的语气助词的表达效果。

在法庭这个语境中，法官所实施的问指式言语行为都是较强程度的指令。语气助词的作用就是缓和语气，减轻这些较强的以言行事力量的程度。通过表3-2的数据对比，可以发现在所选案例中，语气助词的使用情况呈现以下特点：首先，总体使用频率很低；其次，讯问中使用语气助词的频率要稍高于询问。第一个特点证明，在庭审这种比较严肃的语境中，绝大部分的语气是直接的，以言行事力量强度大，以获取信息为主要目的的问指式言语行为营造的是严肃、正式、有威严感的庭审氛围；第二个特点证明，讯问本身的语气比询问要强硬，因此，在某些情况下，有必要缓和一下讯问的语气，减轻一下此类言语行为的以言行事力量；而询问类的以言行事行为在庭审这个语境下，已经属于语气比较缓和、力量程度较弱的以言行事行为，因此基本没有必要再减轻力量和缓和语气。例如，"后来呢？""跟马某有经济往来吗？"以及"你有调动工作的能力吗？"[1]这些表达的语气要比"后来如何？""跟马某是否有经济往来？"以及"你是否有调动工作的能力？"这些表达缓和很多。

相当比例的询问类言语行为的存在，以及在讯问中使用较多语气助词，在询问中使用一定数量的语气助词，这些特点表明，总体上，审判人员在庭审中所营造的氛围是严肃而正式的，但是在庭审的过程中，又不乏缓和气氛、减轻紧张情绪的表达。这些表达尽管十分微妙，但是确实可以起到减轻受话者的情绪和精神压力的作用。这些看似"微不足道"的表达给"冷冰冰"的法庭增加了人文关怀的因素。

（六）小结

问指式言语行为是庭审中最重要的言语行为之一，对于营造庭审氛围、彰显庭审特色具有决定性的作用。法官问指式言语行为的特点表明，现阶段我国刑事庭审具有如下特征：

第一，庭审的整体氛围以严肃、正式、威严和客观冷静为主要特色。同时，在细微之处，又以极微妙的方式，适当消解严肃和"冷酷"的成分，缓解庭审的压力感，为其增添一丝人文关怀。

第二，法官最为关注的是客观事实，获取与案件事实有关的具体信息的渠道主要是通过被告人，获取的主要方式为客观、

---

[1] 出自案例六，"5月28日9:30，怀柔法院审理'婚礼平台结友诈骗 涉嫌诈骗罪被公诉'案"，载https://www.chinacourt.org/chat/chat/2018/05/id/49696.shtml，2020年4月14日访问。

基本不存在引导性的问话。这一点表明法官、被告人和与案件有关的信息，三者以客观的方式融合于问指式言语行为中。

第三，对公诉人的问话方式体现了法官对公诉人的尊重，而极少的数量和比例表明在获取信息和征求意见或态度方面，法官具有独立性，或曰法官与公诉人之间互相独立和互不干涉。

第四，引导性问话方式的存在，虽然数量较少，但在一定程度上，使得法庭问询的客观性、中立性和科学性受到一定程度的破坏，应该尽量避免此种问话方式，或将其严格限定在一定的比例或数量内。

第五，法官给予被告人、辩护人表达自己态度和意见的机会，体现出法庭的民主和科学的氛围和人文关怀，同时也体现出对被告人人格的尊重和利益的关切。但是这一特点尚不是我国庭审的主流特点。这一方面的努力在我国处于起步阶段。

三、指令式言语行为分析

指令式言语行为是说话者在不同程度上希望受话者做某事的言语行为。指令的程度和方式可以体现说话者的地位以及说话者和受话者之间的关系，指令的频率可以体现说话者的活跃程度，指令的命题内容可以体现指令的具体作用，从而表明说话者的具体作用。总之，指令式言语行为的数据统计和分析可以展现法官在庭审中的相应地位、作用和庭审特征。

表 3-3 指令式言语行为分析标准及数据统计

分析标准	标准分类	案例一 45	案例二 13	案例三 16	案例四 24	案例五 33	案例六 12
程度	强	17	13	16	12	31	12
	弱	28	0	0	12	2	0

续表

分析标准		标准分类	案例一 45	案例二 13	案例三 16	案例四 24	案例五 33	案例六 12
行为对象	强	被告人	1	2	4	3	9	/
		辩护人	/	1	2	/	1	/
		辩护人&被告人	2	/	1	/	/	/
		公诉人	6	3	5	3	8	8
		法警	6	2	1	1	9	2
		法庭	2	4	3	4	4	2
		合议庭	/	1	/	2	/	/
	弱	被告人	9	/	/	8	2	/
		辩护人	2	/	/	1	/	/
		辩护人&被告	6	/	/	/	/	/
		公诉人	11	/	/	2	/	/
		法警	/	/	/	/	/	/
		法庭	/	/	/	/	/	/
		合议庭	/	/	/	/	/	/
心理状态	强	命令	11	10	16	11	26	12
		礼貌命令	6	3	/	1	5	/
	弱	允许	28	/	/	12	2	/
以言行事目的	强	庭审活动指引	15	13	16	10	31	12
		程序指引（审中&审后）	2	/	/	2	/	/
		行为指引	/	/	/	/	/	/

续表

分析标准	标准分类		案例一 45	案例二 13	案例三 16	案例四 24	案例五 33	案例六 12
弱	庭审活动指引		11	/	/	3	2	/
	程序指引（审中&审后）		14	/	/	9	/	/
	行为指引		3	/	/	/	/	/
以言行事力量指示项	强	祈使句	13	11	9	6	28	12
		陈述句	4	2	7	6	3	/
	弱	祈使句	/	/	/	9	2	/
		陈述句	28	/	/	3	/	/
	礼貌用语		6	/	/	1	5	/

（一）指令的程度

塞尔认为指令式言语行为是有程度差别的，指令式言语行为是说话者想让受话者做某事的一种尝试，这个尝试的程度可以是有节制的尝试，如，我邀请你或建议你做某事；也可能是非常强烈的尝试，如我坚持要你做某事。[1]塞尔认为属于这一类的动词有：请求（ask）、命令（order）、指挥（command）、要求（request）、乞求（beg）、恳求（plead）、渴望（pray）、哀求（entreat）、邀请（invite）、允许（permit）和建议（advise）。[2]这些动词实际上体现的就是指令的不同程度。塞尔所谓的指令与一般意义上的指令不同，例如，在塞尔的言语行为分类中，"乞求"和"恳求"都属于指令式言语行为，这与一般意义上

---

[1] See John R. Searle, *Expression and Meaning：Studies in the Theory of Speech Acts*, Beijing: Foreign Language Teaching and Research Press, 2001, p. 13.

[2] See John R. Searle, *Expression and Meaning：Studies in the Theory of Speech Acts*, Beijing: Foreign Language Teaching and Research Press, 2001, p. 14.

指令的含义大相径庭。因此，指令程度不同，尤其是程度差别大的指令，所产生的表达效果和修辞效果也有很大的差别。

本书根据法庭语境特色、法官的庭审角色以及言语行为中的以言行事力量指示项，将指令式言语行为进一步区分为程度强的指令和程度弱的指令，分别简称为强指令和弱指令。强指令指的是必须执行的指令，弱指令指的是受话者有选择权，可以根据实际情况选择执行或不执行的指令。例如：

（1）请公诉人出示转账记录截图。
（2）被告人起立！
（3）将被告人带下去。
（4）公诉人，对起诉书指控犯罪事实可以向被告人＊＊＊讯问。
（5）被告人可以自行辩护，也可以委托辩护人辩护。
（6）被告人可以在法庭辩论终结后作最后陈述。[1]

在这几个指令中，（1）（2）（3）为强指令，均是受话者必须执行，没有选择余地的指令。（4）（5）（6）为弱指令，受话者可以根据情况自由选择执行或不执行。

从表3-3中的数据可以看出，在所选六个案例中，弱指令为零的占1/2；而在三个有弱指令的案例中，案例五的强指令远远多于弱指令；在案例一中，弱指令明显多于强指令；在案例四中，强指令和弱指令的数量相当。

这一数据对比表明当下庭审具有以下特点：

第一，强指令是庭审不可或缺的指令类型，且在总体数量上占据绝对优势。这一点表明法官所发出的指令绝大部分需要

---

[1]（1）~（6）出自案例一，"2018年10月15日09：30直播杨浦法院审理的一起涉嫌非法制造、销售非法制造的注册商标标识罪案件"，载https://www.china-court.org/chat/chat/2018/10/id/50509.shtml，2020年4月14日访问。

受话者无条件执行。这一特点体现了法官权威性的地位、威严的角色特征和对庭审活动的指引或指挥作用。

第二,弱指令不是法庭指令的必要组成部分,这表明,弱指令所代表的给予受话者选择执行与否的权利不是法庭审判的典型特征。

第三,弱指令占据一定量的比例,因此,弱指令在法庭中所起的作用不容忽视。弱指令将选择权留给受话者,体现了严苛的法庭审判中的自由和灵活的一面。将选择权给受话者,又体现了对受话者权利的尊重和重视。

总之,以强为主,以弱为辅;强中体现的是法官的权威性的庭审地位、威严的角色特征和在庭审中的指挥作用;弱中体现的是法官对法庭氛围的缓和与调解和对受话者的尊重,是当下法庭审判中的重要特色,但不是必要的组成部分和典型特色。

(二)行为对象

指令强弱的差异带来了表达效果和修辞效果的极大差异,因此在统计和分析指令式言语行为的行为对象时,按程度的强弱进行分别统计和分析。

本书根据两个标准确定指令类言语行为的行为对象:指称和语境。例如:

(1)下面由被告人作最后陈述。
(2)法警将被告人带下法庭。[1]
(3)现在回答法庭提问。

---

[1] (1)(2)出自案例二,"5月22日14时,海淀法院审理'未获行政许可私卖香烟 女子非法经营被公诉'案",载 https://www.chinacourt.org/chat/chat/2018/05/id/49662.shtml,2020年4月14日访问。

(4) 把被告人带出法庭。[1]

在这些指令中，(1) 和 (2) 有明显的指称，行为对象就是所指称的人；在 (3) 和 (4) 中，虽然没有指称行为，但是根据庭审语境，(3) 的行为对象只可能是被告人，(4) 的行为对象只可能是法庭警察，两个表达都没有第二种可能性。

表 3-3 的统计数据表明，在强指令中，行为对象为公诉人、法警、法庭和合议庭的言语行为数量总和要明显大于行为对象为被告人、辩护人、被告人加辩护人的数量总和，且六个案例无一例外。根据表 3-3 的统计数据，在被告人、辩护人以及辩护人加被告人为行为对象的强指令数量明显小于公诉人、法警、法庭和合议庭为行为对象的强指令数量的前提下，被告人为行为对象的强指令数量占强指令总数很小的比例。强指令的对象为公诉人、法警、法庭和合议庭，并且占据了很大的比例，这一点表明法官指挥和指引其他司法人员在法庭中的活动，法官在庭审中的主导地位和指挥作用主要体现在对庭审程序和庭审活动的指挥和指引。强指令的行为对象不再以被告人，以及被告方为主，这体现了法官与被告人之间的关系不再是以强对立为特色，法官也不再是以居高临下的姿态去审判被告人，也不再是以权威的地位和角色"压制"被告人，从而使被告人有压迫感和紧张感，法官不再是绝对地主导或凌驾于被告人之上的审判者，被告人也不是处于绝对"被动挨打"的地位。

在被告一方中，被告人作为行为对象的强指令占绝对多数，辩护人作为行为对象的强指令的数量明显少于被告人；在司法

---

[1] (3)(4) 出自案例三，"10月24日9时，昌平法院审理'闺蜜"化身"男友骗钱　女子涉嫌诈骗被公诉'案"，载 https://www.chinacourt.org/chat/chat/2018/10/id/50561.shtml，2020年4月14日访问。

人员一方中，公诉人、法警和法庭作为行为对象的强指令数量相当。这两个特点表明，在被告一方中，法官命令和指挥的对象主要是被告人，法官的权威地位和威严的角色特征在其与被告人的对立关系中有一定程度的体现；而在司法人员中，审判人员对所有人的指引是相当的。这一特色表明，法官在法庭中起主导和指挥的作用，这个主导或指挥作用对公诉人、法警和整个法庭是相当的。

在弱指令的数据对比中，可以发现，比例情况和强指令正好相反：被告人、辩护人和辩护人加被告人为行为对象的弱指令数量要明显大于公诉人、法警、法庭和合议庭为行为对象的弱指令。大部分的弱指令指向被告人，更进一步地体现了对被告方的尊重，和给予被告人的自由选择的权利，体现了审判人员和被告方的身份地位不再是强对立，而是在法官指引下的，以给予并尊重被告人选择的权利为特色的庭审语境。而在司法人员一方，弱指令的行为对象仅包括公诉人。在以司法人员和整个法庭为行为对象的强指令数量基本相当的前提下，公诉人额外收到弱指令，这体现出在庭审中，跟其他司法人员相比，公诉人在法庭中的作用具有更多的维度，公诉人有自主作出某些选择的权利（具体有哪些选择的权利，见第四章对公诉人言语行为的分析），而不是像法警或者整个法庭，在法庭中完全听从法官的指挥，没有自我选择的权利或余地。相比之下，公诉人的地位和作用都是多维度的，而法警的作用是单一的。另外，弱指令占据一定数量，也体现出法官和公诉人员的地位，是以法官的指挥和指引作用为前提，同时又趋向平等的特色。

总之，行为对象的数量对比表明在庭审中法官的身份和地位特征：法官在庭审中的权威性地位和威严的角色特征体现在两个方面，一是对庭审程序和庭审活动的控制，这一方面是体现法官权威性地位的主要方面;二是对被告人发出的强指令,针对被告人的强指令只占极少的比例,表明权威性在这一方面仅为有限度的体现,被告人与法官之间的关系有对立的特色,但不是两者之间关系的主要特色;法官与被告人之间的关系不再以强对立为特色,法官给予被告人自由选择的权利和机会,体现了对被告人的尊重;法官与公诉人之间的关系以指引与被指引为主,同时,公诉人在一定程度上具有自主选择的权利。[1] 在指令式言语行为中,法官所营造的法庭氛围严肃有序、民主平等且具有人文关怀和温度。

(三) 心理状态

与行为对象的分析一样,对心理状态的分析和数据统计也是强指令和弱指令分别进行。

根据塞尔的观点,言语行为有程度的差别,心理状态对应也有程度之别。不同程度的言语行为对应不同程度的心理状态。

本书根据庭审的语境特色,以及表达中的以言行事力量指示项,将指令类言语行为按强和弱进行心理状态分级,程度强的指令式言语行为的心理状态分为"命令"和"礼貌命令"两个等级;程度弱的指令式言语行为的心理状态只有"允许"一个等级。"命令"和"礼貌命令"的主要区别在于是否使用了礼貌用语或用词。例如,"请法警将被告人杨某带到庭外候审"就是典型的礼貌式命令;而"提被告人李某到庭"就是典型的"纯"命令。"允许"的心理状态不是要求受话者去做模式,而是告知受话者,他可以去做某事,或有权利做某事。

根据表3-3的数据对比,可以发现,在强指令中,命令的心理状态占据了绝大多数(案例一、二、四、五),或者涵盖所有强指令行为(案例三、六)。每一种心理状态对应的行为对象

---

[1] 选择的具体内容见第四章对公诉人庭审言语行为的分析。

如下:

案例一:命令 11(法庭 2,公诉人 3,法警 3,被告人 1,被告人加辩护人 2);礼貌命令 6(法警 3,公诉人 3)。

案例二:命令 10(法庭 3,法警 1,公诉人 2,合议庭 1,被告人 2,辩护人 1);礼貌命令 3(法庭 1,警察 1,公诉人 1)。

案例四:命令 11(公诉人 8,法警 1,被告人 2);礼貌命令 1(被告人)。

案例五:命令 26(法警 9,公诉人 8,被告人 9);礼貌命令 5(法庭 1,法警 4)。

案例三和案例六没有弱指令,强指令中只有命令一种心理状态,行为对象分布见表 3-3 中行为对象一栏。

根据表 3-3 的数据,在强指令的数量远远大于弱指令的前提下,心理状态为命令的强指令又占据了绝大多数。这表明法官在法庭上的主要作用为"发号施令",体现了法官在法庭中威严的形象和权威的地位。进一步分析命令和礼貌命令的行为对象的数据,可以发现,命令中的绝大多数和所有的礼貌命令的行为对象都是司法人员。这两个数据表明法官对庭审中其他司法人员的指挥和指引作用,对法庭活动的主导作用,另一方面表明法官对同行的尊重。极少数量的命令的行为对象为被告人,根据表 3-3,程度强的指令以被告人为行为对象的情况占绝对少数,这两项数据叠加,进一步体现了法庭审判中法官对被告人的尊重,对本身"强势"地位的抑制。法官不再是单纯地"以强压弱",也不是塑造给被告人制造极大的压力,使其在高压之下"招供"的法庭氛围。相反,法官所塑造的是尊重被告、缓解被告人压力、尽量以平等的身份与被告人进行交流的法庭氛围。

根据表 3-3 的数据,弱指令只有"允许"一种心理状态,

第三章 法官庭审言语行为研究

因此，心理状态为"允许"的弱指令的行为对象的分布与弱指令的行为对象的分布完全一致，且所体现的庭审特点也完全一致，因此，此处不再赘述，详见行为对象部分对弱指令的分析论述。

（四）以言行事目的

以言行事目的的分析同样按强和弱两个程度分别进行统计分析。

根据指令式言语行为的命题内容及其在法庭中的作用，本书将指令式言语行为的以言行事目的分为三类：法庭活动指引、程序指引和行为指引。"法庭活动指引"是指告知受话者在法庭上当时应该做什么或可以做什么；"程序指引"是指告知受话者在庭审中，或者在庭审结束后根据法律程序应该做什么或可以做什么；"行为指引"是指告知受话者当时应该做什么，做的内容一般与法律没有直接关系。"法庭活动指引"和"程序指引"的不同之处在于侧重点的不同，法庭活动的侧重点为在法庭上当时要做的事情，程序指引强调的是法律程序的内容。例如：

（1）由公诉人宣读起诉书。
（2）请公诉人出示一下相关的商标注册证。
（3）被告人＊＊＊、＊＊＊可以为自己进行辩护。
（4）退庭后，被告人、辩护人应当阅看庭审记录。
（5）被告人可以自行辩护，也可以委托辩护人辩护。
（6）被告人可以坐下回答问题。[1]

在这六个表达中，（1）（2）（3）属于法庭活动指引，因为这些活动都是法庭活动的一部分，（4）（5）属于程序指引，因

---

[1] （1）~（6）出自案例一，"2018年10月15日09：30直播杨浦法院审理的一起涉嫌非法制造、销售非法制造的注册商标标识罪案件"，载 https://www.chinacourt.org/chat/chat/2018/10/id/50509.shtml，2020年4月14日访问。

为这两个表达都是告知受话者相关的法律程序；（6）属于行为告知，是告知受话者当下可以做什么。

根据表3-3的数据，可以发现，在强指令中，以言行事目的为法庭活动指引的指令式言语行为在六个案例中都占据了绝对的优势，并且在四个案例中，法庭活动指引是强指令行为的唯一以言行事目的。程序指引所占比例极少，且在四个案例中，没有程序指引这一以言行事目的。这一点表明，法官的主要作用是指引或指挥庭审活动的进行，这个指引作用是限于法庭这个语境内的。而法律程序的告知不是法官审判活动的主要内容。

在弱指令中，法庭活动指引的数量要远远小于强指令中法庭活动指引的数量，同时，程序指引的数量远远多于强指令中程序指引的数量。这一对比体现出法官在法庭中的指挥作用和权威地位。弱指令中，程序指引占据一定的数量，证明对于程序的告知，法官只是告知相应的情况，而不是要求必须做某事。程序指引的以言行事目的在整体数量上不占优势，在指令的程度上又是弱指令居多，因此，程序指引不是法庭的主要活动，也不是法官在法庭中的主要任务和主要作用。

行为告知与法律没有直接的关系，且所占比例极少，对于本书而言意义不大，因此，在这里不作分析。

（五）以言行事力量指示项

以言行事力量指示项的统计和分析同样按强指令和弱指令两个级别分别进行。

指令式言语行为的以言行事力量指示项主要是句式。在所选案例中，庭审中法官的指令式言语行为的表达方式可以分为两类：祈使句和陈述句。祈使句的语气要强于陈述句的语气，因此祈使句中所蕴含的以言行事力量也大于陈述句的以言行事力量。例如：

(1) 现在进行法庭辩论。

(2) 提被告人姜某到庭。[1]

(3) 合议庭休庭十分钟,并对本案进行合议。

(4) 公诉人可以讯问被告人。

(5) 被告人可以退庭。[2]

(1) 和 (2) 为祈使句,(3)(4)(5) 为陈述句,很显然,(1) 和 (2) 的语气要比 (3)(4)(5) 的语气强很多,以言行事力量也相应比 (3)(4)(5) 的大很多。

根据表 3-3 的数据对比,可以看出,在强指令中,祈使句的数量大于陈述句的有五个案例,祈使句与陈述句数量相同的有一个案例;同时,在祈使句数量大于等于陈述句数量的情况下,陈述句数量的比例也不容忽视。这一数据比例表明,首先,强指令程度之强,绝大部分强指令运用祈使句的句式,强上加强,表现出强指令的威严和不可违背;其次,强指令中有一小部分被弱化,陈述句可以消减强指令中的部分力量,在某种程度上,具有软化语气和缓和气氛的作用,这种作用在某些情况下看起来微乎其微,但是在整体上的作用不可忽视。祈使句和陈述句的组合,使法庭上的指令不是一味地强硬,而是在其中加入了缓和气氛的因素。这一用语特色在不改变法庭整体特色和法官在庭审中作用的前提下,给严肃的法庭增添了一丝柔软的气息,尽管貌似微乎其微,但是其整体作用和意义不可忽视。

---

[1] (1)(2) 出自案例六,"5 月 28 日 9:30,怀柔法院审理'婚礼平台结友诈骗 涉嫌诈骗罪被公诉'案",载 https://www.chinacourt.org/chat/chat/2018/05/id/49696.shtml,2020 年 4 月 14 日访问。

[2] (3)~(5) 出自案例四,"2018 年 9 月 4 日 14:10 直播黄浦法院审理的一起涉嫌行贿罪案",载 https://www.chinacourt.org/chat/chat/2018/08/id/50345.shtml,2020 年 4 月 14 日访问。

根据表3-3，在含有弱指令的三个案例中，案例一全部使用了陈述句，案例五全部使用了祈使句，案例四同时使用祈使句和陈述句，祈使句的使用数量大于陈述句。祈使句和陈述句的使用没有显著的规律和特色。这一情况表明，弱指令已经是指令类言语行为中以言行事力量较弱的指令，无须刻意减弱它的力量，同时，因为本身已经是弱指令，在法庭这种语境中，也没有刻意加强的必要性，因此，祈使句和陈述句的使用显得比较随意，根据当时的情况或命题内容确定，没有明确的规律和特点。

礼貌命令为强指令中的一种。根据上述分析，礼貌指令的行为对象统一为庭审中的其他司法人员。礼貌命令的以言行事力量指示项在所选案例中，无一例外为"请"。强指令体现了指令必须遵守的特征，礼貌体现了指令的方式。礼貌命令的行为对象为司法人员，由此可见，在某些情况下，需要用礼貌的形式对抗强指令的强度，以缓和强指令带来的心理冲击，同时，也有助于缓和法庭中的严肃气氛。

总之，祈使句是庭审中指令式言语行为的主要形式，它彰显指令的威严和强度，但是祈使句的僵硬，以及其表达得过分简洁，营造的气氛也必然僵硬而严肃；陈述句的使用消减了祈使句的力度，礼貌用语体现了对受话者的尊重和对强指令力量的消解，两者结合共同起到了缓和僵硬和严肃的法庭氛围的作用。

（六）小结

指令是法庭审判中最重要的以言行事行为之一。指令的强度和对应心理状态、指令的目的、指令的对象以及指令的表达方式，这些因素一方面可以反映出指令的发出者在庭审中的地位和作用，另一方面可以反映出法庭的整体氛围。根据对法官指令式言语行为及各项相关标准的分析和探讨，可以发现其中所反映的我国现阶段刑事审判的法庭氛围及法官的庭审地位和作用具有以下特征：

指令式言语行为的总体特征为：其一，以强为主，以弱为辅；其二，强指令的行为对象为司法人员（在刑事庭审中为公诉人和法警）而非被告人（和辩护人），弱指令的行为对象主要是被告人（和辩护人）而非司法人员；其三，心理状态为命令的强指令绝大部分指向司法人员而非被告人，心理状态为允许的弱指令绝大部分指向被告人（和辩护人）而非司法人员；其四，法庭活动指引是庭审中指令式言语行为的主要目的，程序指引只占很少的比例；其五，祈使句的使用频率明显大于陈述句的使用频率，同时，陈述句占有一定的数量，且这个数量不容忽视。

通过指令式言语行为，法官塑造的法庭审判氛围以有序、严肃、威严甚至是压力感为主要特色，这些特点是我国现阶段刑事法庭审判的主流特征。与此同时，法官也以比较微妙的方式缓解法庭审判中的威严感和压力感，给严苛的法庭审判一丝轻松的氛围，这一点是现阶段我国刑事庭审的重要特征，但不是主流特征。法官在法庭中具有权威性的地位和作用，这一权威性一方面体现在对庭审活动的指引和引导，另一方面体现在对被告的命令和指挥。权威性地位在第一方面的体现远远超过第二方面。法官与被告人之间的关系不再是以强对立为主要特色的关系，法官在仍然对被告人有较强的权威性指挥和命令作用的同时，尽量缓和与被告人之间的对立状态，主要体现在尊重被告人，给予被告人自由选择的权利和机会，尽量以平等的身份与被告人进行交流等。这些做法都是法官尽量抑制本身权威作用和地位的表现。法官与公诉人之间的关系是指挥和被指挥前提下的平等和尊重。法官在指引公诉人进行庭审活动的同时，给予公诉人某些自由选择的权利和机会，并对公诉人充分表示尊重和礼貌。

总之，通过对六个案件的分析，可以看出我国现阶段的庭审，在保持严肃和威严的基础上，努力做到了缓和僵硬气氛，关注弱势群体（被告人），营造平等和民主的氛围。而法官本身在庭审中具有权威性的地位和作用，但主要在于法庭审判活动的指挥和指引。

四、断言式言语行为分析

断言式言语行为是说话者对客观事实的不同程度的确认。事实的种类、确认的程度、方式和目的均可表现出说话者的地位和在相应语境中的作用。在本书中，客观事实，即客观世界，是塞尔理论与语言表达相对的概念。庭审中的客观事实包括案件事实、法律法规、庭审制度和庭审活动等。法官的断言式言语行为可以表现出法官在庭审中关注的事实种类、对不同种类事实的态度、在事实方面与其他庭审参加人的关系状态以及法官在事实方面的庭审作用和特征。

断言式言语行为的分析可谓几种言语行为分析中最为复杂和繁琐的。一方面是因为在所有的言语行为中，断言式言语行为的数量较多；另一方面是因为分析维度中的标准较其他言语行为更为多样复杂。具体如下：

表 3-4 断言言语行为分析标准与数据统计

分析标准	标准分类	案例一 25	案例二 14	案例三 11	案例四 63	案例五 43	案例六 19
分类	法庭依据	9	2	1	11	5	4
	客观事实	16	12	10	52	38	15
	肯定	22	14	11	62	42	18
	否定	3	0	0	1	1	1

续表

分析标准	标准分类	案例一 25	案例二 14	案例三 11	案例四 63	案例五 43	案例六 19
行为对象	法庭	18	7	10	57	43	17
	被告人	3	7	1	6	/	2
	被告人加辩护人	4	/	/	/	/	/
心理状态	信赖	8	8	1	21	10	13
	相信	1	/	/	11	15	1
	客观	10	6	9	23	16	4
	确认	3	/	1	/	/	1
	假设	3	/	/	5	2	/
	推测	/	/	/	3	/	/
以言行事目的	事实告知	4	6	7	28	10	4
	情况告知	18	8	3	25	19	13
	结论告知	/	/	/	10	14	/
	确认	3	/	1	/	/	1
	警告	/	/	/	/	/	1

(一) 再分类

本书对断言式言语行为按两个标准进行了分类。断言式言语行为是说话者在不同程度上确认表达命题的真实性，适从向为语言指向世界，即语言表达要适应已经存在的客观世界。断言式言语行为的目的是说话人（在不同程度上）确认（commit）表达命题的真实性。[1] 因此，在断言式言语行为中，有两个因

---

[1] See John R. Searle, *Expression and Meaning: Studies in the Theory of Speech Acts*, Beijing: Foreign Language Teaching and Research Press, 2001, p.11.

素至关重要：命题内容和说话人的确认程度。本书对言语行为进行再分类的标准分别是命题内容和确认程度。

再分类的第一个标准就是断言式言语行为的命题内容在法庭中的作用——根据命题内容是否可以作为法庭审判的依据，本书将断言式言语行为分为两类：法庭依据类和客观事实类。第一类是表明法庭审判的依据，所表明的依据有可能是有关法规、有关制度，也有可能是上级法院的规定，或者法庭审判当时的情况；第二类是有关法庭的事实或法庭外的客观事实，法庭的事实指的是法庭审判当时的事实，法庭外的事实包括案件事实和法律规则等。例如：

（1）根据《中华人民共和国刑事诉讼法》的规定，[1]

（2）上海市黄浦区人民法院刑事审判庭今天对上海市黄浦区人民检察院提起公诉的被告人王某行贿、挪用公款一案依法公开开庭审理。

（3）根据法律规定和检察院的建议，

（4）并征得被告人的同意，

（5）本案适用简易程序进行审理。[2]

在这五个言语行为中，(1)(3)(4) 属于法庭依据类：(1) 表明所依据的法律规定，(3) 表明所依据的为法律规定和检察院的建议，(4) 表明所依据的标准为被告人的态度，即同意。总之，这三个言语行为，表明法庭审判所依据的内容、法规、检察

---

[1] 有关此类表达的言语行为归类的说明及论述见第二章第七部分对言语行为划分的标准。

[2] (1)~(5) 出自案例四，"2018年9月4日14：10 直播黄浦法院审理的一起涉嫌行贿罪案"，载 http://www.chinacourt.org/chat/chat/2018/08/id/50345.shtml，2020年4月14日访问。

院建议和被告人态度。(2) 和 (5) 属于客观事实类：(2) 表明的是法庭审判的客观事实，即审判的具体案例；(5) 表明的也是法庭审判的客观事实，在此为法律审判所适用的程序。

需要特别注意的是以下这种表达："根据《中华人民共和国刑事诉讼法》的规定，被告人、辩护人在庭审中享有申请回避的权利……"[1]这一句话中含有两个言语行为，[2]第一个言语行为为"法庭依据"类，在此，表明下面的内容或言语行为所依据的内容；第二个言语行为为"客观事实"类，在此，为法律规则的内容。第二个言语行为，虽然是法庭审判所依据的具体内容，但是因为其本身的作用是标明法律规则的内容，而不是表明法庭审判的依据，因此，在此将之归为客观事实类，此客观事实为客观存在的法律规则的内容。

另外，还需要特别注意的是，法庭依据和客观事实的划分是相对的，而不是绝对的。这个相对性包括两个方面：一方面是法庭依据和客观事实的划分本身不是绝对的，法庭依据本身也可以是客观事实，客观事实也可以作为法庭依据，两个标准本身的区分不是非此即彼的，而只是在特定情况下，特定的作用不同；另一方面是指命题内容的作用不是绝对的，某些命题内容既可以是法庭依据，也可以是客观事实。本书划分的主要目的是便利研究，划分的主要原则是看言语行为的命题内容在法庭中所起的主要的作用。

第二个分类标准为说话者对命题内容的确认方式。肯定和否定是确认的两个不同的方式。肯定还可以进一步细分为十分

---

[1] 出自案例四，"2018年9月4日14：10直播黄浦法院审理的一起涉嫌行贿罪案"，载https://www.chinacourt.org/chat/chat/2018/08/id/50345.shtml，2020年4月14日访问。

[2] 有关论述见第二章第七部分对言语行为的划分标准。

肯定、比较肯定、不太肯定，或者深信、相信、将信将疑等级别；否定还可以进一步细分为全部否定、部分否定、基本否定或者质疑、怀疑、将信将疑等级别。将信将疑是肯定和否定的分水岭，一边为肯定的不同等级，一边为否定的不同等级。在法庭审判中，肯定和否定的划分清楚而简单，一般而言，肯定就是绝对的肯定，否定就是绝对的否定，处于中间级别的表达极少。因此，本书仅对比说话者对命题内容的确认方式：肯定和否定。表现在语词表达上，就是肯定表达和否定表达。例如，"＊＊没有给你提供过你也没有问他要过，之前公安机关你没有交代相关事实。"[1]这一表达包括三个断言式言语行为，"＊＊没有给你提供过""你也没有问他要过""之前公安机关你没有交代相关事实"。三个言语行为分别是对"＊＊给你提供过""你问他要过"和"之前公安机关你交代相关事实"这三个命题内容的否定。

　　根据表3-4中的数据对比，可以发现，在所选六个案例中，"客观事实"类的断言式言语行为明显，甚至远远多于"法庭依据"类的断言式言语行为；"法庭依据"类在庭审中占绝对少数，但是没有为零的情况。"客观事实"类断言式言语行为占绝对优势的特点表明，法官的主要任务是对客观事实的确认，客观事实包括案件事实、法律法规、庭审制度以及与案件有关的其他事实。"法庭依据"类言语行为的数量占绝对少数同时又没有为零的情况一方面表明，在庭审中，"法庭依据"表达虽然很重要，但是在语境特色鲜明的庭审中，无需太多相关表达；另一方面表明，在法庭审判中，对相关法律法规进行引介的必要性。

---

　　〔1〕　出自案例一，"2018年10月15日09：30直播杨浦法院审理的一起涉嫌非法制造、销售非法制造的注册商标标识罪案件"，载 https://www.chinacourt.org/chat/chat/2018/10/id/50509.shtml，2020年4月14日访问。

这一再分类维度表明了"客观事实"在法庭审判中的重要地位。

肯定和否定的数据对比表明,在六个案例中,法官对事实的确认方式绝大部分为"肯定",极少为"否定",两者的数据对比悬殊,甚至,在案例二和案例三中,"否定"类为零。这一鲜明特色表明,法官在庭审中的主要任务是确定事实的存在或真实性,而不是否认事实的存在或真实性,或曰,是肯定已经存在的事实,而不是去否定不存在的客观事实。这体现出已经存在的客观事实在法庭审判中至高无上的地位和作用。法庭审判的核心和依据是通过确认或肯定确实存在的客观事实,而不是通过否定或否认不存在的客观事实。

这两种分类标准虽然不同,但是表明的庭审特点却是契合的。首先,客观事实是法官审判中关注的重点和核心,客观事实在法庭审判中占有至高无上的地位;其次,法官审判的主要内容是对已经存在的、与案件有关的客观事实进行确认,并在此基础上进行裁决,对客观事实的确认是法官审判的主要内容;最后,庭审是具有鲜明特色的语境,因此,在审判过程中,法官无需对语境特色或审判根据作过多的交代,这就节约了庭审的时间,提高了庭审的效率。

(二) 行为对象

断言式言语行为是说话者在不同程度上确认命题的真实性。断言式言语行为的行为对象就是说话者确认的对象,即对谁在不同程度上确认命题的真实性。法庭上,断言式言语行为的行为对象有三个:法庭、被告人以及被告人加辩护人。确定的根据是命题内容、指称方式和庭审语境特色这三项中的一项,或两项或三项的组合。法庭是指整个法庭,即所有的庭审参加人,不是具体的某个角色。例如,"(1)根据《中华人民共和国刑事诉讼法》第183条的规定,(2)本庭依法适用简易程序公开开庭审理北京市门头沟区人民检察院提起公诉的被告人白某、杨某、李某非法经营一案，(3)本案由审判员杨振新独任审判，(4)书记员范祥云担任法庭记录"。[1]本句话包括四个言语行为，每一个言语行为的行为对象都为法庭，即所有庭审参加人，而不是被告人、辩护人、公诉人或其他的庭审参与者。

表3-4的数据对比表明，在所选六个案例中，法庭在行为对象中占据了绝大部分的比例，甚至，在案例五中，法庭为所有断言式言语行为的行为对象。一小部分行为对象为被告人的情况占比较低，在案例一中，除被告人，还有被告人和辩护人。断言式言语行为的行为对象不包括公诉人、法庭警察或原告人等。断言式言语行为对象的这一分布特点表明现阶段我国的刑事庭审具有如下特色：

第一，法官（在不同程度上）确认客观事实的真实性的对象为法庭，即所有庭审参加人，这表明审判的开放性和民主性。在这种情况下，庭审对话中，说话者一方为法官，受话者一方为全体庭审参加人，因此，庭审交流不是一对一的简单交流，而是一对多的开放式交流。这种以全体庭审参加人为行为对象的断言式言语行为，必定会引起全体庭审参加人对其中所涉及的客观事实的思考和评价。这种表达方式，虽然表面上对于提高庭审效率，或体现庭审的特色没有显而易见的效果，但是实际上通过对所有行为对象的心理作用，引发了所有庭审参加人的主动思考。

第二，除全体法庭外，被告人是断言式言语行为的第二主要行为对象。这一特点表明，客观事实对于被告人的重要性要

---

[1] 出自案例五，"5月21日9：30，门头沟法院审理'药贩非法收售药品 赚取差价敛财被公诉'案，载 https://www.chinacourt.org/chat/chat/2018/05/id/49674.shtml，2020年4月14日访问。

大于对于其他庭审参加人的重要性，因为客观事实如何直接关系到对于被告人的惩罚度；另外，除向全体法庭确认相关客观事实外，特别向被告人确认客观事实的真实性，充分体现出对被告的重视和尊重。

总之，断言式言语行为对象的特点体现出法庭审判的开放性和民主性，体现出客观事实对被告人的重要性最大，同时，也体现出法官对被告人人格的尊重和重视。

(三) 心理状态

断言有程度之别，确定断言的程度的根据可以是以言行事力量指示项，也可以是语境。以言行事力量指示项可以是施为动词，也可以是其他词性的词、词序、句型，甚至可以是语气和语调。[1]塞尔根据施为动词对断言式言语行为的程度进行了划分。例如，他认为，假设（put a hypothesis that）、暗示（suggest that）、坚信（insist that）和发誓（swear that）是程度不同的断言式言语行为。其中，断言程度最弱的是假设（put a hypothesis that），暗示（suggest that）稍强，坚信（insist that）较强，发誓（swear）最强。[2]这里不同的程度实际上就是指对事实"确认"的不同程度。不同程度的"确认"外在表现为语言表达，内在表现为说话者不同的心理状态。不同程度的断言（或曰"确认"）对应不同程度的心理状态。根据法官的语言表述、命题内容，以及法庭审判的语境特点，本书以法官对命题内容的相信度为标准，将法官在法庭中的断言式言语行为分为六个程度，对应六种不同的心理状态：信赖、相信、客观、

---

[1] See John R. Searle, *Expression and Meaning: Studies in the Theory of Speech Acts*, Beijing: Foreign Language Teaching and Research Press, 2001, p.9.

[2] See John R. Searle, *Expression and Meaning: Studies in the Theory of Speech Acts*, Beijing: Foreign Language Teaching and Research Press, 2001, p.12.

想确认、假设和推测。其中,程度最强的为信赖,最弱的为假设和推测,最无需表达相信程度的为客观。

信赖的心理状态是指法官不仅绝对相信命题内容,而且在法庭审判的过程中,将命题内容作为审判的依据。例如,"根据《中华人民共和国刑事诉讼法》的规定,被告人有最后陈述的权利"。[1]这两个言语行为的命题内容,法官不仅绝对相信,而且是其进一步审判的依据,因此,在这种断言式言语行为中,法官的心理状态为信赖。

相信的心理状态是指法官绝对相信命题内容,这一类心理状态的言语行为包括法官对法庭事实的描述,对案件事实的描述,以及对案件进行评价的断言式言语行为。例如:

(1) 被告人在挪用公款罪中构成的是进行营利活动。
(2) 被告人的犯罪行为具有一定的社会危害性。
(3) 休庭期间合议庭对本案进行认真的评议。[2]

例(1)是对案件事实的描述,但这个描述不是纯客观的描述,其中包括法官的评价——营利性活动。例(2)是对案件事实的评价——具有一定的社会危害性。例(3)是对法庭活动的描述,描述中有法官的主观因素——认真,表明法官相信合议庭的评议是"认真"的,因而,心理状态为相信。相信类的言语行为具有"主观"性特征,是法官对客观事实的评价。

客观的心理状态,其实也可以描述为"心理状态为零"或

---

[1] 出自案例一,"2018年10月15日09:30直播杨浦法院审理的一起涉嫌非法制造、销售非法制造的注册商标标识罪案件",载 https://www.chinacourt.org/chat/chat/2018/10/id/50509.shtml,2020年4月14日访问。

[2] (1)~(3)出自案例四,"2018年9月4日14:10直播黄浦法院审理的一起涉嫌行贿罪案",载 https://www.chinacourt.org/chat/chat/2018/08/id/50345.shtml,2020年4月14日访问。

"不需要任何心理状态"。在这种心理状态下，法官对当下进行的庭审活动进行描述。当下正在进行的庭审活动对于每一个庭审参加人都是"一览无余"的，因此，法官不需要去表达"相信"或"不相信"或某种程度的相信的心理状态，只是纯客观描述即可。例如：

（1）本合议庭由审判员陈蔓莉，人民陪审员周煜强、人民陪审员邓海琳组成，

（2）由审判员陈蔓莉担任审判长，

（3）书记员周恒担任法庭记录。[1]

这三个言语行为是对法庭审判活动的纯客观描述，没有也不需要掺杂法官的任何心理状态，因此，也可以说客观的心理状态就是心理状态为"零"。

相信与信赖的区别在于，信赖对应的命题内容是法律法规，是法官无条件相信的内容，是法庭审判的依据，但是相信是法官本人对事实的评价。例如，"根据《中华人民共和国刑事诉讼法》的规定，被告人有最后陈述的权利"。[2]这两个言语行为的命题内容都是法律法规，是法官无条件信赖的，可以作为法庭审判的依据。而"被告人的犯罪行为具有一定的社会危害性"是法官对案件事实的评价，命题内容不是进一步审判的依据。

相信的心理状态对应的言语行为与"客观"的心理状态对应的言语行为的区别在于前者有表明评价或主观心理状态的词

---

[1] （1）~（3）出自案例一，"2018年10月15日09：30 直播杨浦法院审理的一起涉嫌非法制造、销售非法制造的注册商标标识罪案件"，载 https://www.chinacourt.org/chat/chat/2018/10/id/50509.shtml，2020年4月14日访问。

[2] 出自案例一，"2018年10月15日09：30 直播杨浦法院审理的一起涉嫌非法制造、销售非法制造的注册商标标识罪案件"，载 https://www.chinacourt.org/chat/chat/2018/10/id/50509.shtml，2020年4月14日访问。

汇或表达，而后者没有。例如，"休庭期间合议庭对本案进行认真的评议"，其中有"认真"一词，"认真"不是具体可见的，是说话者的主观判断，法官在表达中使用"认真"一词，表明他是相信合议庭评议的态度是认真的，因而，心理状态为相信。而"本合议庭由审判员陈蔓莉，人民陪审员周煜强、人民陪审员邓海琳组成"是绝对客观的描述，其中没有任何主观词汇的表达，且描述的内容显而易见，因而心理状态为客观。

确认的心理状态是指法官对已知案件事实的重复。重复的目的或原因是进一步确认案件事实。例如，"＊＊没有给你提供过你也没有问他要过，之前公安机关你没有交代相关事实"。[1]这一句话包括三个言语行为，每一个言语行为的命题内容都是对已知案件事实的重复，重复的目的是进一步确认案件事实的存在，或案件事实的真实度。

假设和推测的心理状态都和这两个词的原意一致，即假设某个事实存在，推测可能会出现的事实。例如：

(1) 也就是说，被告人、辩护人认为合议庭组成人员、书记员、公诉人与本案有利害关系或其他关系可能影响公正审理本案的，

(2) 辩论各方如果还有意见，

(3) 如有遗漏或差错，[2]

这三个表达的都是假设某种有可能存在的情况。而"(1)其

---

[1] 出自案例一，"2018年10月15日09：30直播杨浦法院审理的一起涉嫌非法制造、销售非法制造的注册商标标识罪案件"，载 https://www.chinacourt.org/chat/chat/2018/10/id/50509.shtml，2020年4月14日访问。

[2] (1)~(3) 出自案例一，"2018年10月15日09：30直播杨浦法院审理的一起涉嫌非法制造、销售非法制造的注册商标标识罪案件"，载 https://www.china-court.org/chat/chat/2018/10/id/50509.shtml，2020年4月14日访问。

将可能被处五年以下有期徒刑或者拘役……（2）其可能被处五年以下有期徒刑或者拘役……"[1]这两个言语行为的心理状态都为推测，即推断有可能存在的情形。

从表3-4中的数据对比分析，可以看出心理状态分布呈现以下特点：其一，在所有案例中，信赖、相信和客观，这三类言语行为的总数与其他三种心理状态相比，占据了绝对的优势。其二，除案例五外，在比例上，占据第一位、第二位明显优势的是信赖和客观；相信的数量要明显少于这两类心理状态；只有案例五除外，案例五中，信赖和客观两种心理状态的数量基本持平。其三，对照断言式言语行为的再分类，发现法庭依据类的对应心理状态基本全部为信赖（只有案例一中有一个对应心理状态为相信）。其四，确认、假设和推测这几种心理状态在每一案例中都占据很少的比例，且在很多案例中为空缺，确认空缺四个案例，假设空缺三个案例，推测空缺五个案例。

上述数据对比表明，在法庭审判中，法官呈现的事实包括两种：一是法官主观上有高度把握的事实，对于这部分事实，法官在言语上明确表达出自己的把握度，这一类事实一般为法庭依据类事实；二是客观上明确度十分高的客观事实，对于这部分事实，法官没有或无需在言语上表达自己的把握程度。另外，相信类表达的数据和比例表明法官很少在法庭中表明自己的主观观点，法官个人对案件事实的观点在庭审中处于极其次要的地位。确认、假设和推测的数据表明，在庭审中，法官极少涉及自身从主观上不够确定，或者客观上不够明确的事实。

（四）以言行事目的

断言式言语行为的目的是说话者（在不同程度上）确认

---

[1] 出自案例四，"2018年9月4日14：10直播黄浦法院审理的一起涉嫌行贿罪案"，载 https://www.chinacourt.org/chat/chat/2018/08/id/50345.shtml，2020年4月14日访问。

(commit)表达命题的真实性。在庭审中，法官在不同程度上向不同的行为对象确认表达命题的真实性。虽然，断言式言语行为本身的以言行事目的是确认表达命题的真实性，在庭审中，确认并不是法官的终极目的或唯一目的，在确认的同时，告知受话者命题内容也是庭审中断言式言语行为的主要目的。需要特别指出的是，"确认"和"告知"是同时发生的，是同一言语行为目的的两个层面，是不可分的。"确认"是所有断言式言语行为的共性，鉴于庭审语境的特性，本书根据断言式言语行为的命题内容及其在庭审语境中的作用，将断言式言语行为的以言行事目的在"告知"层面进行分类。所选案例主要包括五种以言行事目的：事实告知、情况告知、结论告知、确认和警告。

"事实告知"指对案件事实或庭审事实的告知。例如，"（1）本庭依法适用简易程序公开开庭审理北京市门头沟区人民检察院提起公诉的被告人白某、杨某、李某非法经营一案……（2）被告人白某、杨某、李某违反国家药品监督管理规定，非法经营药品，扰乱市场秩序，情节严重"。[1]（1）的命题内容是庭审事实，以言行事目的是告知庭审事实；（2）中有四个言语行为，都是有关案件事实，以言行事目的是告知案件事实本身。"情况告知"的内容是与案件有关的事实，包括与案件有关的法律法规或法庭规则等。例如，"根据我国刑事诉讼法第28条、第29条、第31条的规定，被告人在法庭审理中依法享有申请回避权"。[2]本句包含两个言语行为，以言行事目的都为

---

〔1〕 出自案例五，"5月21日9：30，门头沟法院审理'药贩非法收售药品 赚取差价敛财被公诉'案"，载 https://www.chinacourt.org/chat/chat/2018/05/id/49674.shtml，2020年4月14日访问。

〔2〕 出自案例五，"5月21日9：30，门头沟法院审理'药贩非法收售药品 赚取差价敛财被公诉'案"，载 https://www.chinacourt.org/chat/chat/2018/05/id/49674.shtml，2020年4月14日访问。

第三章 法官庭审言语行为研究

"情况告知",第一个言语行为是告知有关案件的法律规定,第二个是告知该规定的具体内容。这些命题内容都不是案件事实本身,而是与案件事实有关的情况。"结论告知"的内容并不一定是案件审判的最后裁决,对案件的任何定性的评价都属于结论告知的范畴。例如,"上述证据合法有效,可以作为定案的依据,本院予以确认"。[1]本句包括三个断言式言语行为,都是对证据的定性评价。虽然,该句中的三个断言式言语行为都不是法庭审判的最后结果,但是其以言行事目的都是"结论告知"。"确认事实"是对已知案件事实的再次确认,目的是向受话者再次确认事实。例如,"＊＊没有给你提供过你也没有问他要过,之前公安机关你没有交代相关事实"。[2]这一句表达中包含两个断言式言语行为,以言行事目的都是向受话者再次确认已知的案件事实。"警告"顾名思义是警告受话者可能的不良后果。例如,"被告人姜某,如实供述才能从轻处罚"。[3]

通过表3-4的数据,可以发现断言式言语行为以言行事目的的分配特色。首先,在各案例中,情况告知占比例最大:在四个案例中占据第一位,在两个案例中占据第二位;其次,事实告知占比例排第二位:在两个案例中占第一位,在三个案例中占第二位,在一个案例中以微小差距占第三位;再次,结论告知占比例排名第三:在一个案例中占第三位,在一个案例中占第

---

[1] 出自案例五,"5月21日9:30,门头沟法院审理'药贩非法收售药品 赚取差价敛财被公诉'案",载 https://www.chinacourt.org/chat/chat/2018/05/id/49674.shtml,2020年4月14日访问。

[2] 出自案例一,"2018年10月15日09:30直播杨浦法院审理的一起涉嫌非法制造、销售非法制造的注册商标标识罪案件",载 https://www.chinacourt.org/chat/chat/2018/10/id/50509.shtml,2020年4月14日访问。

[3] 出自案例六,"5月28日9:30,怀柔法院审理'婚礼平台结友诈骗 涉嫌诈骗罪被公诉'案",载 https://www.chinacourt.org/chat/chat/2018/05/id/49696.shtml,2020年4月14日访问。

二位,在其他案例中空缺;最后,确认事实和警告两种目的占极小比例,确认事实在三个案例中空缺,在三个案例中占比最小,警告在五个案例中空缺,在案例六中只有一个。

断言式言语行为的以言行事特点表明庭审语境中的审判人员具有以下特色:首先,在庭审语境中,法官最为关注并呈现最多的事实并不是案件事实,而是与案件事实有关的法律法规、庭审制度或其他与案件有关的事实;其次,结论告知并不是庭审中不可或缺的因素,这表明当庭宣判还不是我国现阶段庭审的普遍事实,另外,庭审过程中,法官极少或不会对案件表达自己的主观观点,或作出定性的评价;再次,法官的目的是呈现已经十分确定的事实,无论这一事实是案件事实本身还是与案件有关的法律法规或庭审制度,而不是确认尚需确认的事实;最后,警告已经不是法庭审判中常用的手段,是极少情况下才会使用的审判手段,表明在庭审中法官对被告人人格的尊重和具有民主、平等的庭审氛围。

(五) 以言行事力量指示项

心理状态与以言行事力量的程度相对应。在本书中,以言行事力量程度最强的为信赖与客观,前者是主观上的确认最强,后者是因为客观事实的明确度很高,因而表达的客观效果很强;其次为相信,根据前文的分析,相信主要是表达说话者对客观事实的主观评价或观点。"假设"和"推测"都是对于不存在的情况的假设和推测,因而确认程度极弱。

鉴于心理状态与以言行事力量程度之间相对应的状态,本书对以言行事力量指示项的研究按心理状态分类,分别进行统计和分析。

以言行事力量指示项不仅可以确定以言行事的类型,而且,可以确定以言行事的程度。在断言式言语行为中,以言行事力量指示项是确定断言式言语行为的"确认"程度及其对应的心理状态的标准之一。[1]塞尔认为以言行事力量指示项,可以是施为动词,也可以是语气、语调、语序等其他手段,因此,表达确认的不同程度的方式,可以是施为动词,也可以是其他的词性,或结构、词序、句型等不同的表达方式。

本书对所选案例中不同程度的心理状态断言式言语行为的以言行事力量指示项进行了统计和归类,发现其中存在明显的规律性和共性。因为以言行事力量指示项的字数较多,不适合在列表中表示,所以使用列举和文字说明的形式。

心理状态为信赖的以言行事力量指示项在各案例中的具体形式如下:

案例一:根据……(法规)……规定;经……(上级部门)……指定;享有(权利);有(权利)

案例二:根据……(法规)……规定;有权

案例三:根据……(法规)……规定

案例四:根据……规定/建议;有/享有……权利;已触犯刑律;应当追究…刑事责任;是犯罪行为;罪名成立;数罪并罚

案例五:根据……规定;有/享有……权利;应依法惩处

案例六:根据……规定;有/享有……权利

心理状态为相信的以言行事力量指示项在各案例中的具体形式如下:

案例一:已经充分

案例四:应当;认真;认为;是;拖延;便利;犯数罪;

---

[1] 有关心理状态的确定因素,见第二章对心理状态的分析和阐释。

具有；某人认为；能如实；可以从轻（原来的接受）

案例五：经质证；合法有效；可以作为；予以确认；事实清楚；确实充分

案例六：有关事实；有关处理措施

心理状态为客观的以言行事力量指示项在各案例中的具体形式如下：

案例一：对……公开审理；由……组成/担任；是（某人）；确认……后；经过；已

案例二：依法；由……担任/担任；与……组成；（检察院）指派；为……辩护

案例三：查明；为；依法；担任；组成；委派

案例四：对……进行公开审理；征得……同意；适用简易程序；宣布……；由……担任；组成；出庭支持；是

案例五：依法；担任……

案例六：有关事实；通过；核实；听取；记录

心理状态为确认的以言行事力量指示项在各案例中的具体形式如下：

案例一：没有给你；你也没有；你没有

案例三：（你）自称

案例六：（你）没有

心理状态为假设的以言行事力量指示项在各案例中的具体形式如下：

案例一：认为……的；如果还有；如有

第三章 法官庭审言语行为研究

案例四：认为……的；如果；……的；若

案例五：认为……的；如……

心理状态为推测的以言行事力量指示项在各案例中的具体形式如下：

案例四：可能

信赖的以言行事力量指示项决定了心理状态为信赖的断言式言语行为都具有较强的以言行事力量，或曰在法庭上为以言行事力量最强的断言式言语行为。信赖类言语行为的命题内容为法律法规或司法部门的裁决规定，由此可见，在庭审中，法官对法律法规和司法部门规定的重视，以及这些因素在法庭中的重要地位。相信类断言式言语行为的以言行事力量指示项所表达的以言行事力量较弱，或曰，语气比较缓和。如上所述，相信类言语行为的命题内容为说话者自身的主观观点，因此，可以得出结论：法庭上，庭审人员的主观观点的重要性远远小于法律法规和司法部门的规定的重要性。客观类断言式言语行为的以言行事力量属于纯粹居中的表达，既不像信赖类的以言行事力量那么强，也没有相信类的主观表达。根据上述分析，客观类言语行为的命题内容都是案件或庭审事实，因此，法官对于事实的处理，基本做到了完全的客观和中立。确认事实类、假设类和推测类断言式以言行事行为的以言形式力量指示项的共同特点是明确且明显。这是因为这几种心理状态所表达的命题内容都是不确定事实，而在庭审语境中，事实的重要性首屈一指，因此，对于不确定的事实，必须以最明显、最明确的方式告知受话者。另外，所有的以言行事力量指示项都有一个共性，那就是都没有加强语气的程度副词，或表达感情或情绪类的词语。

总之，以言行事力量指示项决定了以言行事力量的程度，不同以言行事力量程度所对应的命题内容，决定了相应命题内容不同的重要性。在庭审中，法律法规、司法部分的决定和案件事实占有重要的地位和比例，而法官的个人观点居于次要，甚至是十分次要的地位；庭审中很少涉及或根本不涉及不确定的事实。这些因素的重要程度由法官所使用的以言行事力量指示项表明。同时，在这些指示项中，程度副词和情感或情绪用语的缺失体现了法庭审判的客观性特征。

（六）小结

通过对法官断言式言语行为的分析，可以发现庭审中法官的断言式言语行为表现出如下特色：其一，对于不同类事实的关注度不同。法官在庭审中关注度和呈现度最高的事实不是案件事实本身，而是法律法规、庭审制度以及其他与案件有关的事实。法官关注确定度较高的事实，而不关注或呈现确定程度较低的事实。其二，法官对案件事实的确认方式较为客观、冷静。其三，法官极少在庭审中表达自己对于案件事实的主观观点或评价。其四，法官表达了对被告人人格的尊重和重视。其五，法官在庭审中极少用警告类表达。其六，通过断言式言语行为，法官体现了庭审的民主、科学、客观、冷静、开放和平等特征。

五、宣布式言语行为分析

宣布式言语行为是庭审中必不可少的言语行为。宣布式言语行为需要超语言机制保障的特性决定了，在庭审中实施宣布式言语行为的一方必然是被赋予了相应的权力。宣布式言语行为的具体内容和作用可以表明这些权力的具体内容和作用。宣布式言语行为在庭审用语中的情况比较简单。一方面，是因为宣布式言语行为在庭审用语中的数量比较少；另一方面，是因为每一分析标准包含的再分类比较少。鉴于宣布式言语行为在庭审用语中的数量较少，且情况比较简单，本书对于宣布式言语行为的分析，不是进行逐项分析，而是以分析标准为依据，对其进行综合分析。

表3-5 宣布式言语行为分类标准及数据统计

分析标准	标准分类	案例一 6	案例二 7	案例三 5	案例四 15	案例五 27	案例六 6
再分类	纯粹宣布	4	3	3	10	12	6
	宣布+指令	2	4	2	/	/	/
	事实性宣布	/	/	/	5	15	/
对象	法庭	6	7	5	15	27	6
状态	相信	/	/	/	5	14	/
行事目的	开始/结束某阶段/程序	6	7	5	10	12	6
	结论告知	/	/	/	5	15	/
指示项	祈使句	3	5	3	5	8	3
	简短陈述句	3	2	2	10	19	3

塞尔将宣布式言语行为分为纯粹式宣布和事实性宣布。前者只具有宣布式言语行为的功能，后者兼具断言式言语行为和宣布式言语行为的特征。[1]在本书中，除了遵循塞尔的分类，笔者还增加了宣布+指令式这一类别。这一种宣布式言语行为，

---

[1] See John R. Searle, *Expression and Meaning: Studies in the Theory of Speech Acts*, Beijing: Foreign Language Teaching and Research Press, 2001, p.20.

兼具宣布的特色和指令的功能。例如,"现在进行法庭调查"这一句话,既是对法庭发出指令,又是宣布进入法庭调查这一步骤或阶段。宣布+指令式言语行为与事实性宣布不同,事实性宣布是一句话中融合了断言和宣布两个言语行为的特征,例如,"你犯了诈骗罪",这一句话本身既是以断言式言语行为的形式确认"你犯了诈骗罪"这个事实,又是以宣布式言语行为确定"你犯了诈骗罪"的这个状态,实现了"你"在事实状态上的改变,通过这个宣布式言语行为"你"从无罪状态进入有罪状态。而宣布+指令的言语行为中,指令的命题内容和宣布的命题内容并不是完全重合的,两者之间存在一定差异。例如,"现在进行法庭调查"这一句话,作为指令性言语行为是说话者想让受话者去进行调查这一活动;而作为宣布式言语行为,是使法庭审判进入"法庭调查"这一阶段。因而,虽然是同一表达,但是以言行事目的和最后达成的效果是完全不同的。因此,本书没有将其表述为指令性宣布,而是宣布+指令,且把这一类言语行为算作纯粹宣布式言语行为,只是将纯粹宣布式言语行为中兼具指令功能的言语行为另作统计。

根据表3-5的数据统计,在所选六个案例中,四个案例的宣布式言语行为均为纯粹式宣布,或者包含兼具指令功能的宣布式言语行为,只有两个案例的庭审语言包含事实性宣布言语行为。结合以言行事目的这一维度,可以发现,纯粹宣布式言语行为的以言行事目的均为开始/结束一个阶段/程序,由此可见,在庭审中,法官实施宣布式言语行为的目的是引导庭审的进行,开启或结束相应的阶段或程序。

与普通宣布式言语行为不同的是,事实性宣布言语行为在实施之前,有一个预先存在的事实,宣布式言语行为是对这个事实的一个评价或定性,且事实的状态随着宣布式言语行为的实施发生变化。[1]事实性宣布的以言行事目的为结论告知。事实性宣布在四个案例中的缺失的事实表明当庭宣判还不是我国法庭审判的普遍特征。

在所选的六个案例中，其中三个案例含有宣布+指令式言语行为。这一类言语行为的特色是，一方面是对法庭发出指令，另一方面是开始或结束一个阶段。这种综合式的用法，体现了法庭用语的简洁和高效。

塞尔认为宣布式言语行为不涉及心理状态，因为心理状态在宣布式言语行为中不起任何作用，无论心理状态如何，只要是在合适的地点和时间，只要有超语言机制的保障，宣布就是有效的，就可以带来事实状态的变化。只是在事实性宣布中才涉及心理状态。因此，除了案例四和案例五中的事实性宣布言语行为的心理状态为相信外，其他宣布式言语行为，均无需讨论心理状态的维度。而案例四和五中的事实性宣布心理状态均为相信，而不是其他的任何等级，例如，怀疑、质疑等。这体现出审判人员对审判结果或对案件事实性评价具有较高的把握度。

宣布式言语行为的以言行事力量指示项都是祈使句或简短陈述句，且两者的数量基本相当，没有明显的差异。祈使句和简短陈述句都是语气比较强的句式，这种句式的使用，表明了法官所实施的宣布式言语行为的力度较强，风格简洁明快，有利于提高庭审的效率和效果。

总之，宣布式言语行为主要表明我国现阶段庭审具有如下特色：其一，法官在庭审中的主要作用为指导或引导法庭审判的进程；其二，庭审用语简洁高效；其三，当庭宣判不是我国

---

[1] See John R. Searle, *Expression and Meaning: Studies in the Theory of Speech Acts*, Beijing: Foreign Language Teaching and Research Press, 2001, p. 19.

现阶段法庭审判的普遍做法。

六、承诺式言语行为分析

与宣布式言语行为一样，承诺式言语行为在庭审中数量较少，情况比较简单，因此，本书对承诺式言语行为的分析也采取综合分析的方式，而不是根据分类标准进行逐项分析。需要特别指出的是，塞尔分类中的"承诺"不同于一般意义上的承诺，因而，法庭中承诺式言语行为的作用和特征也不同于一般意义上的承诺。

表3-6 承诺式言语行为分析标准和数据统计

分析标准	标准分类	案例一 2	案例二 2	案例三 1	案例四 11	案例五 3	案例六 0
分类	客观承诺	2	2	1	11	3	/
行为对象	法庭	2	2	1	10	3	/
	被告人	/	/	/	1	/	/
心理状态	客观	2	2	1	6	3	/
	相信	/	/	/	5	/	/
以言行事目的	程序告知	2	2	1	6	3	/
	态度告知	/	/	/	2	/	/
	结论告知	/	/	/	3	/	/
以言行事力量指示项	将来时间+动词	2	2	1	5	2	/
	动词	/	/	/	3	1	/
	结论词	/	/	/	1	/	/
	态度词	/	/	/	2	/	/

对于塞尔言语行为的理解不能单独从其名称上去理解。承

诺式言语行为的"承诺"自然也不能按照动词"承诺"的词汇意义去理解此类言语行为。例如,说话人以极端不真诚的态度说,会去做某事的言语行为,以及根据客观的程序、制度或要求,说话者表明其会去做某事的言语行为,按照一般意义的理解,都不能是承诺,但是按照塞尔的言语行为理论,这两种言语行为都属于不同程度的承诺式言语行为。

在承诺式言语行为所包含的各因素中,对言语行为的实施效果影响最直接的是承诺的程度,而与承诺的程度直接相关的是心理状态。程度可以以心理状态为标准进行划分,一个极端是极其真诚,百分之百会实现的承诺;另一个极端是极其不真诚,根本不会实现的承诺。心理状态的划分标准也可以是主观和客观,说话者出自主观意图,从自身出发,想做某事;也可以是因为客观的原因或要求,意图做某事。无论是哪一种意图,只要适从向是由客观现实指向话语,命题内容是说话人 S 做某个未来动作 A,这一言语行为就是承诺式言语行为中的一种。[1]塞尔言语行为分类的特点就是把看似不是一类的言语行为归为一类,并以程度区分。这种划分模式就是为看似繁杂的言语行为的分析提供统一的标准,使分析系统化、条理化。根据塞尔的言语行为理论分析,法庭中法官的承诺式言语行为具有以下特征。

根据表 3-6 的数据,可以发现法庭中的承诺全部都是客观承诺,即根据客观的程序或标准作出的承诺。承诺的心理状态分为客观和相信两种,客观是完全根据客观程序,没有丝毫个人意识参与的承诺。例如,"下面宣布合议庭组成人员名单",这句话是说话人完全根据庭审的程序表达其要做某事的"承

---

[1] 参见本书第二章对承诺式言语行为及其与庭审特征的关系部分对承诺式言语行为的阐释。

诺"。"相信"是有个人意识参与的承诺，是说话人相信自己会去也应该去做某事的"承诺"。例如，"辩护人建议对被告人从轻处罚的辩护意见，可予采纳"，这句话包含了说话人的个人意见"可予采纳"，它不完全是客观程序和制度的反映。

在所选的六个案例中，只有案例四包含"相信"这一心理状态的承诺。结合以言行事目的发现，所有心理状态为客观的承诺式言语行为的目的都是程序告知；心理状态为相信的承诺言语行为的目的是态度告知或结论告知。例如：

(1) 待合议庭评议后当庭作出宣判。
(2) 下面宣布合议庭组成人员名单。
(3) 本院予以支持。
(4) 辩护人建议对被告人从轻处罚的辩护意见，可予采纳。[1]

在这四个表达中，(1) 和 (2) 的心理状态都为客观，其目的是告知法庭相应的法律程序和庭审进程，(3) 和 (4) 的心理状态都为相信，其目的是告知庭审参加人，法庭的意见和主张。在所选案例中，绝大部分为客观承诺的事实表明了在法庭审判中，客观为主的庭审基调；另外，承诺式言语行为的这一特色还表现出法官在庭审中实施承诺式言语行为的主要作用是引领和指导法庭程序的进行。进一步的研究发现，心理状态为"相信"的承诺言语行为，虽然命题内容为态度告知或结论告知，其中有法官的主观意识的因素，但是法官发出的承诺的依据是法庭的程序和法律的规章制度，因此，心理状态为"相信"的

---

[1] "2018 年 9 月 4 日 14：10 直播黄浦法院审理的一起涉嫌行贿罪案"，载 https://www.chinacourt.org/chat/chat/2018/08/id/50345.shtml，2020 年 4 月 14 日访问。

承诺式言语行为仍然具有客观的特征,并且凸显了庭审中法律法规和庭审程序的重要地位。

根据表3-6,可以看出法庭中承诺类言语行为的以言行事力量指示项绝大部分为将来时间+动词。时间词包括"现在宣布""将对……评议后……择期宣判""另期宣布""另行公告""下面宣布""将在……送达"等。这些时间词具有以下特点:①离现在特别近的将来的时间,例如,现在、下面;②不确定的时间,例如,择期、另行、将;③结论和态度类的动词前面没有表示时间的词。离现在特别近的时间,就是马上在法庭上要发生的时间,这种承诺类言语行为的实际作用是告知程序上下一步的内容;没有确定时间的以言行事力量指示项有确定的法规和法条的保证,因此,虽然貌似没有确定的时间,实际是确定有保证的;态度类的动词无须时间词,是因为态度的表达是当下已经完成的,只不过具体的实施是在将来。因此,虽然庭审中的承诺都不是程度比较高的承诺,心理状态都为客观,但是由于时间是离现在特别近的时间,或者有法律法规的保障,因此,法庭上的承诺式言语行为都是绝对会实现的言语行为。这一点体现出法庭语境的机构特色对法庭话语的制约和保障。

以言行事力量指示项中的动词分为两个类型,一种是纯客观,表示纯行为的动词,例如,宣布、告知、判决等;另一种是表示态度和结论的词,例如,支持、采纳、决定。且这两类动词都没有表示情感的词或程度副词的修饰。这一用语特点表明法官在庭审中保持客观、冷静的立场和态度。

七、总结

通过对法官庭审话语的言语行为分析,可以发现不同类型的言语行为从不同侧面反映出法官在庭审中的地位、作用和角色特征的同时，又共同呈现出法官的某些庭审特征。

第一，法官在庭审中关注的重点和呈现的内容以客观事实为主。庭审中的客观事实包括案件事实，法律法规、庭审制度以及庭审活动等。案件事实不是法官关注和呈现的最主要的内容。与案件事实有关的法律法规、庭审制度以及庭审程序是法官在庭审中关注度最高、呈现最多的内容。

第二，法官在庭审中持客观、冷静和中立的态度。法官在呈现各种客观事实的同时，极少表达自己的主观观点，极少对事实进行任何形式的主观评价。并且，法官呈现事实的语言不带有任何的修饰副词或表达感情或情绪的任何词汇。因此，在庭审中，法官处于消极评价的状态。

第三，法官在法庭中的主要作用是指挥和指引庭审的进行。这是法官在庭审中最主要和最显著的特点。这一特点在言语行为中的表现是，由法官实施的不同类型的言语行为的实际作用均为指导或指挥庭审的进行。这些言语行为包括指令式、宣布式和承诺式。另外，法官指挥和指引的对象包括所有的庭审参加人：被告人、辩护人、公诉人、法警和整个法庭。

第四，法官在庭审中具有权威的地位和作用，但仅限于对法庭审判的指挥和指引，而不在于对案件事实的评价或处理。法官对案件事实的评价持消极和客观的态度。

第五，被告人和法官之间的关系主要是对立和紧张的状态，但也不乏民主与平等的特点。以被告人为行为对象的言语行为表达方式以严肃、正式为主要特色，但与此同时，法官给予了被告人以及辩护人进行某些选择和表达自己观点的机会和权利，并对被告人的利益表达了关切，对被告人的人格表达了尊重。

第六，法官与公诉人之间的关系为指挥与被指挥，或指引与被指引下的平等关系。法官对公诉人的指引体现在对庭审程序和庭审活动的指引,两者之间的关系以平等和互相尊重为主要特色。

第七,一部分引导性问话方式的存在,在一定程度上消解了法官的客观性和中立性。这是法官在法庭问询中应该注意的问题,应该尽量避免这种问话形式。

第八,整体上的法庭氛围以严肃、正式、冷静和威严为主要特色。同时,法官以比较微妙的方式为冷峻、严肃的法庭审判增添了民主、平等、尊重和关注被告人人格和利益,具有人文关怀的因素。但是这一特点不是我国法庭审判的主要特色,法庭审判氛围仍旧以严肃为主;同时,这也不是我国法庭审判的普遍特征,只存在于某些庭审中。

第四章 CHAPTER 04
公诉人庭审言语行为研究

公诉人言语行为的分类及分析标准与法官言语行为的分类和分析标准完全一致,因此,本章不再对公诉人言语行为的分析和分类标准进行具体说明。本书的最终目的是通过分析控辩审三方的庭审语言特点,比较三方在庭审中的身份、地位和角色体征以及我国刑事庭审的整体状态。鉴于第三章已经完成了对法官言语行为的分析,本章在分析和探讨公诉人言语行为特色的过程中,将结合法官的言语行为特色,对比两者之间的异同,发现两者在法庭审判中的不同地位和作用。

一、言语行为类别数据分析

(一) 公诉人言语行为类别数据分析

与法官言语行为的分析标准一样,本书根据塞尔言语行为的分类标准,即以言行事目的、适从向、心理状态和命题内容,将公诉人的言语行为进行了分类和数据统计,并同时与法官的言语行为类别数据进行了对比。具体如下表所示:

表 4-1　公诉人与法官言语行为类别数据对比

案例		问指	指令	断言	宣布	承诺	总数
一	公诉人	44	1	40	0	0	85
	法官	52	45	24	6	2	129
二	公诉人	0	1	16	0	1	18
	法官	9	13	14	7	2	45
三	公诉人	2	5	19	0	1	27
	法官	13	16	11	5	1	46
四	公诉人	6	18	88	0	3	115
	法官	32	24	63	15	11	145
五	公诉人	20	7	12	4	2	45[1]
	法官	72	33	43	27	3	178
六	公诉人	12	0	4	0	0	16
	法官	46	12	19	6	0	83

与法官的言语行为类别数据一样，公诉人言语行为类别的数据和比例也呈现出明显的规律性。在所选的六个案例中，公诉人的言语行为中占比例最大的无一例外为问指式言语行为或断言式言语行为。指令式言语行为虽然排名第三，但是在数量上与问指式和断言式两种言语行为相差悬殊。除案例五外，其他案例均无宣布式言语行为。承诺式言语行为在三个案例中空缺，在另外三个案例中占据极小的比例。除案例五有一个表情式言语行为外，其他案例中均不存在表情式言语行为。

根据公诉人言语行为的总体分布特点，公诉人的言语行为特色及对应的公诉人在庭审中的身份、地位和作用等特征总结

---

[1] 案例五还有一个表情式言语行为，总数是 45+1 个言语行为。

如下：

第一，问指式言语行为和断言式言语行为占据前两位的事实表明了公诉人在法庭上最为关注的是已经存在的客观事实。根据上文分析，问指式言语行为根据其命题内容，可以进一步区分为断言式问指或断言+表情式问指，无论是哪一种，都具有断言式言语行为的特征，都是对已经存在的客观事实的关注。这一点体现了对客观事实的关注或呈现是公诉人在法庭上的主要任务。

第二，指令式言语行为排名第三，且绝对数值十分低的情况说明，对于整个法庭或庭审参加人的指挥或指引不是公诉人在庭审中的主要职责。

第三，宣布式言语行为在绝大部分案件中空缺，在一个案例中少量存在的事实表明，公诉人在绝大部分情况下无需将案件对事实的影响作出交代，无论这个影响是案件最终的裁决结果，还是阶段性的结论或影响；或者没有权力通过宣布式言语行为给客观世界带来状态上的变化。

第四，承诺式言语行为只占据微弱的比例，或数量为零。根据上文分析，对于塞尔言语行为类型的理解不能以名称的普通意义为标准。承诺式言语行为也不是一般意义上的承诺，它只是符合塞尔言语行为分类中的几项指标，即，时间指向将来，适从向是世界指向话语，动作完成者为说话人，以言行事目的为说话者要在将来完成某事。因此，承诺式言语行为的数据表明公诉人言语行为的时间绝大部分不指向将来，而且公诉人的言语行为的作用不是意图让自己做某事，而是让别人做某事。在时间上与言语行为实施者这两个方面，承诺式言语行为的数据的情况与问指式和断言式言语行为的数据占据法庭言语行为前两位的情况是吻合的。问指式言语行为的命题内容是有关过去的信息,断言式言语行为的命题内容也是有关过去的信息。因此,法庭上公诉人主要关注的是已经存在的客观事实,而不是将来的事实。且问指式言语行为的行为对象为庭审中的其他参与人,断言式言语行为的行为对象也为庭审中的其他参与人或整个法庭,所以,公诉人言语行为的行为对象为整个法庭或庭审中的其他人,而不是公诉人自己。因此,法庭上公诉人的主要作用是告知他人有关客观事实的信息,或命令庭审参加人提供有关客观事实的信息。

第五,没有表情式言语行为。这表明公诉人的个人情感和态度因素在法庭审判中的参与度几乎为零。

(二) 公诉人与法官之庭审角色分析

从言语行为的总数来看,公诉人的言语行为总数远远低于法官的言语行为总数。具体到每一种言语行为,对于问指式和指令式言语行为,法官的言语行为数量远远大于公诉人的言语行为数量。对于断言式言语行为,在案例二和案例三中,公诉人的言语行为数量多于法官的言语行为数量;在案例一中,公诉人的言语行为数量远远多于法官的言语行为数量;在案例四中,法官的言语行为数量略多于公诉人的言语行为数量;在案例五和案例六中,法官的言语行为数量远远多于公诉人的言语行为数量。

具体到每一类言语行为的特色,公诉人与法官的特点对比如下:

第一,对于问指式言语行为与断言式言语行为在各自言语行为总数中的比例,公诉人与法官类似。在法官和公诉人的言语行为中,问指式言语行为和断言式言语行为的总和均在各自言语行为的总数中占据绝对的优势。这一相似点,一方面表明关注或呈现客观事实既是法官在庭审中的主要责任和任务,也是公诉人的主要任务和责任；另一方面表明客观事实在庭审中的重要地位。

对于问指式言语行为，法官的言语行为数量均大于，在某些案例中甚至是明显大于公诉人的言语行为数量。这表明法官通过问指式言语行为获取的信息量要大于公诉人。[1]对于断言式言语行为，综合六个案例的数值分布，法官和公诉人的数量基本相当。这一点表明，在通过断言式言语行为确定客观事实方面，法官与公诉人在法庭上的作用基本相当。[2]

第二，对于指令式言语行为的数据及所占比例，公诉人与法官存在很大的不同。在法官的言语行为中，指令式言语行为占据相当大的比例，在所选六个案例中，指令类言语行为的总数额和比例都占据前三位。这一点表明两者在法庭上责任和作用的重大不同。指令式言语行为的作用主要是指引或指挥法庭程序的进行和庭审参加人在法庭中的活动，这是法官在庭审中的重要责任和作用之一。而这一指引或指挥作用显然不是公诉人在法庭审判中的主要职责或权力。

第三，公诉人宣布式言语行为的数据特点与法官形成了鲜明的对比。宣布式言语行为是法官庭审语言中不可缺少的一部分，在法官的庭审言语中所占比例不大，但是在所选的六个案例中，无一案例为空缺状态。法官运用宣布式言语行为来结束或开启某个庭审阶段或庭审程序，对案件事实作出阶段性评价，或者宣布最后的审判结果。宣布式言语行为在公诉人庭审用语

---

〔1〕 获取信息的具体类别以及获取信息的对象可以进一步表明两者在庭审中的具体作用和地位，有关信息的具体类别，将在对问指式言语行为的研究中，进行具体对比和分析。

〔2〕 与问指式言语行为相同，断言式言语行为中客观事实的种类或内容的不同体现出双方在庭审中具体作用和地位的不同，具体分析见对于断言式言语行为的具体分析和对比。

中以空缺状态为主的特点表明公诉人在庭审中不具备相应的权力或作用。

第四，公诉人承诺式言语行为的特点与法官完全相同。庭审中法官的承诺式言语行为也是占据了微弱的比例。法庭上法官的主要作用是希望（不同程度的）受话者完成某种行为或言语行为，而不是让自己去完成某种行为。这一点也证明了法官与公诉人在法庭上的主要作用均是不同程度地希望或指挥除自己之外的庭审参加人完成某种行为或某种言语行为。在庭审中，公诉人和法官都没有"承诺"自己做某事的权利或责任，其言语行为的对象都是其他庭审参加人或者整个法庭。

第五，公诉人表情式言语行为的数据特点与法官完全相同。法官的庭审语言中也不包括表情式言语行为。由此可见，公诉人和法官的个人情感、态度或主观评价在法庭审判中的参与度为零。这表明了法庭上审判的客观性特征。

通过上述分析，可见，在法庭中，公诉人和法官所关注的重点是一样的，都是与案件有关的已经存在的客观事实，但所起的具体作用是不一样的。法官通过指令式的言语行为指挥庭审的进程，通过宣布式的言语行为指引法庭审判的进行、对案件事实作出阶段性评价或宣布最后的审判结果，但是公诉人员不具备这些作用或权力。公诉人和法官在法庭中的言语行为对象均为除自己之外的其他庭审参加人，因此，两者都是不同程度地希望别人，即其他庭审参加人去做某事。公诉人和法官的庭审语言中都没有表情式言语行为的特征凸显了法庭审判的客观性特征。

言语行为类别的数据表明的均为公诉人和法官在庭审中的整体作用和身份地位特征，对双方庭审特征的深入和细致的了解需要通过对每一类言语行为的具体特征进行深入和细致的分析。

二、问指式言语行为分析

比较法官与公诉人问指式言语行为的不同，可以发现两者在庭审中地位、作用和营造的庭审氛围的不同。

表 4-2 问指式言语行为分析标准及数据统计

分析标准	标准分类	案例一	案例二	案例三	案例四	案例五	案例六
		44	0	2	6	20	12
分类	断言	44	/	2	6	20	12
	表情+断言	/	/	/	/	/	/
行为对象	被告人	44	/	2	5	20	12
	审判长	/	/	/	1	/	/
心理状态	讯问	44	/	2	5	20	12
	询问	/	/	/	/	/	/
	请求	/	/	/	1	/	/
以言行事目的	具体信息	31	/	2	3	19	7
	二种情况之一	13	/	/	1	1	5
	二种情况之一+具体信息	/	/	/	1	/	/
	程序申请	/	/	/	1	/	/
以言行事力量指示项	语气虚词（讯问）	13	/	1	/	7	6
	语气虚词（询问）	/	/	/	/	/	/
	陈述句+对吧	2	/	/	/	/	/
	缺失	/	/	/	1(请求)	/	/

（一）再分类

问指式言语行为可以进一步分为断言式问指和表情+断言式

问指。前者是对事实的关注,后者不仅关注事实,同时也关注受话者的感情或态度。从表4-2中可以发现,在公诉人的问指式言语行为中,没有表情+断言式言语行为。例如:

(1) 一套成品铁盒包括哪些组装配件?
(2) 2017年11月的交易是什么情况?[1]
(3) 你是怎么向焦某骗钱的?
(4) 你是如何到案的?[2]

这些问指式言语行为的命题内容都是有关具体信息,以言行事目的就是从受话者处获得具体信息。这表明,在庭审中,公诉人在法庭中的重要作用之一是获取与案件有关的具体信息。

这一特点既与法官有相同之处,也有不同之处。相同之处在于,法官的问指式言语行为也是以断言式问指为主。因此,获取案件事实,或与案件事实有关的信息,是法官和公诉人问指式言语行为的主要任务,也是两者的主要任务之一。不同之处在于,公诉人的问指式言语行为不包括表情+断言式言语行为,因此,公诉人不关注受话者(一般为被告人)的态度、观点或感情。与之相反,法官的问指式言语行为中,表情+断言式言语行为占据一定的比例,这表明法官对受话者(一般为被告人)的态度、观点和感情的关注和尊重。这两个特点一方面表明,与案件有关的客观事实在法庭上的首屈一指的地位,它是法官和公诉人共同关注的对象;另一方面表明,法官在法庭上

---

[1] (1)(2)出自案例一,"2018年10月15日09:30直播杨浦法院审理的一起涉嫌非法制造、销售非法制造的注册商标标识罪案件",载 https://www.chinacourt.org/chat/chat/2018/10/id/50509.shtml, 2020年4月14日访问。

[2] (3)(4)出自案例二,"5月22日14时,海淀法院审理'未获行政许可私卖香烟 女子非法经营被公诉'案",载 https://www.chinacourt.org/chat/chat/2018/05/id/49662.shtml, 2020年4月14日访问。

所起作用的多维性，和公诉人在法庭中作用的单一性。

（二）行为对象

根据表4-2，公诉人问指式言语行为的行为对象几乎全部是被告人（除案例四中有一个是审判长外）。例如：

(1) 你是如何到案的？

(2) 你是如何制作铁盒的？[1]

在这两句话中，讯问对象均为被告人。这一点跟法官的问指式言语行为特色是相同的。法官的问指式言语行为的对象也主要是被告人，或被告方的辩护人，是公诉人的比例很小。这表明在法庭上，问指式言语行为的交际双方主要是司法人员和被告人。司法人员获取信息的渠道主要是通过被告人。司法人员与被告人之间的关系是法庭上的主要关系。在获取信息这个层面，公诉人和法官在法庭中的地位和作用是平行的。

（三）心理状态

从表4-2中可以看出，公诉人的心理状态几乎全部为讯问，而讯问的特色是与案件事实有关，而对受话者不利的问话。例如：

(1) ＊＊＊一共给你多少钱？

(2) 是否有授权制造、销售＊＊＊商标标识？[2]

这两个问指式言语行为都是讯问被告人案件事实。从这一

---

[1] (1)(2)出自案例一，"2018年10月15日09：30直播杨浦法院审理的一起涉嫌非法制造、销售非法制造的注册商标标识罪案件"，载 https://www.chinacourt.org/chat/chat/2018/10/id/50509.shtml，2020年4月14日访问。

[2] (1)(2)出自案例一，"2018年10月15日09：30直播杨浦法院审理的一起涉嫌非法制造、销售非法制造的注册商标标识罪案件"，载 https://www.chinacourt.org/chat/chat/2018/10/id/50509.shtml，2020年4月14日访问。

点可以看出公诉人关注的重点是可以将被告人定罪的事实。讯问是正式而严肃的,因此,讯问营造的是严肃、正式、有威严、有压力的法庭氛围。

在这一点上,公诉人和法官之间存在很大的不同。从上一章的分析,可以得知在庭审中,法官心理状态为询问和讯问的问指式言语行为的数量相当。这证明,法官所关注的事实较公诉人更加全面。他既关注与案件有关,可以将被告人定罪的事实,同时,也关注被告人的利益,表达对被告人的尊重。较公诉人更加全面的关注内容表明了法官在法庭中作用的多面性。法官从多角度或多层面把握案件事实,并营造威严和温度并存的法庭氛围,最后根据总体事实,对被告人进行定罪。而公诉人关注内容的单一性也证明了其作用的单一性和在法庭审判中的辅助性功能,公诉人的作用就是协助法官发现案件事实,从而使法官作出裁决的事实全面且可靠。此项特色对比还表明,营造具有人文关怀的法庭氛围,给予被告人关怀和尊重,体现法庭的民主、宽松,自由和尊重的氛围的任务主要由法官来完成。

(四)以言行事目的

根据表4-2中的数据,可以发现公诉人问指式言语行为的以言行事目的几乎全部为具体信息,除案例一中以言行事目的为二种情况之一的问指式言语行为有13个外,其他案例中的以言行事目的几乎全部为具体信息。例如:

(1)＊＊＊一共给你多少钱?
(2)2017年11月的交易是什么情况?[1]

---

[1] (1)(2)出自案件一,"2018年10月15日09:30直播杨浦法院审理的一起涉嫌非法制造、销售非法制造的注册商标标识罪案件",载 https://www.china-court.org/chat/chat/2018/10/id/50509.shtml,2020年4月14日访问。

这两个言语行为的以言行事目的都是获取具体信息。

根据上文分析，以言行事目的为具体信息的问指式言语行为最为客观；以言行事目的为二种情况之一的问指式言语行为具有一定的引导性；而具体信息+二种情况之一的以言行事目的主要是问询受话者的主观意见或建议。公诉人问指式言语行为的以言行事目的主要为具体信息的事实说明，首先，公诉人在庭审中关注的重点是案件事实或与案件有关的客观事实；其次，公诉人对案件事实关注的形式单一、态度客观，没有引导性问话；最后，公诉人不关注被告人的主观意见或态度。

与公诉人不同，法官的以言行事目的包括三种，且每一种都占据了相当的比例。这些特点表明了法官与公诉人在法庭中所起作用的异同：首先，两者都关注案件事实或与案件有关的事实，且主要以客观的形式获取有关案件事实的信息；其次，法官有以言行事目的为"二种情况之一"的选择性问话，这种问话具有一定的引导性；但是在公诉人的问指式言语行为中，不存在这种形式；这表明公诉人始终保持客观中立的态度，而法官在某些情况下会带有一定的主观性或引导性；最后，法官不仅关注案件事实，且关注被告人的态度和意见。上述事实同时也表明，公诉人作用单一，态度一直保持客观中立的状态；法官作用多维，既关注事实也关注态度，态度和立场以客观为主，同时兼具主观特征的引导性。

（五）以言行事力量指示项

与法官言语行为分析一样，本部分只分析具有缓和语气作用的语气助词这一以言行事力量指示项的数量和分布及其所反映的庭审特色。

公诉人的法庭问话没有询问类的言语行为，因此不存在询问类言语行为是否用虚词的问题。从表4-2中可以看出，语气虚词的使用在讯问中占据了很小的比例，这一点跟法官的用语特征完全一致。讯问类言语行为的命题内容为案件事实，本身以言行事力量强大，营造的是严肃、正式的法庭氛围。公诉人与法官的这一共同特点表明严肃、正式和威严的状态是法庭的主旋律。虽然，在必要的时候，公诉人与法官都使用可以减轻以言行事力量的语气助词，但是在讯问式言语行为中，语气助词的使用是少数现象。

与法官不同的是，公诉人员的以言行事力量指示项几乎没有缺失的情况，而法官以言行事力量指示项有缺失的情况，且都发生在讯问类言语行为中。这一点说明，公诉人更加追求表达的精确和明确。相比而言，与法官的语言相比，公诉人的语言更加正式。庭审语境具有鲜明的特色，因此，在某些情况下，可以省略以言行事力量指示项，同时并不影响意思的表达，这是法官言语行为中存在以言行事力量指示项缺失的原因。而在同样的语境下，公诉人员的言语表达并不存在以言行事力量指示项缺失的情况。这一点一方面表明，公诉人用语的精确性以及公诉人着重营造的是严肃而正式的法庭氛围；另一方面表明，法官用语相对随意和灵活，法官所营造的法庭氛围以严肃正式为主，兼具轻松和减压的特征。

（六）小结

根据上述分析，可以发现，与法官相比，公诉人的问指言语行为呈现出以下特色：

其一，公诉人关注的内容更加集中和单一。公诉人仅关注和呈现案件事实或与案件有关的事实；而法官既关注事实又关注受话者的态度、观点和情感因素。其二，公诉人的心理状态更加单一。法官询问和讯问的心理状态的数量相当，而公诉人主要为讯问。其三，公诉人的以言行事目的更加单一。法官的以言行事目的为具体信息和二种情况之一兼具,而公诉人主要为具体信息。其四,公诉人语气虚词的使用较法官更加稀少。其五,公诉人的言语表达不存在以言行事力量指示项缺失的情况。

根据言语行为中的这些不同点,可以发现,公诉人与法官在庭审中所起作用的异同。

公诉人与法官的共同之处主要体现在三个方面:首先,两者关注的重点均为客观事实,这一点体现出客观事实在庭审中的重要性;其次,两者获取信息的主要渠道均为被告人,表明在庭审中司法人员与被告人之间的关系为庭审中的主要关系;最后,两者用语以正式、严肃为主要特色,体现司法人员与被告人之间的关系以对立和紧张为主要特色,刑事庭审氛围也以严肃、正式和威严为主要特征。

公诉人与法官之间的不同之处要远远多于相同之处,主要体现在以下几个方面:首先,法官和公诉人所关注的方面不同。法官不仅关注客观事实,并且关注被告人的利益和态度,并表达对被告人的尊重。而公诉人关注,且只关注案件事实。其次,营造法庭氛围的不同。法官的言语行为不仅营造了正式、威严和严肃的法庭氛围,同时,也营造了民主、自由、平等、有温度和人文关怀的庭审氛围。而公诉人的言语行为营造,且仅营造出严肃、正式和威严的庭审氛围。再次,法庭用语特色不同。公诉人的用语以精确和正式为主要特征,而法官的用语在某些情况下具有随意性和灵活性。而这一点与两者塑造的不同法庭氛围有直接关系。精确而正式的用语营造正式的庭审氛围,灵活的话语表达具有缓解压力的作用。最后,法庭审判态度的不同。公诉人一直是客观的态度。而法官的态度以客观为主,但有时也具有主观性。

根据上述对比,可以发现在庭审中法官和公诉人之间的最大不同就是作用的单一性和多维性的不同。公诉人作用单一，法官作用多维。这种多维性和单一性同时存在于二者庭审言语行为的主观能动层面和客观效果层面。但是问指式言语行为所表现出来的这些不同仅限于二者在法庭中作用的不同，并没有体现出二者在法庭中地位的高低。在问指式言语行为所表现出的庭审特征中，法官并没有凌驾于公诉人之上的姿态，也没有体现出法官在法庭中居于主导地位的特色。而根据对法官言语行为特征的分析，可以得知法官在法庭中的主导作用十分有限，仅限于对法庭程序的指导指挥和控制，[1]而对于审判本身没有明显的主导或指导作用。因此，可以说法官是法律程序的报幕员，但不是庭审的主宰者。

三、指令式言语行为分析

因为公诉人指令言语行为的数量较少，且情况比较简单，因此，这一部分将数据统计的几项内容进行综合分析，而不再进行分项分析。与法官的对比也是进行综合对比，而不是分项对比。指令式言语行为的数量、程度和命题内容特征可以体现法官与公诉人在庭审中的活跃度、庭审中的具体地位和作用。具体数据统计及分析如下：

表4-3 指令式言语行为分析标准及数据统计

分析标准	标准分类	案例一	案例二	案例三	案例四	案例五	案例六
		1	1	5	18	7	0
再分类	强	/	/	2	15	/	/
	弱	1	1	3	3	7	/

---

[1] 详见第三章对法官言语行为的分析。

续表

分析标准	标准分类	案例一 1	案例二 1	案例三 5	案例四 18	案例五 7	案例六 0
行为对象	法庭	/	/	/	/	7	/
	法官	1	1	/	/	/	/
	法庭/法官	/	/	5	18	/	/
心理状态	请求	1	/	/	1	/	/
	建议	/	/	3	16	7	/
	命令	/	/	1	/	/	/
	愿望	/	/	1	/	/	/
	提醒	/	/	/	1	/	/
以言行事目的	程序申请	1	/	/	1	/	/
	建议	/	1	5	16	7	/
	事实告知	/	/	/	1	/	/
以言行事力量指示项	动词	1 申请	/	3 建议2 希望1	9 请提请 供……参考	3 建议	/
	情态/助动词	/	1 应当	应当2	9 应当、可以	4 可、可以	/

(一) 言语行为特色综合分析

根据指令式言语行为的再分类数据统计，在公诉人的指令式言语行为总数很少的情况下，弱指令的数量要多于强指令。除在案例四中，强指令多于弱指令外，在其他的几个案例中，或者强指令数量为零，或者弱指令多于强指令。这一点跟法官的指令性言语行为有着明显的不同。首先，法官指令式言语行

第四章 公诉人庭审言语行为研究

为的数量远远多于公诉人。其次,在法官的指令式言语行为中,强指令必不可少,且占据了较高的比例。强指令是必须遵守,受话者没有选择余地或违抗权利的指令。因此,指令式言语行为的特征表明,在庭审中,法官对整个法庭的驾驭程度和所拥有的指挥权力要远远高于公诉人。

与此同时,法官强指令的对象均为公诉人、法警、法庭或合议庭。命题内容绝大部分与法庭程序有关,主要起到的是法庭程序的推动和告知作用,而并非法官个人所发出的具有主观性的指令。例如,法官对法庭"现在进行法庭调查";法官对公诉人"由公诉人宣读起诉书"。这些强指令与战场上指挥官所发出的"开炮!"一类的命令有明显的区别。法官的法庭指令遵循的是客观的法庭程序,个人意志的参与度很小。但是在战场上,指挥官所发出的命令并不是遵循某种客观程序,而是根据个人对战场形势的判断而发出的代表个人意志的指令,且指令必须被执行。因此,法官强指令的程序告知意义要远远大于权威意义。因此,法官的指令式言语行为数量远远大于公诉人,且强指令在其中占一定比例的事实并不能表明法官在法庭上的权威地位要远远大于公诉人。占据权威地位与起指挥和指导作用的更大程度上是法律程序的权威性和不可违抗性,而不是法官本人。在法庭上,法官只不过是法律程序的告知者而已,其作用类似电视节目的报幕员。但是,这个程序告知的作用由法律赋予了法官,而不是其他任何庭审参加人,从这个意义层面看,法官在庭审中拥有独一无二的指挥庭审进程的作用,而这一作用与其说是在公诉人及整个法庭之上的权威或指挥地位,毋宁说是在法庭中担任了具有指挥或指引作用的角色而已。其对于地位高低和权力大小的彰显意义微小,而对于不同角色作用的呈现意义显著。因此,在此可以得出结论,指令式言语行为的数据对比表明，法官在庭审中具有一定的权威性和指挥性，但权威性和指挥性地位的意义极其有限，仅限于法庭程序和法庭活动的指挥指引或告知作用，法官与公诉人在庭审中的不同主要在于角色及其作用的不同，而不是地位和权威的差异。

进一步研究公诉人指令式言语行为的行为对象，可以发现公诉人的行为对象主要是审判长和法庭，没有被告人，指令类别主要为弱指令。例如，公诉人对法庭"应受到刑罚惩罚，希望法庭依法惩处"；[1]公诉人对法官"综上建议判处被告人有期徒刑三年六个月到四年，并处罚金"。[2]结合命题内容，发现公诉人的指令虽然为弱指令，即不是必须执行的指令，但却具有较强的主观性，是公诉人根据客观事实作出的主观判断。因而，这些弱指令也并非完全的"弱"。这些指令大多是对法官及整个法庭提出的，虽然未必一定执行，但却是有一定影响力的主观观点和建议。虽然，最后的裁决由法官或合议庭完成，但是公诉人有关刑罚的意见和建议在法庭审判中的作用也不可忽视。

公诉人员的心理状态，主要为建议，还包括请求、命令、愿望和提醒。这一点跟法官截然不同，法官实施指令性言语行为的主要心理状态为命令、允许和指挥指引。公诉人指令类言语行为的以言行事目的主要是建议，即向法庭和法官，就案件的判决提供建议。而法官指令类言语行为的以言行事目的主要是指挥指引和告知（程序告知、情况告知、行为告知）。结合命题内容，可以发现法官的命令、指挥或指引主要是法律程序相

---

[1] 出自案例三，"10月24日9时，昌平法院审理'闺蜜"化身"男友骗钱女子涉嫌诈骗被公诉'案"，载https://www.chinacourt.org/chat/chat/2018/10/id/50561.shtml，2020年4月14日访问。

[2] 出自案例三，"10月24日9时，昌平法院审理'闺蜜"化身"男友骗钱女子涉嫌诈骗被公诉'案"，载https://www.chinacourt.org/chat/chat/2018/10/id/50561.shtml，2020年4月14日访问。

关，公诉人员的建议主要是根据客观事实对判决结果所提出的建议。

因此，指令式言语行为这个层面主要表明了法官和公诉人在庭审中的不同作用和角色特征，而不是在庭审中两者之间地位和权威的差异。

从以言行事力量指示项看，公诉人的指令式言语行为，除案例三有一个简短陈述句外，其他指令式言语行为均为祈使句。在祈使句中，所使用的动词主要包括申请、建议、希望、提请等；所使用的情态动词主要包括应当、可、可以。这些动词的主要特点是直接、明了，即动词本身就能直接表达说话者的意愿，因此，这样的表达具有简洁、明了、高效的特点。应当、可、可以这些情态动词，都明确地表示出言语行为的程度。这些词都是程度比较弱的指令词，具有弱化指令的作用。例如，"你必须起床""你起床"和"你应该起床"，三句话的表达强度依次递减。总之，公诉人使用了祈使句，相比陈述句而言，祈使句的程度更强；但是公诉人所使用的动词都是程度比较轻的指令性动词，所使用的助动词都具有减轻指令程度的作用。因此整体上，公诉人的指令程度比较低。法官的指令式言语行为主要为祈使句，且所使用的动词都是程度较强的指令性动词，这一点表明，法官的指令式言语行为的指令程度比较强。法官的弱指令的表达形式主要为陈述句。结合命题内容，可以发现，法官的强指令主要在于指挥法庭程序的进行。法官的弱指令表现出对公诉人的尊重，并给予公诉人一定的选择权利。公诉人的弱指令体现出公诉人对法庭判决结果的建议。以言行事力量指示项的对比体现出公诉人与法官在法庭中指令程度的差别。

（二）公诉人与法官之庭审角色分析

综合上述分析，可以发现，法官的强指令没有一般意义上理解的那么强,公诉人的弱指令也不是一般意义上理解的那么弱。法官指令式言语行为中的强指令主要体现的是法律程序的强制性,以及法官根据法律程序对庭审活动的指挥作用,在很大程度上并不体现法官在法庭中的至高无上的权威地位。法官的作用只是根据审判的进程,决定在何时进入下一个法律程序,并利用兼具宣布式言语行为特色和指令式言语行为特色的言词,指引整个法庭进入下一个庭审阶段。因此,对于强指令式言语行为所表现出的法官在庭审中的地位和作用,笔者认为,较为准确的描述为法官是法庭进程的指挥者和指引者,但并不具备指挥官在战场上所具有的至高无上的权威地位;制约整个法庭的是法律程序的权威性和不可违背性,而不是法官这个角色。公诉人的指令虽然以弱指令为主,但是以弱指令的方式提出的建议对于法庭的判决具有重要的参考价值,虽然,最后的判决由法官或合议庭裁定,但是公诉人的建议的重要性对于法庭裁判的价值和重要性不容忽视。因此,指令式言语行为的强、弱数量及其分布表明了法官与公诉人在庭审中的不同主要是角色和作用的不同,而不是权威的差异或地位的高低。

四、断言式言语行为分析

断言式言语行为在公诉人的言语行为中占据较大的比例,这一点与法官类似。比较两者的断言式言语行为的异同,可以发现两者在庭审中关注事实种类的异同,与案件事实的关系以及对案件事实的不同态度和处理方式,从而进一步发现两者在庭审中的作用和地位的不同。

第四章 公诉人庭审言语行为研究

表 4-4 断言式言语行为分析标准及数据统计

分析标准	标准分类	案例一 40	案例二 16	案例三 19	案例四 88	案例五 12	案例六 4
再分类	法庭依据	1	0	1	4	0	0
	客观事实	39	16	18	84	12	4
	肯定	38	16	18	84	11	3
	否定	2	/	1	4	1	1
行为对象	法庭	40	14	19	86	11	/
	法官/陪审员	/	2	/	1	1	4
	被告	/	/	/	1	/	/
心理状态	信赖	/	/	/	3	/	/
	相信	24	9	3	45	8	/
	客观	16	7	16	32	4	4
	推测	/	/	/	8	/	/
以言行事目的	事实告知	16	7	16	57	6	1
	情况告知	3	/	/	3	/	/
	结论告知	20	9	3	27	3	/
	重复确认	1	/	/	1	/	/
	程序告知	/	/	/	/	3	3
以言行事力量指示项[1]							

（一）再分类

从表 4-4 的数据对比可以看出，在公诉人员的断言式言语

---

[1] 因以言行事力量指示项的表述文字较多，因此，该部分内容放到文中进行列举对比。

行为中,客观事实类言语行为,要远远大于法庭依据类的言语行为;肯定式的言语行为要远远大于否定式的言语行为。这两点与法官断言式言语行为的分类特色完全一致。例如:

(1)(法官)＊＊没有给你提供过你也没有问他要过,之前公安机关你没有交代相关事实。

(2)(公诉人)＊＊＊有限公司于2004年12月9日注册成立,类型是有限公司,住所＊＊＊＊,经营范围:阿胶系列产品的研发;投资管理。[1]

上述两个言语行为都是对案件事实本身的关注。这表明与法官一样,公诉人在法庭上关注的重点和核心是案件事实本身,而不是与案件有关的事实。公诉人和法官对于事实的处理方式都是以肯定的形式确认事实,而不是以否定的形式否认事实,即排除与案件无关或不符合真相的事实。

另外,法庭依据类断言式言语行为在公诉人和法官的断言式言语行为中所占比例均小于客观事实类断言式言语行为,但,不同之处在于法官的法庭依据类断言式言语行为的数量不可忽视,而公诉人的法庭依据类断言式言语行为的数量少到可以忽略不计的地步。例如,法官在庭审中的法庭依据类断言式言语行为:

(1)根据《中华人民共和国刑事诉讼法》的规定和沪高法[2011]121号文件规定,

(2)根据《中华人民共和国刑事诉讼法》的规定,被告人、辩护人在庭审中还享有下列诉讼权,

---

〔1〕(1)(2)出自案例一,"2018年10月15日09:30直播杨浦法院审理的一起涉嫌非法制造、销售非法制造的注册商标标识罪案件",载 https://www.china-court.org/chat/chat/2018/10/id/50509.shtml,2020年4月14日访问。

(3) 经上级法院指定管辖,[1]

这三个表达所代表的法庭依据类断言式言语行为在法官的断言式言语行为中占据了不可忽视的数量和比例。这一点表明,对法律法规和法庭依据的引介主要是法官的责任,但不是公诉人的责任。这一点再一次表明法官在庭审中作用的多维性和公诉人作用的单一性。

(二) 行为对象

公诉人断言式言语行为的行为对象主要是法庭,少数为法官,极少数为被告人。这一点表明,公诉人的主要职责是向整个法庭确认案件事实,而不是向具体的某个人或群体确认事实。这一点与法官的行为对象基本相同。法官实施断言式言语行为的行为对象主要也是法庭,即,向整个法庭确认事实。这一共同点一方面表明了案件事实在法庭审判中的核心地位,另一方面表明了法庭审判对于所有庭审参加人的重视和尊重。庭审不是以司法人员为核心,所有庭审参加人都是重要角色。对案件事实的确认工作是公诉人和法官的任务,由两者共同完成,但是案件事实的确认并不是在两者之间进行,其对话关系是一对多或点对面,即一方为公诉人或法官,另一方为所有的庭审参加人或曰整个法庭。这一关系一方面表明了法庭审判的开放性,即信息的开放;另一方面表明了司法人员对其他庭审参加人,在此主要为案件当事人和辩护人的尊重和重视。因此,断言式言语行为的行为对象这一特征表明,在法庭中,公诉人和法官在法庭上在对于事实的确认方面的作用和地位是平行的,或曰平等的。

---

[1] (1)~(3) 出自案例四,"2018年9月4日14:10直播黄浦法院审理的一起涉嫌行贿罪案",载 https://www.chinacourt.org/chat/chat/2018/08/id/50345.shtml, 2020年4月14日访问。

对比公诉人与法官的断言式言语行为的行为对象，还可以发现，除两者绝大部分的行为对象都为法庭外，公诉人有极少的言语行为的对象为法官或被告人，数据少到不具有统计学意义，因此，本书忽略。而法官的断言式言语行为的行为对象有相当一部分为被告。因此，法官除向整个法庭确认事实外，某些事实需要向被告人确认。这一点表明，在法庭中，法官言语行为的行为对象是多面的，而公诉人言语行为的行为对象是单一的。因而，法官在法庭中的关系网要比公诉人复杂，前者是多重关系，是复数；后者是单层关系，是单数。由上述分析已知，法官在法庭中的作用是多维的，公诉人在法庭中的作用是单一的。这一点表明，法官在法庭中所处的关系是多重的或多面的，而公诉人的关系是单一的。

总而言之，行为对象这一标准体现的庭审特色就是，在确认案件事实方面，公诉人与法官的作用和地位是平行的；法官在法庭中的关系网要比公诉人复杂，前者是多重的和多角度的，后者是单一的。

（三）心理状态

表4-4中的数据清晰地表明，公诉人占据绝对主要地位的心理状态是相信和客观。根据前文论述，相信类的心理状态主要是表达自身的主观观点，对应评价类言语行为，表达对案件事实的个人观点；客观类的心理状态是对客观事实的纯粹客观的呈现，个人主观因素的参与度为零。由此可见，在法庭中对于案件事实的处理上，公诉人的主要职责包括两个方面：一是对案件事实的客观呈现，二是对案件事实进行评价。

这一点与法官既有重合之处，也有相异之点。在法官的断言式言语行为中，心理状态占据比例最大的为信赖和客观。"客观"是与公诉人的重合之处，表明对案件事实的客观呈现为两

第四章 公诉人庭审言语行为研究

者在法庭审判中的重点任务或作用。而体现相异之点的是"信赖"与"相信"的差别。这一点表明法官与公诉人在法庭中的不同作用，法官具有引介法律法规和法庭依据的职责或任务，而公诉人的职责是阐述本身对案件事实的主要观点。在这一方面，两者的作用是不同的。

由此，可以得出结论，断言式言语行为的心理状态这一指标表明与公诉人和法官相关的以下两点庭审特色：首先，案件事实是两者关注的共同点，在庭审中占据了近乎核心的地位；其次，两者的法庭角色和作用不同，法官负责法律法规和法庭依据的引介，而公诉人主要负责对案件事实进行评价。在这一层面上，法官的工作更趋向于"客观"，而公诉人的作用更趋向于"主观"。

(四) 以言行事目的

公诉人实施断言式言语行为的两大目的是事实告知和结论告知。事实告知，即为案件事实的告知，例如，"2017 年 12 月 6 日民警对被告人＊＊＊位于＊＊＊的工厂进行搜查，现场查获印有'＊＊＊'商标字样的纸卡 9 箱"[1]这一言语行为的以言行事目的为"事实告知"。结论告知，即为公诉人个人观点的表达，这里的结论不是指案件审结的结论，而是公诉人根据已知案件事实，所形成的阶段性的，或针对某个细节的结论或观点。例如，"辩护人提出的审计不应当用法律意义上的件，只是有参考价值的。但是公诉人认为这种计件方式是客观的也是正确的"[2]这

---

[1] 出自案例一，"2018 年 10 月 15 日 09：30 直播杨浦法院审理的一起涉嫌非法制造、销售非法制造的注册商标标识罪案件"，载 https://www.chinacourt.org/chat/chat/2018/10/id/50509.shtml，2020 年 4 月 14 日访问。

[2] 出自案例一，"2018 年 10 月 15 日 09：30 直播杨浦法院审理的一起涉嫌非法制造、销售非法制造的注册商标标识罪案件"，载 https://www.chinacourt.org/chat/chat/2018/10/id/50509.shtml，2020 年 4 月 14 日访问。

一表达中所包含的两个言语行为的以言行事目的都是"结论告知",这一结论不是最终的审判结论,而是公诉人根据事实形成的观点,或曰阶段性的结论。进一步研究发现,事实告知对应客观的心理状态,结论告知对应相信的心理状态。在法官的断言式言语行为中,占据以言行事目的前两位的为事实告知与情况告知。事实告知为对案件事实的告知,情况告知指对与案件事实有关的情况的告知。法官的事实告知对应客观的心理状态,情况告知对应信赖的心理状态。

公诉人与法官的主要以言行事目的中都有事实告知,且都对应客观的心理状态,这一特点表明庭审中两者对事实的重视,以及客观的态度在庭审中的重要地位。公诉人的以言行事目的中结论告知占据了重要的比例,且对应心理状态为相信,即为主观观点的表达。这一点表明,虽然最后的判决结果是由法官作出的,但是并不意味着整个庭审中没有,或者很少有公诉人的观点;相反,公诉人的个人观点不仅存在,而且占据了相当量的比例。因此,公诉人的观点在庭审中在量上占据相当量比例的事实必然意味着公诉人的观点在庭审中占据着重要的地位。法官的以言行事目的中,情况告知占据重要比例的事实一方面表明,法官的主要任务是引介法律法规、法庭依据或与案件有关的其他事实,信赖的心理状态表明了法官对已知法规或事实的相信程度;另一方面表明,法官在断言式言语行为中,极少或根本不表达自己的观点。

总之,断言式言语行为的以言行事目的的数据对比说明公诉人与法官在庭审中具有以下特征:其一,两者都关注客观事实,或曰案件事实本身,且关注的态度以客观为主;其二,公诉人针对案件事实进行评价,且评价类表达的数量和比例不容忽视;法官从未或极少针对案件事实表达观点或意见;其三,法官言语行为中法律法规的引介占据相当比例的事实进一步表明，法官在庭审中的主要作用之一为对法律法规的引介，其权威性地位和作用的体现之一也在于对法律法规的引介，或曰所谓权威其实并非法官的权威，而是法律法规的权威。

(五) 以言行事力量指示项

与对法官的以言行事力量指示项的研究方式一样，本部分对公诉人断言式以言行事力量指示项的研究同样以心理状态为分类标准进行对比研究。[1]在公诉人的断言式言语行为中，占据前两位的心理状态为相信与客观。因此，本部分着重分析这两个心理状态对应的以言行事力量指示项。为了便于对比，将法官的断言式言语行为的以言行事力量指示项同时列举如下：

公诉人心理状态为"相信"的断言式言语行为在各案例中的以言行事力量指示项如下：

案例一：证实、性质属于、是（犯罪）、是（一个完整标识）、认为、应该

案例二：证明、确实充分、无误的、认为、违反规定、扰乱秩序、情节严重、触犯规定、事实清楚、证据确实充分

案例三：证实、犯罪事实清楚、证据确实充分、构成诈骗罪

案例四：触犯、事实清楚、证据确实、犯数罪、（认罪）态度良好、认为、犯罪故意、构成犯罪

案例五：证据充分、事实清楚、非法……、如实供述、造成严重后果、有（坦白情节）

法官心理状态为"相信"以言行事力量指示项在各案例中

---

[1] 以心理状态为以言行事力量分类标准的原因分析见第三章。

的具体形式如下：

案例一：已经充分

案例四：应当；认真；认为；是；拖延；便利；犯数罪；具有；某人认为；能如实；可以从轻（原来的接受）

案例五：经质证；合法有效；可以作为；予以确认；事实清楚；确实充分

案例六：有关事实；有关处理措施

公诉人心理状态为"客观"的断言式言语行为在各案例中的以言行事力量指示项如下：

案例一：没有、查获、抓获、否认、办理

案例二：出示、宣读、经营

案例三：获得、系、不存在

案例四：提到、没有/有、适用、给予、谋取、利用、身为、供述、筛选、造成损失、开展活动

案例五：完毕、没有

案例六：无、到此（结束）、完毕、宣读

法官心理状态为"客观"以言行事力量指示项在各案例中的具体形式如下：

案例一：对……公开审理；由……组成/担任；是（某人）；确认……后；经过；已

案例二：依法；由……担任/担任；与……组成；（检察院）指派；为……辩护

案例三：查明；为；依法；担任；组成；委派

案例四：对……进行公开审理；征得……同意；适用简易

程序；宣布……；由……担任；组成；出庭支持；是

案例五：依法；担任……

案例六：有关事实；通过；核实；听取；记录

根据以言行事力量指示项的表达，可以将公诉人和法官相信类的以言行事力量指示项分为四个类别：①对案件事实的评价；②对犯罪行为的评价；③对法庭供述行为的评价；④对定罪的建议。这四个类别就是公诉人和法官在法庭上表达主观观点所涉及的四个不同方面。法官和公诉人的具体用语虽然有差别，但是都可以归入这四类。两者的共同点还在于，虽然都是表达主观观点的言语行为，但是没有任何程度副词来加强或减弱表达的语气和力量。无论是公诉人还是法官，对于主观观点的表达都是"纯净"的，不掺杂任何感情或情绪因素的，因而表达都是客观的。除去这些共同点，进一步对比会发现，在法官的以言行事力量指示项中，没有"证实"或"证明"，而这两个表达正是公诉人使用频率很高的两个词。"证实"或"证明"这两个指示项的特点是后面的内容看似是客观事实，并不是说话者的主观观点，但实际上，是说话者对事实的定性或定位。例如，"第一组证据，证实被告人到案及查扣的情况""证实其丈夫＊＊＊经营外包装生意"。[1]在这两个表达中，"证实"的内容貌似都是客观事实，但实际上并不是客观事实，而是公诉人对客观事实的定性：第一个"证实"是对第一组证据的认可，认为第一组证据的价值在于"证实被告人到案及查扣的情况"；第二个"证实"也是对所涉及证据的认可和定位，认

---

[1] 出自案例一，"2018年10月15日09：30直播杨浦法院审理的一起涉嫌非法制造、销售非法制造的注册商标标识罪案件"，载 https://www.chinacourt.org/chat/chat/2018/10/id/50509.shtml，2020年4月14日访问。

为相关证据的价值在于可以"证实其丈夫＊＊＊经营外包装生意"的事实。这两个"证实"后面的内容都不是证据本身的内容，而是公诉人根据证据确认的事实，或曰这些事实不是摆在表面上的，或曰显而易见的，而是公诉人必须依靠证据，加以主观判断后，才可以确定的事实。因此，公诉人对"证实"一词的高频使用，表明公诉人在法庭上的重要作用之一就是对证据和案件事实的定位和定性。而法官对案件事实的评价主要是结论性的，是对定罪的建议。例如：

(1) ……也是犯罪行为。
(2) 被告人的犯罪行为具有一定的社会危害性。
(3) 应当数罪并罚。[1]

法官对案件的评价有两个特色，一是结论性，或曰定罪性质的评价，二是评价一般出现在宣判部分。在案件审判过程中，法官基本不对案件事实作任何评价。由此可见，法官与公诉人对案件的评价方式和评价在庭审中的作用存在很大差异。公诉人以定性式评价为主，法官以结论式评价为主；公诉人在案件审判过程中对案件事实进行评价，法官在宣判时对案情进行定罪评价。

根据上述分析，客观类断言式言语行为是说话者对"事实"的客观或中立的表述。对比公诉人和法官的客观类以言行事力量指示项表明这些表达都是对事实的纯客观表述，且都没有程度副词的修饰。这一点表明公诉人和法官在庭审中对于事实的态度是纯客观的。进一步对比两者的以言行事力量指示项，发

---

[1] (1)~(3) 出自案例四，"2018年9月4日14：10直播黄浦法院审理的一起涉嫌行贿罪案"，载 http://www.chinacourt.org/chat/chat/2018/08/id/50345.shtml，2020年4月14日访问。

现公诉人的以言行事力量指示项主要与案件事实相关,例如,查获、经营、谋取、供述、造成损失等;而法官的以言行事力量指示项主要与庭审活动相关,例如,对……公开审理、由……组成/担任、担任、组成、委派等。由此可见,虽然两者都是关注事实本身,但事实的类别有明显的差异:公诉人主要关注案件事实,而法官主要关注与庭审活动有关的事实。

综合上述两点,可以得出结论,断言式言语行为的以言行事力量指示项这一层面表明了公诉人和法官在庭审过程中对"事实"的关注与评价的异同:客观事实都是两者关注的重点,且对事实的关注与呈现都采取纯客观的态度;但是相比而言,公诉人更多关注的是案件事实,而法官更多关注的是法律法规、庭审程序和庭审活动有关的事实。两者都对案件事实进行评价,但评价的方式和评价阶段不同。公诉人对案件事实的评价在庭审过程中,评价方式以精确定性为主;法官的评价主要在宣判阶段,评价以定罪量刑为主,法官在庭审过程中极少对案件事实进行评价。

法庭依据类和推测类断言式言语行为在公诉人的断言式言语行为中,占据极小的比例,不具有统计学意义,或曰对公诉人的言语特征几乎没有影响,因此,本书不作分析。

(六) 小结

断言式言语行为是说话者在不同程度上表达对客观事实的确认。鉴于案件事实、法律法规、庭审程序、与案件有关的事实等客观事实在庭审中的重要性,断言式言语行为必然成为,而且统计数据也证明,法官和公诉人庭审言语行为的极为重要的组成部分。通过对公诉人和法官的断言式言语行为进行全方位的剖析和对比,其中的规律性及其蕴含的两者在庭审过程中关注内容、秉持态度、担任法庭职责以及占据法庭地位的异同。

断言式言语行为所呈现的法官与公诉人在庭审中的共同点主要包括以下几点：首先，两者所关注的重点相同。公诉人和法官的关注重点都是案件事实，案件事实在法庭中占据首要地位。其次，两者所秉持的态度和立场相同，都是客观冷静的态度和立场。因此在对于案件事实的关注及其态度方面，公诉人和法官的法庭地位和作用是趋向平等和平行的。

断言式言语行为还反映出两者的诸多不同之处。

第一，关注范围和侧重点并没有完全重合。虽然两者都关注案件事实，但是案件事实几乎为公诉人关注的全部内容，是公诉人法庭活动的核心。而法官虽然也关注案件事实，但相比之下，关注点或呈现点更侧重法律法规及法庭程序。这一点体现出法官的庭审角色和作用的多面性，和公诉人作用的单一性。

第二，对案件事实的关注方式不同。公诉人在呈现案件事实或与案件有关事实的同时，对案件事实进行精确的评价和定性。但是法官在庭审过程中几乎不对案件事实作任何评价，评价仅限于宣判阶段的定罪表述。这一特点表明法官在审判过程中，在某种程度上，做到了对案件事实的消极评价态度和中立立场，另外，也表明公诉人在庭审中对案件事实评价和定性的重要作用。在这一层面，庭审过程中，公诉人的作用大于法官。

第三，法官的作用是多面的，公诉人的作用是单一的。法官不仅关注案件事实，而且负责控制和指挥庭审程序和庭审活动的进行以及最后的宣判。公诉人只负责案件事实的呈现和评价。

第四，在法庭关系网中的位置不同。法官是法庭关系网的核心，法庭关系网呈现出以法官为中心的辐射状，包括法官与公诉人、法官与法庭、法官与辩护人、法官与公诉人。法庭中的所有参与者都与法官有直接的关系。而公诉人只是这个关系网中的一部分,而不是核心的位置。

除公诉人与法官在庭审中地位和作用的异同外,通过断言式言语行为特征,可以发现现阶段庭审具有民主、开放和平等的特点。法官在庭审中的突出表现并未表明其在庭审中的权威地位,法官角色的主要特征是庭审的"多面手":作用多面且处于法庭关系网的核心地位。

五、宣布式言语行为分析

根据对法官宣布式言语行为的分析研究,宣布式言语行为在法庭上具有两个功能:其一,引导庭审的进行,开启或结束相应的庭审阶段或程序;其二,对案件进行阶段性评价,或宣布最后的审判结果。根据法官的宣布式言语行为的数据统计,法官在法庭上实施宣布式言语行为的主要作用或目的是引导庭审的进行,开启或结束相应的庭审阶段或程序,而属于第二种情况的宣布式言语行为极少。

除案例五外,在其他五个案例中,公诉人的宣布式言语行为均为零。这表明公诉人在庭审中,不具备引导或指挥庭审程序的作用,或不担任相应的责任。根据塞尔对宣布式言语行为的分析,宣布式言语行为的成功实施需要超语言机制的保障。[1]因而,法官在法庭中实施宣布式言语行为有对应的法律制度的保障。超语言机制要求说话者必须具有一定的地位或身份,才可以成功实施宣布式言语行为。因而,法律制度所赋予法官的这个作用或地位是公诉人所不具备的。法官和公诉人之间的这一差别体现了法律制度规定之下的两者在法庭中的地位和身份的明显差别。与其他类言语行为不同的是,这一差别是

---

[1] See John R. Searle, *Expression and Meaning: Studies in the Theory of Speech Acts*, Beijing: Foreign Language Teaching and Research Press, 2001, p.18.

"有"和"无"的差别,而其他言语行为的差别更多的是"量"和"度",或者"方面"和"层次"的差别。这一层面所体现的是法官对庭审进程的整体指挥和把控,以及对审判结果的决定权。法官在法庭上"至高无上"的形象,也正是缘于在数量上并不占优势的宣布式言语行为。与之对应,公诉人在法庭中的从属地位与辅助性作用的形象也缘于其宣布式言语行为的缺失,以及对应的对法庭进程的零指挥和零引导权,以及最后审判结果的零宣布权。当然,公诉人与法官在法庭中的整体作用和地位需要综合所有言语行为的特色进行综合分析,宣布式言语行为体现的只是其中的一个片面。

六、承诺式言语行为分析

承诺式言语行为的言外之的是让说话人承诺(不同程度地)未来做某事。适从向是从客观现实到话语,即话语先存在,客观世界要适应话语。适应,则承诺实现;不适应,则承诺落空。心理状态为意图或意向,即说话者要有做未来这件事的意图或意向。命题内容是说话人 S 做未来某个动作 A。[1]根据上述分析,法官实施承诺式言语行为的主要作用或目的是指挥或引导法庭程序的进行。心理状态绝大部分为客观,极少为相信。无论心理状态如何,其目的或作用都与法庭程序有关。由此可见,法官承诺式言语行为与宣布式言语行为的作用是相似的。相同之处是都引导或指挥法庭程序的进行,不同之处在于宣布式言语行为的完成就是话语的发出,而承诺式言语行为的完成需要说话者的具体实践。在法官所执行的言语行为中,承诺式言语行为的数量和所占比例都很低,但除案例六中承诺式言语行为

---

[1] See John R. Searle, *Expression and Meaning: Studies in the Theory of Speech Acts*, Beijing: Foreign Language Teaching and Research Press, 2001, p. 14.

的数值为零外,其他案例中均有承诺式言语行为的存在。这表明,法官不仅指挥庭审程序的进行,且在某些环节,这些程序需由自身承担或完成。例如:

(1)现在宣布合议庭组成人员、书记员、公诉人。
(2)合议庭将对本案评议后择期宣判。[1]

第一个言语行为中宣布的行为由法官完成,第二个言语行为中,评议和宣判的动作由法官和合议庭的其他成员完成。

在公诉人的言语行为中,承诺式言语行为不仅在总体上占极低的比例,且在所选案例中,三个案例的承诺式言语行为数量为零。进一步分析仅有的几个承诺式言语行为,可以发现,这些言语行为都是公诉人对发表意见的"承诺"。例如,

(1)现发表公诉意见如下;[2]
(2)现对本案发表如下公诉意见:[3]
(3)公诉人就量刑发表公诉意见,
(4)被告人白某,公诉人问你几个问题。
(5)下面向法庭出示[4]

---

[1] (1)(2)出自案例一,"2018年10月15日09:30直播杨浦法院审理的一起涉嫌非法制造、销售非法制造的注册商标标识罪案件",载 https://www.chinacourt.org/chat/chat/2018/10/id/50509.shtml,2020年4月14日访问。

[2] 出自案例一,"2018年10月15日09:30直播杨浦法院审理的一起涉嫌非法制造、销售非法制造的注册商标标识罪案件",载 https://www.chinacourt.org/chat/chat/2018/10/id/50509.shtml,2020年4月14日访问。

[3] 出自案例三,"10月24日9时,昌平法院审理'闺蜜"化身"男友骗钱女子涉嫌诈骗被公诉'案",载 https://www.chinacourt.org/chat/chat/2018/10/id/50561.shtml,2020年4月14日访问。

[4] (3)~(5)出自案例五,"5月21日9:30,门头沟法院审理'药贩非法收售药品 赚取差价敛财被公诉'案",载 https://www.chinacourt.org/chat/chat/2018/05/id/49674.shtml,2020年4月14日访问。

在所选案例中，公诉人共完成上述五个承诺式言语行为。前三个都是公诉人表达个人的主观意见，而后两个是公诉人要完成的法庭行为。

承诺式言语行为的这一对比又表现出控制法庭程序和引介法律规则是法官在法庭上的主要职责之一，而针对案件事实发表主观观点和意见是公诉人的庭审重要职责之一。

宣布式言语行为和承诺式言语行为的数量和所占比例决定了这两类言语行为不是庭审中言语行为的主流，但是对比法官和公诉人的这两类言语行为，仍能发现其中的规律性及其所体现的差别。无论是宣布式言语行为还是承诺式言语行为都表明在庭审中，法官的作用或职责是对庭审活动进行指挥、引导和整体上的把控，而公诉人不具备这一庭审职责或作用。承诺式言语行为还表明，公诉人在法庭上的作用之一是针对案情发表个人的主观观点和意见。

七、总结

通过对比公诉人和法官的言语行为特色，不仅可以发现两者在法庭上地位和作用的异同，而且对法庭中各因素的地位和作用、法庭氛围的整体特色也更加清晰。根据上述分析结果，本部分从法庭中各因素的地位和作用、公诉人与法官的关注点以及两者在法庭中的作用和地位的异同几个方面入手，总结法庭审判特色，展现现阶段我国刑事法庭审判的部分画卷。之所以称之为部分画卷是因为本书到目前为止只涉及了控、审两方，辩方的分析将在下一章进行。

除去"人"的因素，在法庭中，第一重要的因素当属客观事实，客观事实包括案件事实、法律法规、庭审制度以及其他与案件有关的事实。所有这些客观事实因素在法庭中的地位最重要，被公诉人与法官涉及的次数也最多，因而在庭审活动中量最大，占据庭审活动的时间和比例也最大。公诉人和法官对待客观事实主要是客观、冷静和科学的态度和立场，个人情感或情绪的参与度几乎为零。法庭氛围以严肃、威严、正式为整体特色，这一特色不仅是法律的规定，更是法官和公诉人的言语行为实际塑造的结果。但是所选案例中的法庭氛围同时又具有人文关怀和温度，充分体现尊重被告人的特点，而这些特征主要由法官的言语行为营造。

作为庭审参加人，尤其共同作为庭审参与者中司法人员的一方，公诉人与法官的言语行为蕴含着并表明了两者之间存在着诸多相同或相通之处。首先，关注并呈现案件事实是公诉人和法官在法庭上最重要的任务。通过断言式言语行为确认事实，通过问指式言语行为从被告人或当事人那里获得与案件事实有关的信息，是两者在法庭上关注案件事实的重要方式。其次，两者对客观事实的关注态度都以客观中立为主，几乎没有个人情感或态度的参与。再次，两者与被告人或被告方之间的关系以及两者与整个法庭的关系，是庭审交流中最重要的两个关系。言语行为的行为对象直接表现出了这一特色。前一关系体现被告方在法庭上的重要地位，后一关系体现出审判的开放性和民主性。最后，两者都着力塑造正式、严肃、威严的法庭氛围。

公诉人与法官的这些共同特点一方面使得双方共同塑造了法庭的主要特色、主要氛围，另一方面也证明了两者在法庭上的地位和作用在某些方面是趋向平等或平行的。

公诉人和法官不仅存在诸多相同或相通之处，在庭审中的地位和作用也存在很多不同。

第一，虽然两者都关注客观事实，但侧重点不同。公诉人基本只关注案件事实本身，而法官除了关注案件事实本身，还关注，并且是更大程度上关注法律法规、庭审程序、庭审活动等与案件或审判有关的客观事实。

第二，关注案件事实方式不同。公诉人在庭审过程中，对案件事实进行确认的同时，对案件事实进行精确的评价和定性。法官在庭审过程中对案件事实基本不表达任何态度或进行评价，基本做到了对案件事实的消极处理和中立的立场。法官对案件事实发表观点仅限于宣判阶段。公诉人通过问指式言语行为获取信息的方式为纯客观式讯问，而法官的问指式言语行为不仅包括客观式讯问，而且包括引导性的讯问方式。

第三，两者在法庭中的作用不同。公诉人的主要作用就是呈现案件事实，并对案件事实进行评价和定性。而法官的主要作用是指挥庭审的进行。但是这一点并没有彰显出法官在法庭中的"权威"地位。指令性言语行为和宣布式言语行为是最能体现权威与指挥地位的两个言语行为类型，但是经过分析发现，在所选案例中，这两种言语行为彰显地位和权威的意义甚微，而呈现法官与公诉人在法庭中不同作用和角色的意义显著。承诺式言语行为的对比分析也表明，根据法庭程序和法律规则控制和引导审判活动的进行是法官在法庭上的主要职责之一。笔者认为这一特点表明的是法官的"职责"或在庭审中的某项作用，而非"权威"或"地位"。

第四，对被告人的关注与态度不同。法官在庭审中不仅对被告人的利益表达了关切，而且对被告人的人格和被告人的态度和观点表达了尊重和重视，并给予被告人某些选择的自由和机会。但是案件事实几乎为公诉人在庭审中关注的全部内容，法官的关注内容基本没有进入公诉人的关注范围。

第五，法庭用语特色不同。在两者的言语行为都以标准、

第四章 公诉人庭审言语行为研究

正式为主要特色的基础上,公诉人的语言风格比较单一,基本全部为精确而正式的表达方式;而法官的语言风格在某些方面趋向灵活和随意。例如,公诉人的言语中不存在以言行事力量指示项缺失的情况,而法官的言语中,却存在以言行事力量指示项缺失的情况;公诉人语气虚词的使用量和比例要远远少于法官语气虚词的使用量和比例。

第六,公诉人与法官两者共同营造了以正式、严肃、威严和科学为主,同时又兼具民主与开放特色的庭审氛围。除此之外,法官还以对被告人及其利益的尊重和重视,灵活的语言风格,为庭审氛围增加了人文关怀、缓解压力、体现平等和温度的因素。

第七,在法庭关系网中的位置不同。法官是法庭关系网的核心,法庭关系网呈现出以法官为中心的辐射状,包括法官与公诉人、法官与法庭、法官与辩护人、法官与公诉人。法庭中的所有参与者都与法官有直接的关系。而公诉人只是这个关系网中的一部分,而不是核心的位置。

通过上述分析和对比,有关法官在法庭上最显著的特色并不是其权威的地位,或指挥一切的形象;而是其多方面的作用和在法庭关系网中的核心地位。可以说,法官在法庭中几乎是"无所不在"的,但是这种"无所不在"主要在于作用和角色的多面,而不是"权威"或"地位"的体现。相比之下,公诉人的作用和关系要单一很多。根据对公诉人言语行为的分析,发现公诉人的主要作用是一个核心两个方面:一个核心是案件事实,两个方面是呈现事实和对事实进行较为精确的评价或定性定位。公诉人这种单一的作用和简单的关系产生了公诉人在法庭上处于辅助或附属地位的假象。

因此,法官是多功能的,是法庭的总管,并且是最后的裁决者，这个裁决建立在客观中立的态度之上，同时，又一定程度上参照了公诉人的建议和评价；而公诉人是双功能的，在法庭中独当一面，对最后的裁决有重要的影响。他们之间的不同更大程度上不是权威和地位的不同，而是具体作用的差别。

第五章 CHAPTER 05
辩护人庭审言语行为研究

辩护人的言语行为分类及分析标准与法官和公诉人的言语行为分析标准完全一致，因此，在本章中，对于辩护人言语行为的分析和分类标准不再进行具体说明，而是根据其言语行为的分类及其类别特色直接进行分析。第三章已经完成了对法官言语行为的分析，第四章在分析公诉人言语行为特色的基础上，对比了法官言语行为与公诉人言语行为特色，并分析了两者在法庭中的地位、作用、角色特征以及在塑造法庭氛围方面的异同。本章将在分析辩护人言语行为特色的基础上，综合前两章的研究成果，对比辩护人、公诉人与法官的言语行为特色，及其所反映的三者在庭审中的地位和作用以及塑造的法庭氛围等方面的异同，从而完成我国刑事庭审的整体画卷，明晰我国刑事庭审的现状和刑事庭审改革取得的成就和尚未实现的目标。

一、言语行为类别数据分析

（一）辩护人言语行为类别数据分析

与法官和公诉人的言语行为的分析标准一样，本书根据塞尔言语行为的分类标准，即以言行事目的、适从向、心理状态

和命题内容,将辩护人的言语行为进行了分类和数据统计。具体如下表所示:

表 5-1 言语行为类别对比

案例		问指	指令	断言	宣布	承诺	总数
一	公诉人	44	1	40	0	0	85
	法官	52	45	24	6	2	129
	辩护人	14	7	63	0	0	84
二	公诉人	0	1	16	0	1	18
	法官	9	13	14	7	2	45
	辩护人	0	1	8	0	2	11
三	公诉人	2	5	19	0	1	27
	法官	13	16	11	5	1	46
	辩护人	2	1	13	0	0	16
四	公诉人	6	18	88	0	3	115
	法官	32	24	63	15	11	145
	辩护人	3	4	26	0	1	34
五	公诉人	20	7	12	4	2	45[1]
	法官	72	33	43	27	3	178
	辩护人	0	1	15	0	1	17[2]
六	公诉人	12	0	4	0	0	16
	法官	46	12	19	6	0	83
	辩护人	0	0	0	0	0	0

---

[1] 案例五中还有一个表情式言语行为。
[2] 其中包括一个表情式言语行为。

第五章　辩护人庭审言语行为研究

根据表5-1的数据统计和对比,可以发现,与公诉人和法官一样,辩护人的言语行为也呈现出十分明显的规律性特征。在所选的六个案例中,除案例六中没有辩护人外,[1]其他五个案例呈现出基本相同的言语行为特色。在五个案例中,断言式言语行为在数量上和所占比例上均占据了绝对的优势地位。另外,问指式、指令式和承诺式言语行为以微弱的比例存在。并且,在案例二和案例五中,问指式言语行为的数量为零;在案例三中,承诺式言语行为的数量为零。在五个案例中均不存在宣布式言语行为。

断言式言语行为是说话者不同程度上对客观事实的确认,适从向为话语指向客观事实或曰客观世界。[2]断言式言语行为所占据的数量和比例,表明了辩护人在法庭中的主要作用就是对客观事实的确认,而这个客观事实在法庭上主要就是案件事实或与案件有关的事实。确认的程度和方式将在对断言式言语行为的单独分析中进一步探讨。问指式言语行为的作用是获取信息,问指式言语行为的数量和比例表明,在庭审中,获取与案件有关的信息不是辩护人的主要责任或作用。指令式言语行为是说话人不同程度地想要受话者做某事的言语行为。[3]指令式言语行为的数量和比例表明辩护人在庭审中极少要求或请求或指示其他庭审参加人做某事。承诺式言语行为是指说话人不同程度地意图自己将来做某事。[4]承诺式言语行为的数量和比

---

〔1〕 因为案例六没有辩护人的参与,所以,本章对辩护人部分的分析皆排除案例六,下文不再一一说明。

〔2〕 See John R. Searle, *Expression and Meaning: Studies in the Theory of Speech Acts*, Beijing: Foreign Language Teaching and Research Press, 2001, p. 11.

〔3〕 See John R. Searle, *Expression and Meaning: Studies in the Theory of Speech Acts*, Beijing: Foreign Language Teaching and Research Press, 2001, p. 14.

〔4〕 See John R. Searle, *Expression and Meaning: Studies in the Theory of Speech Acts*, Beijing: Foreign Language Teaching and Research Press, 2001, p. 14.

例表明辩护人在庭审中的言语行为极少涉及本人将来要做的事情。宣布式言语行为的作用是仅仅通过言语行为就可以使一个事物存在，或者给相关对象带来变化。在某些情况下，宣布式言语行为的成功实施需要超语言机制的保障。[1]对法官宣布式言语行为的研究还发现，在庭审中，某些言语行为兼具宣布式言语行为和指令式言语行为的特征，这些言语行为还具有开启或结束一个庭审阶段或程序的功用。辩护人的言语行为中，宣布式言语行为的空缺，表明辩护人在法庭上不具备相应的作用或权力。所选案例中均不包含表情式言语行为，这表明辩护人持客观冷静的态度。

总之，辩护人的言语行为的分类及其数量和比例所呈现出的明确的规律性特征表明了辩护人在庭审中的整体作用和特征。

(二) 辩护人与法官和公诉人之庭审角色分析

对比辩护人与法官和公诉人的言语行为总数及每一类别所占比例发现，三者之间既呈现出某些共性，又呈现出很多相异之处。这些异同从不同的侧面和角度表明了三者在庭审中不同的地位、作用和角色特征。

第一，言语行为总数对比。从言语行为的总数来看，除案例一中辩护人的数量以微弱差别低于公诉人的言语行为总数外，在其他案例中，辩护人的言语行为总数均明显低于公诉人的言语行为总数。根据第四章的分析得知，公诉人的言语行为总数远远低于法官的言语行为总数。因此，在庭审中言语行为总数的排名顺序为法官、公诉人、辩护人。言语行为总数的差别表明各个角色在庭审中活跃程度的差别，言语行为总数多必定意味着活跃度高，反之，则是活跃度低。因此，法官是法庭上最

---

[1] John R. Searle, *Expression and Meaning: Studies in the Theory of Speech Acts*, Beijing: Foreign Language Teaching and Research Press, 2001, p. 18.

第五章 辩护人庭审言语行为研究

活跃的角色,公诉人次之,辩护人是最不活跃的角色。

第二,言语行为类别对比。除案例五中有一例表情式言语行为外,所有的案例中均不存在表情式言语行为。这表明在庭审中,个人感情和情绪的参与度几乎为零,体现了庭审整体上保持客观和冷静的特征。在公诉人、法官和辩护人的所有类别的言语行为中,占据前三位的均为问指式、指令式和断言式。这三种言语行为对应功能是三个角色在庭审中的主要作用:获取与案件有关的信息、不同程度地希望受话者做某事,以及不同程度地确认客观事实,在庭审中一般为案件事实或与案件有关的事实。根据问指式、指令式和断言式三种言语行为的数据统计,对于三种言语行为的数量分布,在控辩审三个角色中,均存在差别的情况下,法官的数量对比较为均衡,公诉人和辩护人的类别数量比的不均衡状态比较严重。另外,宣布式言语行为虽然在数量上不占优势,但是法官庭审言语行为的必要组成部分。公诉人的宣布式言语行为极少,辩护人没有宣布式言语行为。承诺式言语行为在三个角色的言语行为中都占极少数,且都有为零的情况,但法官的总体数量明显多于公诉人和辩护人的总体数量。言语行为类别对比的这些特点表明,法官在庭审中的作用是多面的,甚至是全面的,法官在法庭中几乎是无所不在的。而公诉人和辩护人的作用则是单面的或双面的,两者在法庭中所起的作用要比法官简单很多。公诉人的问指式言语行为和断言式言语行为占据相当比例的事实表明公诉人在法庭中的作用是获取信息和确认客观事实。辩护人的断言式言语行为占绝对优势,其他言语行为占据极低比例的事实表明,辩护人在庭审中的作用主要是确认客观事实。由此可见,法官、公诉人和辩护人在法庭中所起作用所涵盖的面是依次递减的,呈现出倒三角的特点。

第三，断言式言语行为对比。在绝对数值上，法官、公诉人和辩护人在所选案例中的数量基本相当。在各自言语行为分类的排名和比例上，辩护人的断言式言语行为占据绝对的第一位，公诉人的断言式言语行为占据第一或第二的位置，法官的断言式言语行为占据第一、第二或第三的位置。这些特点表明利用断言式言语行为确认事实是三者在法庭中的重要任务，三者在确认事实的作用和地位上是趋向平等的。另外，确认事实是辩护人在法庭中的首要任务，甚至是最重要的任务；是公诉人和法官的首要任务之一。

第四，问指式言语行为对比。无论从绝对数值上，还是从言语行为内部的类别比例上，问指式言语行为都是法官在法庭中言语行为的"重头戏"，排名第一和第二。公诉人的问指式言语行为在大部分的案件中占据了相当大的比例，但在某些案件中，所占比例较小。在所选的案例中，公诉人问指式言语行为排名第一的有案例一、案例五和案例六，而在其他的三个案例中，公诉人的问指式言语行为占比例较小，甚至在案例二中为零。在所选案例中，辩护人的问指式言语行为只占据了很小的比例，甚至为零。这表明，通过问指式言语行为从受话者那里获得与案件事实有关的信息是法官在法庭中的主要责任或是法庭赋予的权力。公诉人也承担了通过问指式言语行为获取信息的重要任务，但是其数量和比例要明显小于法官。因此，在法庭上，对应地获取信息的权利和责任，公诉人要明显小于法官。同理，根据数据，在获取信息方面，辩护人的责任和权利要远远低于公诉人和法官。

断言式言语行为是确认事实，问指式言语行为是以问句的形式获取信息，从以言行事目的上讲，两者都是对客观事实的确认，不同的是确认的形式。综合这两个言语行为的特点，可以得出结论：在三者都十分关注客观事实的前提下，在庭审中，在对客观事实的确认方面，法官所起的作用最大，公诉人次之，辩护人的作用最小。

第五，指令式言语行为对比。无论是绝对数量上，还是类别内部比例上，法官的指令式言语行为都占据了绝对的优势。虽然，指令有"度"的差别，此处所谓的指令并不一定意味着命令，但是指令式的言语行为必定意味着说话者的主观能动性。无论是级别为"请求"甚或"哀求"的指令，还是级别为"命令"甚或"勒令"的指令，其共同点都是说话者主动要求受话者做某事的尝试。因此，指令式言语行为的数量和比例说明了在庭审中，法官的主观能动性作用要远远高于公诉人和辩护人，而后两者相比，公诉人的主观能动性作用要略高于辩护人。对于主观能动性作用是否代表权威和地位，需要进一步深入指令式言语行为的内部进行分析。

第六，宣布式言语行为对比。宣布式言语行为在法官言语行为中的稳定数量和比例，以及在公诉人和辩护人言语行为中的空缺状态，表明通过宣布式言语行为带来事物状态的变化是法官在庭审中的特有权力或责任。公诉人和辩护人不具备这项权力或责任。通过上文对法官宣布式言语行为的分析，可以得知，法官实施宣布式言语行为的两个作用：控制或指挥庭审程序的进行；宣布最后的判决结果。这一数据对比体现出公诉人和辩护人在庭审中不具备这两项权力或作用。

第七，承诺式言语行为对比。无论在绝对数量上还是内部类别比例上，承诺式言语行为在三者的言语行为中都是最少的或最低的。但是相比之下，法官的承诺式言语行为仍稍高于公诉人与辩护人。承诺式言语行为是说话者表达的将来本身要做某事的不同程度的意图。与指令式言语行为一样，无论其意图的程度如何，承诺式言语行为都体现了法官在庭审中的主观能动性。在承诺式言语行为中，这一主观能动性是指对于处理将来的有关事务的主观能动性。根据对法官的承诺式言语行为的分析，已经得知，法官实施承诺式言语行为的作用也是指挥或引导庭审程序的进行。因此，承诺式言语行为的特点表明法官在指挥庭审方面的独特作用。

通过上述分析，可以发现庭审中控辩审三个角色的异同。在关注内容和态度方面，三者都关注客观事实，即案件事实或与案件有关的事实，且都持客观、冷静、不掺杂个人情绪或感情的态度。在具体的作用方面，法官的作用是多面的，公诉人的作用是双面的，而辩护人的作用是单面的。在角色的活跃度方面，法官的活跃程度最高，主观能动性最强，公诉人次之，辩护人排第三。在功能方面，法官的功能最为全面，通过问指式言语行为获取信息，通过断言式确认事实，通过指令式言语行为指挥或指引庭审的进行，甚至通过宣布与承诺式言语行为指挥和指引庭审程序的进行以及通过宣布式言语行为宣布最后的审判结果，法官在庭审中通过不同的言语行为涵盖了所有的这些作用。但是公诉人或辩护人的作用就要简单很多，公诉人主要是获取信息以及确认事实，辩护人主要是确认事实。因此，对于三者在法庭中的整体作用，可以描述为戴着客观事实的帽子，笼罩在客观与中立态度中的倒三角形。

二、断言式言语行为分析

因辩护人的断言式言语行为在数量和比例上都占据绝对优势，因此将其作为第一个分析对象。指令式和问指式言语行为的数量和比例都极低，因此放到断言式言语行为之后进行分析和对比。

第五章 辩护人庭审言语行为研究

断言式言语行为表明辩护人对案件事实的关注和呈现方式，是辩护人在庭审中发言的重要组成部分。辩护人既要在主观上维护被告人的权益，又要做到客观上以客观而冷静的态度处理案件事实和法律制度的规定。断言式言语行为是辩护人个人职业素养的体现，也是辩护人在法庭中地位和作用的体现。具体统计数据及分析如下：

表 5-2 断言式言语行为分析标准及数据统计

分析标准	标准分类	案例一 63	案例二 8	案例三 13	案例四 26	案例五 15	案例六 0
分类	法庭依据	/	/	/	/	/	
	客观事实	63	8	13	26	15	
	肯定	44	4	11	18	6	
	否定	19（17+2）[1]	4（3+1）	2	8（7+1）	9（8+1）	
行为对象	法庭	56	4	11	21	8	
	法官	7	4	2	4	7	
	其他	/	/	/	1	/	
心理状态	相信	44	4	4	13	12	
	客观	19	4	9	13	3	
以言行事目的	事实告知	30	4	9	9	1	
	情况告知	7	/	/	4	4	
	结论告知	26	4	4	13	10	

[1] 前一个数字的心理状态为相信，后一个数字的心理状态为客观。

续表

分析标准	标准分类	案例一 63	案例二 8	案例三 13	案例四 26	案例五 15	案例六 0
以言行事力量指示项	相信	无异议 瑕疵 错误 不公平 深刻 体会……	较好 没意见……	良好 有一定 过错……	深表悔过 反省 痛感 态度良好 情节轻微……	危害性不高 表现良好/法律意识不强 不具人身危害性……	
	客观	规定数量为被查扣销售制造……	系文盲 系初犯 没有前科……	归还 赔偿 共计 获得……	挪用 行贿 当庭供认 无前科……	销售 案发 根据…… 原则	

(一) 再分类

根据表5-2的数据,辩护人的断言式言语行为均为客观事实类。这一点与公诉人和法官不同。在公诉人与法官的断言式言语行为中,客观事实类均远远多于法庭依据类。法官的法庭依据类虽然少于客观事实类,但占据了一定的数量和比例,表明了法官在法庭中引介法律法规以及庭审制度的职责和作用。公诉人的法庭依据类断言式言语行为所占比例极低,虽然不具有统计学意义,不能表明公诉人在法庭中具有对应的引介法律法规的职责和作用,但是仍有少量的此类言语行为存在。而辩护人的法庭依据类断言式言语行为无一例外均为零。这一标准对比体现了司法人员和辩护人在庭审中职责与作用的不同。对于法律法规和庭审制度的引介,法官负有几乎全部的责任,公诉人只在必要的时候引介即可,不负有专门引介责任,而辩护

第五章 辩护人庭审言语行为研究

人的主要职责或作用就是确认案件事实。

根据表 5-2 的数据,在辩护人的断言式言语行为中,除案例二中,肯定和否定数量相等,案例五否定略大于肯定外,在其他三个案例中,肯定类大于否定类,但否定类的数量占据了一定的比例。这一点与公诉人和法官不同。法官与公诉人对客观事实确认的方式主要是肯定,否定类断言式言语行为占据了极低的比例。进一步分析否定类言语行为的特色,发现在否定类言语行为中,心理状态为"相信"的断言式言语行为占据了绝大多数,只有极少数的心理状态为"客观"。同时,在心理状态为相信的断言式言语行为中,否定类占据约一半以上,案例一中不到1/2,其他案例中都是1/2以上,有的甚至是远远大于1/2。心理状态为相信的否定类的言语行为表达了说话者对某种客观事实否定的主观观点,例如:

(1) 计量单位不能混同为法律意义上的件的,对被告人不公平,
(2) 关于拆分的问题,我认为不能拆分。
(3) 因为是成套制作的,没有独立价值,[1]

这些心理状态为相信的否定类断言式言语行为表达的是说话者对于客观事实的主观观点,属于评价类言语行为。心理状态为客观的否定类言语行为是对纯客观事实的客观否定,例如,"没有鉴定书",[2]这个表达是对客观事实的纯客观描述。这一类表达占否定类表达的极少数。

---

〔1〕 (1)~(3) 出自案例一,"2018 年 10 月 15 日 09:30 直播杨浦法院审理的一起涉嫌非法制造、销售非法制造的注册商标标识罪案件",载 https://www.china-court.org/chat/chat/2018/10/id/50509.shtml,2020 年 4 月 14 日访问。

〔2〕 出自案例一,"2018 年 10 月 15 日 09:30 直播杨浦法院审理的一起涉嫌非法制造、销售非法制造的注册商标标识罪案件",载 https://www.chinacourt.org/chat/chat/2018/10/id/50509.shtml,2020 年 4 月 14 日访问。

根据表5-2的数据及与法官和公诉人的数据对比，法官、公诉人和辩护人的断言式言语行为总数相当。法官和公诉人对事实确认的方式主要为肯定式，否定式的言语行为极少。辩护人不仅以肯定的形式确认与案件有关的事实，而且以否定的形式排除与案件无关或不符的情形。这表明辩护人对事实的关注较法官与公诉人多了一种方式或层面。正反两个层面的关注使得辩护人的表达方式更加灵活、清晰、有力和鲜明。

（二）行为对象

根据表5-2的数据，辩护人断言式言语行为的主要行为对象为法庭，少部分为法官，除案例四中有一个行为对象为被告外，不存在其他的行为对象。这表明辩护人确认事实的对象为整个法庭，其次为法官。公诉人绝大部分的行为对象为法庭，少数为法官，极少数为被告人。法官断言式言语行为的对象绝大部分为法庭，少部分为被告人，或被告人与辩护人，不存在行为对象为公诉人的情况。

行为对象的数据表明如下庭审特色：

第一，法庭是控辩审三方确认事实的主要对象。这体现出法庭审判和信息传递的公开性，体现了对所有庭审参加人的尊重与重视。在确认事实的层面上，表明了庭审参加人之间的平等地位和状态。

第二，法官是除整个法庭外，第二个重要的确认事实的行为对象。无论是公诉人还是辩护人，都有一部分言语行为的行为对象为法官，虽然数量较少、比例较低，但公诉人与辩护人所拥有的这个共同点不可忽视。这一点凸显了在对客观事实确认层面法官的重要地位和作用。审判最后的判决由法官作出，这一点从另一个角度说明了在确认事实方面法官的特殊重要性和地位。

第三，控辩审三方都向法庭确认事实，且数量相当的特点表明了在确认事实方面，控辩审三方的地位和作用是平等的和平行的。在这样的庭审关系中，作为庭审最重要组成部分的"确认事实"环节不是由司法人员把控的，因而，庭审活动也绝对不是由法官和公诉人"把控"的活动。案件事实的确认工作由三方从不同的角度和层面，以不同的方式完成。辩护人不是法庭上完全被动，或在很大程度上被动的一方。相反，辩护人在确认事实层面，具有很大的主动性。其以肯定和否定双重形式来确认或反驳事实。

因此，断言式言语行为的行为对象这一特征表明，在法庭中，控辩审在法庭上在对于事实的确认方面的作用和地位是趋向平行的，或曰平等的。司法人员和当事人及辩护人之间的关系也不是一般所认为的对立或"有权"与"无权"的关系，而是，以开放性为特征的，趋向于平等交流的互动关系。

第四，在庭审中的各种交流关系中，法官是众多关系的交集点。法官与所有的庭审参加人以及整个法庭，都有直接的交流关系。与公诉人和辩护人相比，法官在法庭中的关系网更大，更复杂，而公诉人与辩护人的关系网则要简单很多。复杂的关系网意味着作用的多面性和地位的重要性，而相对简单的关系网，则意味着作用的简单，甚至是单一。

(三) 心理状态

根据表 5-2 的数据，辩护人断言式言语行为的主要心理状态为相信与客观，且两者的数量基本相当。根据上文分析，相信表达说话者对客观事实的主观观点，客观是说话者对客观事实的纯客观的确认。由此可以得出结论，辩护人对于客观事实的确认方式有两种：对客观事实的纯客观描述，和对客观事实的评价。前一个特点表明庭审中辩护人客观的立场和态度，后一特点表明辩护人在庭审中的主观能动性和表达个人观点的自由和权利。

公诉人断言式言语行为的心理状态与辩护人的状态相似，以相信和客观为主，且数量基本相当。但是两者与法官的心理状态有一定的差异。法官的对应心理状态以信赖和客观为主。信赖对应的是对法律法规、庭审制度及相关审判依据的引介。对比三者心理状态的异同，可以发现，三者的心理状态都包括客观，且客观是其心理状态的重要组成部分；公诉人和辩护人的另外一个主要心理状态为相信；法官的另外一个主要心理状态为信赖。三者心理状态的这些异同点表明三者在庭审中的作用、地位以及所塑造的法庭氛围具有以下特色：

第一，三者以客观的心理状态和对应表达方式，共同塑造了以客观为主要特征的庭审氛围。可以说，客观是庭审的主基调。

第二，公诉人和辩护人都有大量的心理状态为相信的断言式言语行为。这一点表明，在法庭上表达对于案件事实的评价，表达个人对案件事实的主观观点，是两者的职责和权力（利）。公诉人与辩护人在表达个人对于案件事实的主观观点方面，作用和地位平等且平行。因此，辩护人和公诉人在法庭上，在表达个人观点方面，具有很强的主观能动性，并起到了积极的作用。

第三，断言式言语行为中信赖的心理状态为法官所独有。信赖的心理状态对应的命题内容为对法律法规、庭审制度及其他审判依据的引介。这一特色一方面表明引介法律法规及其他相关制度和审判依据是法官的特有的权力和职责；另一方面表明，法官对法庭的指挥、引导或者控制主要体现在对法律法规和相关制度的引介上。在法官的断言式言语行为中，相信的心理状态极少，这表明法官在庭审中极少表达针对案件事实的个人观点和意见。与公诉人和辩护人相比,法官更加客观,更加中立。

第四,控辩审三方在庭审中都具有一定的主观能动性,不同之处在于体现主观能动性的方面和方式不同。法官在法庭中主观能动性的体现主要在于对法律法规及相关审判制度和依据的引介,对法庭审判进程的控制和引导。而公诉人和辩护人在法庭中主观能动性的体现主要在于具有针对案件事实表达个人主观观点和意见的自由和权力(利)。

第五,与第四点对应,控辩审三方在法庭中都具有"被动性",换言之,都具有被其他角色引导或控制的特色。同样,被引导或控制的方面和方式不一样。在对案件事实的观点和意见层面,法官在某种程度上,被公诉人和辩护人引导。虽然,最后的判决由法官或合议庭作出,但是在审判的过程中,公诉人和辩护人所表达的个人意见和观点是法官作出最后判决的主要依据之一,因而,对法官具有引导,甚至是指领的作用。而公诉人和辩护人需要听从法官对庭审程序和庭审活动的引导和指挥,以及法官对相应法律法规和审判制度的引介。

第六,对比控辩审三方由断言式言语行为所体现的在庭审中的能动性和被动性,可以发现,法官的能动性其实主要是"程序"方面的主动性和权威性,这个主动性和权威性是"客观的",它与个人意志关系甚微,主动和权威的意义主要来自法律法规和相关审判制度。而公诉人和辩护人的能动性则源于对案件事实所表达的个人观点和意见,这一能动性具有较强的主观性。尽管辩护人和公诉人个人观点的表达均以法律法规为基础,但具有很强的个人意志的特征。由此可见,法官貌似统治法庭的行为,实际上并未蕴含多少权威,而公诉人和辩护人被法官指挥的外表之下,却有着强有力的个人意志和观点的表达。因此，认为法官在法庭中具有权威地位或指导性作用的说法是十分片面的。三者在法庭中的地位、作用和角色特征，需要综合所有言语行为所表现出来的特征，进行综合而全面的分析。

（四）以言行事目的

辩护人实施断言式以言行事行为的主要目的为事实告知和结论告知，两者在数量上基本相当。目的为情况告知的断言式言语行为占据一小部分。根据上文论述，事实告知是对案件事实本身的告知，且告知的态度为客观；结论告知是针对某个细节，说话者表达的自己的阶段性的观点或意见；情况告知是指对于案件有关的事实的告知，包括相关法律法规、庭审制度和当时进行的庭审活动等。辩护人的以言行事目的的数据表明辩护人庭审中的主要任务是告知案件事实与就案件事实表达个人观点。进一步的分析研究发现，事实告知类以言行事目的的对应客观的心理状态，结论告知类以言行事目的的对应相信的心理状态。这一对应表明辩护人以客观和中立的态度呈现案件事实，阶段性的结论表明的是个人对于案件事实的观点和意见。情况告知不是辩护人的主要责任，所占比例甚微，甚至在案例二和案例三中，情况告知的数据为零。因此，不具有代表性意义，在此不作讨论。

对比控辩审三方的以言行事目的，发现公诉人和辩护人的行事目的相似，都以事实告知和结论告知为主。法官的以言行事目的与公诉人和辩护人不同，占据前两位的为事实告知和情况告知。事实告知对应的为客观的心理状态，对应的命题内容为案件事实；结论告知都对应相信的心理状态，对应命题内容为对案件事实的观点；法官的情况告知对应的为信赖的心理状态，对应的命题内容为法律法规、庭审制度或与审判相关的其

第五章 辩护人庭审言语行为研究

他规定或依据。

以言行事目的的异同表明了三者在庭审中的地位、作用和角色的异同。案件事实是控辩审三方在庭审中关注的共同点,也是关注的重点之一,关注的态度为客观。公诉人和辩护人有对案件事实表达自己观点的自由和权力(利),这些观点对法官最后的裁决具有十分重要的意义。法官在对案件事实的呈现中,基本不会表达个人对案件的看法,其对案件事实的呈现是纯客观的。对法律法规的引介是法官在法庭上独有的责任和权力,但这种对法律法规的引介或对庭审程序的控制是"制度化"和"程序化"的,个人观点或意志的参与度很低。

(五)以言行事力量指示项

与对法官和公诉人的分析方式一样,对辩护人断言式言语行为的以言行事力量指示项的研究也以心理状态为分类标准,分别进行研究。根据表 5-2 可以发现,辩护人心理状态为相信的以言行事力量指示项,可以根据其表达方式和内容分为以下几类:其一,对他人观点或处理方式的回应,例如,无异议、不公平;其二,对被告人犯罪行为影响的主观评价,例如,危害性不高、不具人身危害性;第三,对被告人认罪行为或态度的评价,例如,深刻体会、深表悔过、痛感、态度良好、悔过反省、表现良好等。

根据上文分析,相信类断言式言语行为表达的是说话者的主观观点。纵观公诉人和法官的以言行事力量指示项,可以将之分为四个类别:一是对案件事实的评价;二是对犯罪行为的评价;三是对法庭供述行为的评价;四是对定罪的建议。[1]

综合对比控辩审三方相信类的以言行事力量指示项,可以发现三方之间的异同,具体分析如下:

---

[1] 具体的以言行事力量指示项表达见第四章。

第一，关注内容上的异同。法官与公诉人只关注案件事实以及被告人的认罪表现，而辩护人除了关注这两方面，还关注并呈现被告人的平时表现以及被告人其他方面的状态，例如，法律意识不强等。这表明辩护人关注和呈现的面更广，超出了法庭和案件。

第二，是否使用程度副词的不同。法官和公诉人在相信类言语行为中，都没有使用程度副词以加强语气和表达效果的情况，但是辩护人在相信类言语行为中使用了程度副词以加强语气和表达效果。例如，深刻体会、有一定过错、深表悔过、痛感等表达。公诉人和法官不使用程度副词的事实表明两者对案件事实处理的客观性特征，体现了司法人员应具备的基本素质。而辩护人使用副词的目的就是加强表达效果，以影响公诉人和法官对案情的判断。在所选案例中，辩护人所使用的副词有两个功效，强化被告人的悔过意识和弱化被告人的错误或案件的影响。深刻、深表和痛感这些词都比较生动且形象地表示了被告人的悔过意识，给受话者留下深刻的印象。而"一定过错"中的"一定"貌似客观，却起到了弱化"过错"的效果。

第三，评价内容与程度的不同。相信类断言式言语行为是表达个人观点，进行评价的断言式言语行为。三者在评价的内容、评价的精确度和评价的主客观性方面存在很大的不同。公诉人评价内容多为案件事实本身，评价精确而客观，是对案件事实中的情节进行精确的评价和定位，例如，证实、证明、证据确实充分、事实清楚等。法官的评价多集中在宣判阶段对被告人和案件的最后量刑定罪。辩护人在相信类断言式言语行为中，评价的多为对他人的回应或对被告人表现的评价。例如，不公平、表现良好、态度良好等。根据此项对比，可见在庭审过程中，对于最终达成裁决结果的作用上，公诉人的作用是最

第五章 辩护人庭审言语行为研究

客观且最精确的。另外，需要特别指出的是，这里所作的区分并不是绝对的，不是绝对的"有"或"无"的关系。辩护人也有针对案件事实的评价，而不仅仅是对被告人表现状况的评价。笔者在这里所作的区分，只是每个角色主要的和具有代表性的语言特色，而不是所有的特色。

总之，总结三者相信类断言式言语行为的以言行事力量表现出来的特色，公诉人的特征为精确而客观，辩护人的特色为宽泛而主观，法官的评价主要在宣判阶段的最后定罪量刑。因此，在庭审的作用和影响力上，相信类断言式言语行为中，公诉人在庭审中的影响力和作用最大，法官掌握最后的裁决权，公诉人的目的是努力影响法官和公诉人的主观观点。

客观类断言式言语行为是说话者对客观事实的客观或中立的表述，这种表述是纯客观的，没有个人观点或感情因素的参与。对比控辩审三方的客观类断言式言语行为，发现三者的异同及其中蕴含的规律性特征如下：

第一，关注内容的异同。控辩审三方都关注案件事实，但各有侧重。法官在客观类言语行为中，主要关注庭审活动有关的事实；公诉人的关注重点主要是案件事实本身；辩护人的关注内容分为两个部分：案件事实与被告人的状况和庭外行为表现，例如，系文盲、系初犯、没有前科等。在断言式言语行为总数相当的前提下，由此可见，对案件事实关注力度最大的当属公诉人。法官的重点在于对庭审活动和庭审程序的指引和控制。辩护人注意力有相当一部分分给了被告人的个人状况和庭外表现，说服司法人员减轻被告人罪行的努力消减了寻求事实真相的力度。因此，在庭审过程中，对于发现案件事实真相方面，公诉人的作用最大、力度最强。法官的意义在于对庭审过程和程序的控制。而辩护人的主要精力和精神则是对减轻被告人罪罚的努力。

　　第二，态度和立场的不同。在态度和立场方面，在三方都尽量保持客观的前提下，公诉人更加客观冷静，法官保持客观、冷静和中立，而辩护人却在巧妙的言词中，立场倾向了被告一方，客观的程度打了折扣。例如，系文盲、系初犯、没有前科等。这些表达虽然是有关客观事实的纯客观表达，但内容有利于被告。

　　第三，言词风格的趋同。控辩审三方的客观类用语都在形式上做到了"纯客观"。在相信类言行中，辩护人的用词包括加强语气和表达效果的程度副词。但在客观类言语行为中，控辩审三方均未采用程度副词。这一用词风格奠定了以客观和冷静为主的庭审基调，体现了法庭审判的本质特色。

　　总之，客观类断言式言语行为的以言行事力量指示项表明，在庭审中，在对于案件事实的确认方面，公诉人的态度和立场最为客观，对案件事实的评价最为精确，因此作用最强，力度最大，地位最"显赫"。法官也保持了客观和中立的立场，但对案件事实的关注度在客观效果上低于公诉人，法官除关注案件事实外，还要指引和控制庭审活动的有序进行，因此，对案件事实的关注度不以其主观意志为转移地低于公诉人。虽然，最后的判决由法官作出，但在过程中，对达成判决所作的实质性的关注、评价和判断上，法官的作用要小于公诉人。辩护人在形式上和整体上保持了客观和中立的立场，但实质上，辩护人的立场明显倾向于被告人。辩护人对案件事实的关注度也小于公诉人，因为辩护人的关注范围不仅包括案件事实，还包括被告人的个人状况和庭外表现等可能有利于减轻罪罚的所有因素，所以，辩护人对案件事实的关注度是打了折扣的关注，而这种打了折扣的关注，以及有所倾斜的态度和立场，对于发现案件事实真相的意义和重要性也必然受到相反方向的影响。

(六) 小结

断言式言语行为是说话者在不同程度上表达对客观事实确认的言语行为。鉴于案件事实、法律法规、庭审程序、与案件有关的事实等客观事实在庭审中的重要性，断言式言语行为无论在数据总量上，还是在具体作用上，都在法庭审判中占据了重要的地位。通过对控辩审三方断言式言语行为的全方位对比，可以发现三方在庭审过程中的关注重点、秉持态度、地位作用以及彼此之间的关系等各方面的特点。

第一，三方都关注案件事实，但关注度不一样。案件事实是公诉人在庭审中全部的关注内容，因此，公诉人对案件事实的关注度为百分之百。公诉人是控辩审三方中对案件事实关注度最高的一方。法官关注案件事实，同时，也关注法律法规、庭审制度、庭审活动以及相关审判依据类的客观事实，在客观效果上对案件事实的关注度打了折扣。辩护人除了关注案件事实，还关注被告人的个人状况，和与被告人有关，可能影响判决但又不是案件事实本身的事实，因此，对案件的关注度在客观效果上也做不到百分之百。

第二，对案件事实表达观点的异同。公诉人对案件事实的评价以客观和精确定性为主要特色。法官在庭审过程中基本不对案件事实进行评价，基本保持消极和中立状态。法官对案件事实的评价主要在最后的宣判阶段，是对案件审判的结论性总结。辩护人对案件事实的评价在语言表达上也基本坚持了客观的原则，但是有明显的倾向性，即倾向于被告一方。因此，在庭审过程中，公诉人的评价和观点最有利于最终达成客观而科学的审判结果。辩护人对被告人的倾向性特征，在一定程度上（根据辩护人个人的特点、案件的特点以及公诉人和法官的特点,程度会有大小的不同)影响案件最后结果的客观、科学性和公正性。

第三,在庭审中所处关系网的不同。法官是庭审中关系网的核心,法官几乎与所有的庭审参加人都有直接的关系:被告人、公诉人和辩护人以及整个法庭。在断言式言语行为中,公诉人与辩护人的行为对象除法庭外包括法官。法官在庭审中的关系与作用是多面的,而相比之下,公诉人与辩护人在庭审中的关系要简单很多。公诉人的主要关系是公诉人与法庭以及公诉人与法官,辩护人的关系也主要是法庭与法官。因此,在确认案件事实方面,法官处在接收信息的核心地位。这个核心地位保证了法官最后对案件裁决是在最丰富和最全面的信息基础之上。

第四,三方的主观能动性和被动性的体现不一样。三方在法庭上都具有一定的主观能动性,同时,又都有一定的被动性。此处,所谓的主观能动性,是指在法庭上的发表观点的主动权,以及对案件裁决实施的主动性影响,被动性指被其他方指挥或引导,或受其他方影响的事实或状态。公诉人和辩护人的主观能动性都体现在对案件事实发表观点和进行评价上,这是法庭赋予两者的自由和权力(利)。而法官在庭审过程中对案件事实的评价很少。因此,在对案件事实的观点和评价上,虽然法官最后作出判决,但是在庭审的过程中,公诉人与辩护人的观点对法官的裁决有重要的影响,虽然影响的程度根据实际情况大小不一,但影响是一定存在的。法官在庭审中的主观能动性主要体现在对庭审程序和庭审活动的指引和控制上。公诉人和辩护人在这方面完全受法官的指引。总之,法官的主动性和权威性主要体现在庭审程序的控制和指引方面,公诉人和辩护人的主观能动性或权威性主要体现在对案件事实的评价方面。

第五,确认客观事实的方式不同。断言式言语行为是说话者不同程度上表达对客观事实的确认。公诉人与法官确认事实的方式几乎全部为肯定,以肯定方式确认案件事实。而辩护人除用肯定的方式外,也使用了相当数量的否定方式。因此,辩护人对事实的确定方式是双向的,而公诉人与法官的确定方式是单一的。另外,辩护人除了关注和呈现案件事实,还关注和呈现被告人的个人状况。这两点综合起来表明,辩护人在对案件事实的处理方面比司法人员多了一个角度和层面。因而,辩护人在对案件事实的处理和把握上更加灵活和机动,因而表述效果也有可能更生动有效。

总之,断言式言语行为围绕对客观事实的确认,展现了控辩审三方在庭审中的地位、作用、角色等方面的异同。通过对比,可以发现,简单地说哪一方更重要,或哪一方更权威都是偏颇的,甚至是错误的。

三、指令式言语行为分析

辩护人指令式言语行为的数量较少,因此,对辩护人的指令式言语行为进行综合分析,且辩护人与法官和辩护人的对比也以综合方式进行。

表5-3 指令式言语行为分析标准及数据统计

分析标准	标准分类	案例一 7	案例二 1	案例三 1	案例四 4	案例五 1	案例六 0	备注
程度	强	1	/	/	/	/	/	
	较强	4	/	1	3	1	/	
	弱	2	1	/	1	/	/	

续表

分析标准	标准分类		案例一 7	案例二 1	案例三 1	案例四 4	案例五 1	案例六 0	备注
行为对象	较强	被告人	/	/	/	/	/	/	强指令的对象为法官&公诉人
		法官	2	/	/	/	/	/	
		公诉人	/	/	/	/	/	/	
		法庭	3	/	1	3	1	/	
	弱	被告人	/	/	/	/	/	/	
		法官	/	/	/	/	/	/	
		公诉人	/	/	/	/	/	/	
		法庭	2	1	/	1	/	/	
心理状态	较强	想要	4	/	/	/	/	/	强指令的心理状态为礼貌命令
		请求	1	/	1	/	1	/	
		建议	/	/	/	3	/	/	
	弱	想要	1	/	/	/	/	/	
		请求	1	1	/	1	/	/	
以言行事目的	较强	建议	5	/	1	3	1	0	强指令的目的为事实告知
	弱	建议	2	1	/	1	/	/	
以言行事力量指示项	较强	祈使句	1	/	1	2	1	/	强指令运用的是祈使句
		陈述句	4	/	/	1	/	/	
	弱	祈使句	2	1	/	1	/	/	
		陈述句	/	/	/	/	/	/	

　　辩护人的指令式言语行为在数量上较少，在言语行为总数中的比例也较低。但是仍有几点具有重要意义的方面需要特别

第五章　辩护人庭审言语行为研究

指出。根据上文分析，强指令指的是受话者必须服从的指令，弱指令指的是受话者有自由选择的权利，可以选择服从或不服从的指令。[1]法官和公诉人的言语行为包括且仅包括强指令和弱指令两种类型。在辩护人的指令式言语行为中有一种介于中间状态的指令：较强指令。"较强指令"的含义是指在原则上，根据制度规定以及根据表达的方式，此类指令的受话者都可以选择服从或不服从，接受或不接受，但是说话者的实际语气十分强烈，主观意志也十分坚定，且客观上对受话者能产生重大影响。例如：

(1) 请法庭慎重认定数量。
(2) 不能正常进入市场流通的不应当单独计件，
(3) 我们希望法庭以教育为主惩罚为辅的方式，能够让其早日使其回归家庭。[2]

对于这几个指令式言语行为，原则上以及根据法律规定，法官或法庭可以选择接受或不接受。但是辩护人的语气十分强烈，且客观上，会对法官以及整个法庭产生重要的影响。这一级别的指令式言语行为的存在表明，虽然在法律规定上，辩护人不具有指挥法庭审判以及决定最后判决结果的权威，但实际上，辩护人对于法官以及法庭最后的审判结果有一定意义的影响，且此影响程度十分重要。因此，辩护人在法庭上并非处于传统所谓的"无权"的地位，相反，辩护人对于庭审的结果具有重要的影响。

---

[1] 强弱指令的分类标准见第三章对法官指令式言语行为的分析部分。
[2] (1)~(3) 出自案例一，"2018年10月15日09：30直播杨浦法院审理的一起涉嫌非法制造、销售非法制造的注册商标标识罪案件"，载 https://www.china-court.org/chat/chat/2018/10/id/50509.shtml，2020年4月14日访问。

| 我国刑事庭审言语行为的实证研究 |

辩护人指令式言语行为的行为对象，无论指令的级别如何，均为法官或整个法庭。这一点又一次体现出了法官在庭审中的核心地位。心理状态以"想要"和"请求"为主表明辩护人原则上在法庭中处于相对于法官和公诉人的"无权"地位，因为按法律规定，辩护人无权指挥或命令法官或法庭听从自己的指令。辩护人的以言行事目的以建议为主，表明辩护人的真实目的是向法庭提出自己的建议，并希望法官或法庭能够接纳自己的建议。这一点与公诉人相似，公诉人指令式言语行为的以言行事目的也是以建议为主。另外，公诉人和辩护人指令式言语行为的数量基本相当，都在言语行为中占据极少数和极低的比例，由此可见，在给法庭提出建议方面，公诉人和辩护人的目的和作用是平等且平行的。辩护人的以言行事力量指示项与公诉人和法官相同，主要使用祈使句和简短的陈述句，以体现指令的特色和力度。

对比辩护人、公诉人和法官的指令式言语行为，可以发现，辩护人和公诉人存在很多相似之处，而与法官之间存在很大的差别。具体如下：

第一，总体数量的差别。辩护人和公诉人的指令式言语行为数量极少，所占比例极低。这一点与法官形成了鲜明的对比。法官的指令式言语行为数量极大，所占比例极高，在所有类别的言语行为中，均占据前三名的位置。根据上文的分析，指令式言语行为并不一定代表权威和地位，但是指令式言语行为的表达是说话者发挥主观能动性的体现。无论说话者发出的指令式言语行为强度级别如何，心理状态以及以言行事目的如何，都是说话者发挥主观能动性的尝试。因此，在庭审中，法官的指令式言语行为的数量和比例，表明了法官是庭审中最活跃的因素，是主观能动性最强的参与者。

第二,指令程度和以言行事目的的差别。法官的指令以强指令为主要特色,而辩护人和公诉人的指令以弱指令为主,辩护人的指令式言语行为还包括较强指令。进一步研究发现,法官强指令对应的以言行事目的主要为程序告知,即法官指令的内容主要是指挥庭审程序的正常进行;辩护人和公诉人指令的以言行事目的主要是建议。法官控制和指挥法庭程序的主要作用是维持法庭秩序和保证法庭活动的正常有序进行。但是公诉人和辩护人的建议是直接针对案件事实和案件的性质,因而,也是直接指向最后的审判结果。由此可见,在庭审过程中,法官的重要性主要在于对法庭程序和进程的控制,而辩护人和公诉人的重要性主要在于对最终审判结果的直接影响。在指令式言语行为所表明的层面上,辩护人与公诉人的地位是平等的,作用是平行的;法官的作用不同,但指令式言语行为并不能表明其地位和权威比辩护人和公诉人更高。笔者认为,较为准确的表述是三者在法庭上的侧重点不同,活跃程度不同,而不能简单地说谁比谁的地位或权威更高。

四、问指式言语行为分析

辩护人问指式言语行为数量较少,因此,对于这部分也作综合分析和对比。

表 5-4 问指式言语行为分析标准及数据统计

分析标准	标准分类	案例一 14	案例二 0	案例三 2	案例四 3	案例五 0	案例六 0
分类	断言	14	/	2	3	/	/
	表情+断言	/	/	/	/	/	/

续表

分析标准	标准分类	案例一 14	案例二 0	案例三 2	案例四 3	案例五 0	案例六 0
行为对象	法官	/	/	/	/	/	/
	公诉人	/	/	/	/	/	/
	被告人	14	/	2	3	/	/
心理状态	讯问	14	/	2	3	/	/
	询问	/	/	/	/	/	/
以言行事目的	具体信息	8	/	2	3	/	/
	二种情况之一	6	/	/	/	/	/
以言行事力量指示项	语气虚词	2	/	/	/	/	/
	缺失	/	/	/	/	/	/

辩护人问指式言语行为的数量极少，比例极低。三个案例中问指式言语行为为零，案例三中有两个，案例四中有三个，只有案例一中数量较多，有四个。虽然数量较少，但是总体上呈现出十分强的规律性。根据表5-4的数据，可以发现辩护人断言式言语行为的行为对象均为被告人，心理状态均为讯问，以言行事目的绝大部分为具体信息，基本不用语气虚词，没有以言行事力量指示项缺失的情况。

辩护人的问指式言语行为，除数量上比公诉人更少以外，其他方面与公诉人的特点基本相同。与法官的问指式言语行为相对比，这些特点体现出三者在法庭中作用和角色的不同。

首先，关注面不同。辩护人与公诉人在问指式言语行为中主要关注客观事实，即案件事实，极少或并不关注被告人的态度。而法官不仅关注案件事实，且关注被告人的态度和利益，并且在问指式言语行为中表达对被告人的尊重和关切。其次，营造法庭氛围的作用不同。公诉人与辩护人都着重营造严肃、正式、客观的法庭气氛。而法官不仅营造了正式而严肃的法庭氛围，并且也用言语行为营造了具有人文关怀和温度，一定程度上体现对被告人的尊重和关切的法庭氛围。再次，法庭用语特色不同。辩护人与公诉人的法庭用语特色比较单一，以正式和精确表达为主。而法官的用语具有多样化的特征，即整体上以正式和严肃为主，在某些情况下也具有灵活性和随意性特征。最后，法庭审判态度的差异。问指式言语行为体现出辩护人与公诉人在讯问信息时，态度客观。而法官的问指式言语行为在以客观中立为主的基础上，还有一定量的具有引导性的问题。

根据上述分析可见，问指式言语行为没有表现出控辩审三方在庭审中地位或权威的差异，而只是表现出三者在法庭中作用的不同。在问指式言语行为所表现出的层面，法官在法庭中的作用是多面的，而辩护人和公诉人在庭审过程中的作用比较单一。

五、总结

通过对比辩护人、公诉人和法官的言语行为分类、断言式言语行为、指令式言语行为和问指式言语行为的数据，可以发现三者在营造法庭氛围，在庭审过程中的地位、作用和角色特征等各方面的特色。具体如下：

第一，法庭的整体氛围以严肃、正式和威严为主要特点。辩护人、公诉人和法官的主要语言特色确定法庭氛围的主基调。法官为庭审增加了具有人文关怀和温度，可以缓解紧张气氛的因素。在问指式言语行为中，对被告人的态度和利益的关注，以及在某些言词中，以言行事力量指示项的缺失，都体现出这些特点。而辩护人和公诉人的用语在庭审中保持一贯的严肃和正式。公诉人与辩护人都没有以言行事力量指示项缺失的情况，极其严谨、正式的用语风格创造了极其正式而威严的法庭氛围。公诉人保持绝对的严肃和客观,以体现庭审和司法的威严。辩护人虽然在某些表达中,其本质目的是为被告人的利益服务,但在语言表达上仍旧保持了形式上的客观、正式和严肃。

第二,在法庭审判态度和立场上,公诉人保持了自始至终的、纯粹的客观。法官在某些问指式话语中,采用了具有引导性的表达形式。辩护人在语言上也基本做到了客观,但是,在心理状态为"相信"的断言式言语行为中,辩护人在表达上使用了加强表达效果的程度副词,在内容上,具有明显的倾向于被告人的特征。

第三,三者的法庭语言特色不同。法庭用语的总体特色为严肃、正式、精确。辩护人自始至终基本上保持了用语特色的一致性或单一性特征,即自始至终使用严肃、正式而精确的法庭用语。相比之下,法官的用语比较灵活。在保持严肃、正式和精确的总体特征下,法官在某些情况下使用了轻松或随意的语言表达,起到了缓和紧张气氛的作用。例如,在问指式言语行为中以及指令式言语行为中,法官用语都存在以言行事力量指示项缺失的情况。辩护人的用语也具有灵活的特征,在相信类断言式言语行为中,辩护人使用程度副词,以达到加强表达效果的目的。

第四,三者对案件事实的关注度不同。案件事实是法庭关注的核心和重点。其中,公诉人对案件事实的关注度为百分之百,除了案件事实本身外,公诉人对其他方面的关注度几乎为零。辩护人除了关注案件事实,还关注与案件无直接关系,但对案件的判决有一定影响的被告人的个人状况,因此,辩护人对案件事实本身的关注度小于公诉人。法官除了关注案件事实,还关注,甚至是在更大程度上关注,法律法规、庭审制度和当

第五章 辩护人庭审言语行为研究

时进行的庭审活动等与案件审判有关的事实，而不是案件事实本身。因此，在客观效果上，法官对案件事实的关注度也小于公诉人。

综合第二点和第四点的对比，可以发现，在庭审过程中，对案件最后的客观中立的判决贡献较大，较有力度的当属公诉人。

第五，确认案件事实的方式不同。公诉人和法官对案件事实的确认方式主要为肯定式，几乎不存在以否定式确认案件事实的情况。而辩护人对案件事实的确认采用肯定和否定的双重形式。这一点表明，辩护人对案件事实的确定角度更多，方式更灵活，因而效果更加生动有效。这一点契合了辩护人要说服法官和公诉人接受其观点的辩护目的。而法官与公诉人的任务仅仅是明确案件事实，没有相应的说服任务。

第六，三方在法庭上的活跃度不同。根据言语行为的总数及各类别数量，法官是法庭上最活跃的角色，公诉人次之，辩护人的活跃度最低。法官在法庭上几乎是无处不在的，从庭审过程到最后判决，从案件事实、法律法规、庭审活动到被告人以及辩护人，都是法官关注和活动的领域。而公诉人主要关注案件事实，辩护人关注案件事实和被告人的个人状况。

第七，三方在法庭上发挥能动性的方面不同。三方在法庭上都在一定程度上发挥了能动性作用，但发挥作用的方面不同。法官的能动性作用主要体现在对庭审程序的控制和指挥，以及最后对案件的判决或作出有关判决的决定，体现在言语行为中是法官指令式言语行为的各项特色，以及宣布式言语行为和承诺式言语行为的对应特色。而公诉人和辩护人发挥能动性的方面主要在对案件事实的评价上，体现在言语行为中是心理状态为相信的断言式言语行为的数量和比例。

第八，三者在法庭上所建立的关系网不同。法官所建立的关系网是多面的，且法官在这些关系网中处于核心地位。法官与法庭上的所有参与者及整个法庭都有直接的关系。而公诉人在法庭上的关系主要是公诉人与法官之间，及公诉人与法庭之间；辩护人在法庭上的关系主要是辩护人与法庭之间，及辩护人与法官之间。因此，公诉人与辩护人在法庭上的关系网是双面的，较法官的关系网简单很多。

第九，法官在法庭上的权威性或地位较高，仅限于对庭审程序的控制和对庭审活动的指挥，对案件的最后判决或作出与判决有关的决定以及对结果的宣布。在庭审的过程中，在对案件进行主观评价和精确定性定位方面，法官的作用是消极而中立的。公诉人着重于对案件事实进行精确的和客观的定性和定位。辩护人在尽量对案件事实进行客观和中立的定性和定位的同时考量被告人的个人状况，作出对被告人有利的评价和辩护。

第十，法官在法庭上居于核心地位，但仅限于作为信息接收和确认的核心。无论是辩护人还是公诉人，确认案件事实有关信息的对象有两个：整个法庭和法官。因此，法官是所有信息的集结点。而法官也正是根据所接收到的信息，进行最后的判决。这一特征也保证了法官作最后判决是建立在尽可能丰富的信息基础之上。

通过以上对比，可以发现，庭审中控辩审三方之间的关系，以及三方在庭审中所发挥的不同作用和扮演的不同角色。简单认为法官或其中任何一方居于权威地位或弱势地位的观点都有失公正。三者在不同的方面发挥的作用不同，重要程度也不同。要辨清三者在法庭中的具体作用和地位，必须全面地看问题，一概而论的说法都是偏颇的，甚至是错误的。

第六章 CHAPTER 06
结 论

控辩审三方在庭审中的作用、地位和角色特征以及相互之间的关系是庭审制度的核心因素，也是我国庭审改革的中心内容。本书从具体的、微观的角度，逐句分析六个案例中法官、公诉人和辩护人的言语行为特色。通过分析言语行为特色，探讨三方在庭审中的地位、作用、角色特征、彼此之间的关系以及三者共同塑造的法庭审判整体特征。研究发现，简单地认为控辩审三方中的某一方，或者某两方，在庭审中具有权威地位的观点都是偏颇的。控辩审三方在不同层面的具体作用、表现形式及重要程度均不同。一般所认为的法官在庭审中的权威地位或核心作用也仅限于庭审中的某些层面，法官并不是庭审中自始至终且无所不在的权威和核心，而庭审制度改革所追求的法官在庭审过程中的完全消极态度和居中裁判也尚未完全达到。公诉人与辩护人在某些层面也具有权威地位或核心作用，辩护人并非控辩审三方中最弱势的一方，公诉人与辩护人在某种程度上实现了对抗和平衡，但仍有提升的空间和必要。本章对本书所有成果进行概括性总结，全方位展现我国刑事庭审的现状。

一、法庭的整体特征

法庭的整体氛围以严肃、正式和威严为主要特征。控辩审三方的言语行为类型和用语特色共同奠定了法庭氛围的主基调。与此同时，法庭氛围中不乏民主、平等、有温度和有人文关怀的因素。这些因素主要源自法官对被告人利益的关注，对被告人态度和观点的尊重和重视以及法官法庭用语相对比较灵活的特征。

法庭用语以正式而精确表达为主，尤其公诉人的用语基本做到了百之分百的严肃、正式而精确。法官与辩护人用语在某些方面都具有一定的灵活性，但其表达目的和效果不同。法官用语在以正式和严肃为基调的基础上，不乏某些灵活之处，例如，在问指式言语行为和指令式言语行为中，以言行事力量指示项的缺失即是不规范用语的例证。正是这些不太规范，但又不影响表达效果的用语给正式而严肃的法庭注入了一点缓和紧张气氛的因素。辩护人的用语在相信类断言式言语行为中使用了程度副词，以加强表达效果。这一特色略微偏离精确表达的标准，在一定程度上体现了辩护人代表被告人利益的立场和为被告人减轻罪罚的辩护目的。

法庭中的关键因素为客观事实，而在客观事实中，又以案件事实为最核心和最关键。法庭中的客观事实包括案件事实、法律法规、庭审制度、庭审活动进程以及与案件事实有关的其他因素。控辩审三方的关注重点均为客观事实，且各有侧重。案件事实是三者关注的交叉点，是法庭中关键因素中的关键。

法庭审判的态度以客观和中立为主。控辩审三方都基本秉持客观而冷静的审判态度。法官对案件事实的评价保持消极状态，但是却在问指式言语行为中采用了引导性的问话形式，因

第六章 结 论

此，法官的立场在以中立为主要特色的同时，具有一定程度的偏离。公诉人的语言表达最为客观。辩护人的语言表达形式，除在相信类断言式言语行为中，使用程度副词以加强表达效果外，整体上也基本做到了客观。因此，公诉人与辩护人代表不同的利益，两者在法庭上的对抗以客观、冷静为特色。

二、法官权威地位和核心作用的体现

法官在法庭审判中具有权威地位并发挥了核心的作用，但仅限于在相应的层面，且不同于一般意义上的权威和核心。法官的权威地位和核心作用主要体现在以下几个层面：

第一，法官对庭审程序和庭审活动的控制和指挥。这是最能体现法官权威地位的方面。法官的指令式言语行为数量最多，且强指令的命题内容均是有关庭审活动。法官断言式言语行为的绝大部分是有关法律法规和庭审制度的引介。法官的宣布式言语行为与断言式言语行为中的绝大部分也都是有关庭审程序和庭审活动的控制和指挥。这些特点足以证明法官对法庭审判的指挥是法官审判工作的重点和核心。宣布式言语行为基本为法官所独有。法官不仅利用宣布式言语行为宣布最终的审判结果，且用宣布式言语行为开启或结束某个法庭程序。宣布式言语行为的成功实施必须有超语言机制的保障。在法庭中，只有法官被赋予了这种超语言机制的权力，同时，这种权力又仅限于对庭审程序和庭审活动的控制和指引。因此，法官的权威地位仅限于对庭审活动和庭审程序的控制和指挥。

第二，法官在庭审关系网和信息网中处于核心地位。法官是庭审关系网的核心。法官与所有的庭审参加人都有直接的关系。法官言语行为的行为对象包括公诉人、辩护人、被告人以及整个法庭。此外，公诉人与辩护人的言语行为对象主要为法官和法庭。法官的问指式言语行为的数量在控辩审三方中居于首位，问指式言语行为的以言行事目的是获取具体信息或获悉受话者的态度或观点。不仅如此，公诉人和辩护人断言式言语行为的主要行为对象为法官和法庭，断言式言语行为的以言行事目的为告知受话者相关信息（事实告知、情况告知、结论告知）。因此，法官是庭审信息汇集的核心。这个核心地位为法官作出最后的判决奠定了基础。

第三，法官是庭审中最活跃的角色。在庭审所有的参与者当中，法官的角色是最活跃的。法官的言语行为总数、指令式言语行为和问指式言语行为均在控辩审三方中占据首位。言语行为的数量必定和活跃度成正比。指令式言语行为虽然不是一般意义上的"指令"，例如，"命令"和"请求"都属于指令式言语行为的范畴，但是无论指令的级别和程度如何，都是说话者主动发出的"指令"，是主观能动性的体现。问指式言语行为更是说话者为寻求信息发出的要求对方回答问题的指令。因此，法官是庭审中最活跃、主观能动性最强的角色。在庭审中，法官几乎无处不在。

三、公诉人权威地位和能动性的体现

公诉人在庭审中的权威地位和能动性主要体现在对案件事实的关注和评价上。断言式言语行为是说话者在不同程度上对事实的确认，评价类言词属于断言式言语行为的范畴。庭审中断言式言语行为的特色表明公诉人对案件事实的关注度在控辩审三方中最高。公诉人在法庭中对案件事实的关注度是百分之百；法官除了关注案件事实，还关注法律法规、庭审程序、庭审活动以及与案件审判有关的其他内容；辩护人除了关注案件事实，还关注被告人的个人状况以及其他有可能影响判决的因

第六章 结 论

素。另外，公诉人对案件事实的评价不仅秉持了客观的态度，且以对案件事实的精确定性为特色，言语表达和秉持观点做到了客观、冷静和科学。辩护人对案件的评价在秉持客观和冷静的态度基础之上，有一定的倾向性，即倾向于被告一方的利益，因此，其客观性和科学性必定打了折扣。法官对案件事实的评价主要体现在宣判阶段，对案件事实和案件审判进行结论性的总结。在审判过程中，法官对案件事实极少评价。因此，在对最终达成客观、公正和科学的审判结果的贡献上，公诉人的贡献较大。

公诉人对最后审判结果的贡献还体现在指令式言语行为中。公诉人的指令式言语行为的数量不多，且以弱指令为主；公诉人弱指令的心理状态和以言行事目的以"建议"为主，即向法官或法庭就案件事实或案件评价提出建议。而法官的指令式言语行为的以言行事目的绝大部分为程序告知，其作用在于指引庭审程序的进行。辩护人的指令式言语行为特色与公诉人在数量和具体特征上都类似，因此，在给法庭或法官提出建议，对最后审判结果的影响方面，公诉人和辩护人的作用是平行的。两者在审判过程中对于案件事实评价的主观能动性基本相当。

四、辩护人能动性和特殊性的体现

辩护人在庭审中的能动性主要体现在对案件的评价和对法官或法庭的建议两方面。与公诉人一样，辩护人断言式言语行为中绝大多数为评价类言语行为，在言语行为中表达了对案件事实的观点。而法官的断言式言语行为以对法律法规和庭审制度的引介为主。与公诉人相比，辩护人的关注度和客观的程度均低于前者。由此可见，在庭审过程中对案件事实的评价方面，作用最大的为公诉人，辩护人次之，法官最低。

辩护人与公诉人的指令式言语行为的相似性表明了辩护人在向法庭或法官提出"建议"方面的能动性作用与公诉人平等。

辩护人的独特之处在于辩护人对案件事实的呈现方式。断言式言语行为的再分类表明公诉人和法官对案件事实的呈现方式绝大部分为肯定式，而辩护人的呈现方式包括肯定式和否定式两种方式，且否定式占据了一定的比例。因此，辩护人对事实的确定方式是双向的，而公诉人与法官的确定方式是单一的。另外，辩护人除了关注和呈现案件事实，还关注和呈现被告人的个人状况。这两点综合起来表明，辩护人在对案件事实的处理方面比司法人员多了一个角度和层面。因而，辩护人在对案件事实的处理和把握上更加灵活和机动，表达效果也有可能更生动有效。

五、三者之间的关系

法官、公诉人和辩护人在法庭中起作用的涵盖面是依次递减的，呈现出倒三角的模式。这一点体现在言语行为的类比以及数量分布上。问指式、指令式和断言式三种言语行为均为控辩审三方的主要言语行为。在控辩审三方的三种言语行为数量均存在差别的前提下，法官的三种言语行为数量较为均衡，而公诉人和辩护人的三种言语行为数量表现出严重不均衡的特点。此外，宣布式言语行为为法官所独有。因此，可以说法官在庭审中的作用是多面的，甚至是全面的，在法庭审判过程中，法官几乎是无处不在的。而公诉人的问指式言语行为和断言式言语行为占据较大比例的事实表明公诉人在法庭中的作用是获取信息和确认与案件有关的事实。辩护人的断言式言语行为占据绝对优势，其他类言语行为占据极低比例的事实表明辩护人在庭审中的主要作用仅是确认与案件有关的客观事实。

第六章 结 论

　　公诉人与辩护人在法庭中的地位趋向平等，但是对于最后的审判结果的影响，公诉人的作用要大于辩护人。公诉人与辩护人的平等地位体现在两个方面：一是在庭审过程中，公诉人和辩护人在断言式言语行为中对于案件事实的评价数量和比例相当，因而对于最后的审判结果的重要性也相当；二是双方在指令式言语行为中对法庭和法官所提出的建议在数量、比例以及对最后判决的意义方面也基本相同。双方地位的平等保证了双方在庭审中实现控辩抗衡的可能性。同时，根据上文分析，公诉人对案件事实的关注度最高，评价最为客观、精确和科学；而辩护人对案件事实的关注度以及对案件事实评价的客观性程度均低于公诉人。因此，在对最后达成客观而科学的审判结果的意义和重要性方面，公诉人高于辩护人。因此，公诉人与辩护人在地位上实现了平等，而在对庭审的作用方面没有达到完全的平衡，控辩抗衡有限实现。

　　法官与公诉人和辩护人在庭审中是互相制约的关系。在庭审的过程中，法官对于案件事实的评价在数量上很少，比例很低，因此，在对案件事实的定性过程中，法官的作用小于公诉人和辩护人，而庭审最后的判决由法官作出，或由合议庭作出，因此，在对于最后判决结果的决定和意义上，三者之间是互相制约的关系。

六、研究成果与庭审制度改革

　　在研究的最后，需要回到研究的最初，重申研究的特色与初衷。本书的研究角度和方法均为语言学研究，是从一个非法学的角度去研究法学领域问题的尝试。研究目的是分析我国的庭审现状的具体特征，以发现我国庭审制度改革取得的成就和存在的不足。

控辩审是庭审中最重要的组成部分，三方关系是庭审模式改革的核心。实现法官地位中立化，作用消极化；实现控辩双方的对抗和平衡；限制控方或曰公诉人的权力，限制法官的主观能动作用；保障被告人的权利，保障辩护人的权利。这些是庭审模式改革，也是控辩审三方关系的改革目标。

法官对案件评价的特点表明，法官的立场基本实现了立场中立化和作用消极化，法官在庭审中的主要作用在于对庭审程序和庭审活动的指引和对法律法规的引介。法官对被告人的利益和态度给予了关注和重视，对被告人表达了关怀和尊重，营造了民主、平等和具有人文关怀的法庭氛围。法官在法庭中所发挥的多面性作用、其接收信息的核心地位和高活跃度，同时表明法官的主观能动性作用仍是处于比较强的状态，这种无所不在的强势存在势必影响法官的中立立场和消极作用。控辩双方的地位和权力（利）对等，不过在作用方面，公诉人要大于辩护人。因此，控辩双方的对抗实现，尽管平衡没有完全实现，这种有限度的实现也是理念在实践中的一种体现。

研究结果有一些新发现的同时，也有着不可避免的局限性和无法突破的瓶颈。首先，所选案例数量的局限性。尽管笔者对大量的案例进行了研究，但是最终具体进行定性和定量分析的只有六个。虽然笔者认为所选案例均为有代表性的典型案例，但是用六个案例得出的结论难免偏颇。其次，研究结果和研究方法存在的局限。例如，研究发现法官与公诉人和辩护人之间是互相制约的关系，但是这种制约是否达到或能否达到制衡的状态，是本书无法达到的程度；研究发现了公诉人对于最后判决的作用要大于公诉人，具体程度如何，本书无法确定；法官在言语行为中，基本做到了对案件事实尽可能少的评价，可其在法庭中多面性的作用，接收信息的核心地位，以及其在法庭

第六章 结 论

中无处不在的存在状态,与真正的"权威"又有多大的区别,换言之,法官对案件事实的近似"零"的评价是否就一定意味着法官的消极性作用。这些都是本书目前无法企及的目标,也是推动笔者继续进行研究的动力。

REFERENCES
参考文献

一、中文专著

1. 陈光中主编:《〈中华人民共和国刑事诉讼法〉修改条文释义与点评》,人民法院出版社 2012 年版。
2. 陈光中主编:《刑事诉讼法(修正)实务全书》,中国检察出版社 1997 年版。
3. 龙宗智:《刑事庭审制度研究》,中国政法大学出版社 2001 年版。
4. 汪海燕:《我国刑事诉讼模式的选择》,北京大学出版社 2008 年版。
5. 丁寿兴主编:《庭审中的审判长》,上海三联书店 2006 年版。
6. 崔凤娟:《庭审语篇中模糊限制语的顺应理论研究》,中国社会科学出版社 2013 年版。
7. 廖美珍:《法庭问答及其互动研究》,法律出版社 2003 年版。
8. 周庆生、王杰、苏金智主编:《语言与法律研究的新视野》,法律出版社 2003 年版。
9. 张清:《法官庭审话语的实证研究》,中国人民大学出版社 2013 年版。
10. 李立、赵洪芳:《法律言语实证研究》,群众出版社 2009 年版。
11. 余素青:《法庭语言研究》,北京大学出版社 2010 年版。
12. 廖美珍:《中国刑事法庭语言规范研究》,华中师范大学出版社 2016 年版。
13. 陈嘉映:《语言哲学》,北京大学出版社 2003 年版。

14. 廖美珍：《法庭语言技巧》（第3版），法律出版社2009年版。

二、中文译著

1. [美] 约翰·塞尔：《心灵、语言和社会　实在世界中的哲学》，李步楼译，上海译文出版社2006年版。
2. [美] 约翰·R. 塞尔：《表达与意义》，王加为、赵明珠译，商务印书馆2017年版。

三、中文期刊

1. 卞建林、谢澍："'以审判为中心'与刑事程序法治现代化"，载《法治现代化研究》2017年第1期。
2. 汪海燕："中国刑事审判制度发展七十年"，载《政法论坛》2019年第6期。
3. 陈光中、曾新华："中国刑事诉讼法立法四十年"，载《法学》2018年第7期。
4. 汪海燕："刑事审判制度改革实证研究"，载《中国刑事法杂志》2018年第6期。
5. 龙宗智："论我国刑事庭审方式"，载《中国法学》1998年第4期。
6. 左卫民："中国道路与全球价值：刑事诉讼制度三十年"，载《法学》2009年第4期。
7. 龙宗智、左卫民："特色与问题——庭审方式与评析"，载《现代法学》1996年第4期。
8. 龙宗智："论我国的公诉制度"，载《人民检察》2010年第19期。
9. 卞建林："中国特色刑事诉讼制度的重大发展"，载《法学杂志》2012年第5期。
10. 汪海燕："刑事审判制度改革实证研究"，载《中国刑事法杂志》2018年第6期。
11. 陈光中、步洋洋："审判中心与相关诉讼制度改革初探"，载《政法论坛》2015年第2期。

12. 陈光中:"刑事诉讼法再修改之基本理念——兼及若干基本原则之修改",载《政法论坛》2004年第3期。

13. 卞建林、李菁菁:"从我国刑事法庭设置看刑事审判构造的完善",载《法学研究》2004年第3期。

14. 杨文革:"从'审被告'到'审证人'——诉讼制度改革背景下刑事庭审模式转型刍议",载《北方法学》2017年第1期。

15. 陈光中:"辩护人的诉讼地位与证据开示",载《中国律师》2002年第2期。

16. 陈光中:"动态平衡诉讼观之我见",载《中国检察官》2018年第13期。

17. 陈光中:"我国刑事辩护制度的改革",载《中国司法》2014年第1期。

18. 崔凤娟:"庭审语篇中模糊限制语的顺应性",载《山东外语教学》2012年第4期。

19. 崔凤娟:"模糊限制语对庭审中不同语域的顺应",载《大连民族学院学报》2012年第2期。

20. 廖美珍:"答话研究——法庭答话的启示",载《修辞学习》2004年第5期。

21. 夏丹、廖美珍:"民事审判话语中人称指示语的变异与身份建构",载《华中师范大学学报(人文社会科学版)》2012年第2期。

22. 江铃:"理性与冲突:关于合作原则在法庭互动话语中的适用性",载《吉林师范大学学报(人文社会科学版)》2010年第6期。

23. 胡海娟:"庭审提问策略的语用功能透析",载《政法学刊》2008年第5期。

24. 陈海庆、刘亭亭:"庭审语境中公诉人话语停顿的动态属性及修辞功能",载《当代修辞学》2018年第3期。

25. 崔玉珍:"法庭讯问的信息分析",载《中国政法大学学报》2014年第5期。

26. 孙炳文:"从关联视角看庭审互动中话语标记语的语用功能",载《当代修辞学》2015年第1期。

27. 陈铭浩、张玥："话语标记语在法庭会话信息修正中的作用研究"，载《山东外语教学》2008年第3期。
28. 张彦："法官庭审语言的情感信息"，载《中国政法大学学报》2012年第3期。
29. 张丽萍："庭审冲突的语言分析及对法官驾驭庭审的启示"，载《南京理工大学学报（社会科学版）》2005年第3期。
30. 高立娟："浅谈法庭审判中公诉人语言预设策略的运用"，载《科技信息》2012年第5期。
31. 廖美珍："法庭审判话语框架分析"，载《当代修辞学》2012年第6期。
32. 廖美珍："目的原则与法庭互动话语合作问题研究"，载《外语学刊》2004年第5期。
33. 廖美珍："中国法庭互动话语对应结构研究"，载《语言科学》2003年第5期。
34. 孙亚迪、廖美珍："法庭解述话语现象的生成机制研究"，载《湖北大学学报（哲学社会科学版）》2017年第4期。
35. 罗桂花、廖美珍："法庭话语中的言据性"，载《语言研究》2013年第4期。
36. 柯贤兵、廖美珍："法庭调解话语博弈交际研究"，载《外语学刊》2011年第5期。
37. 马泽军、刘佳："庭审语篇中转述话语的语用特征初探"，载《浙江外国语学院学报》2017年第5期。
38. 李诗芳："诉讼参与人的情态表达分析及其人际意义"，载《北京理工大学学报（社会科学版）》2010年第2期。
39. 胡海娟："庭审提问的顺应性研究"，载《华南师范大学学报（社会科学版）》2010年第5期。
40. 陈剑敏："顺应论视阈中的中英法庭话语研究"，载《山东社会科学》2011年第8期。
41. 崔凤娟："庭审中的模糊语言与权力关系研究"，载《浙江外国语学院学报》2017年第5期。

42. 廖美珍:"从问答行为看中国法庭审判现状",载《语言文字应用》2002年第4期。

43. 孙炳文、王牢靠:"从关联—顺应模式看法官庭审话语",载《湖北工业大学学报》2012年第6期。

44. 邹立志:"'修辞立其诚'的言语行为限制",载《首都师范大学学报(社会科学版)》2014年第3期。

45. 邱昭继:"奥斯汀言语行为理论与法理学",载《法制与社会发展》2008年第2期。

46. 武瑷华:"表态言语行为的语义与语用",载《外语学刊》2016年第6期。

47. 樊小玲、胡范铸:"承诺言语行为与指令言语行为关系探究",载《陕西师范大学学报(哲学社会科学版)》2013年第5期。

48. 李树科:"模糊时间词的言语行为分析",载《现代语文(语言研究版)》2016年第5期。

49. 金城:"评价语句的言语行为分析",载《外语学刊》2009年第6期。

50. 牛保义:"修辞问句言语行为实施的认知机制研究",载《外语学刊》2009年第6期。

51. 黄立鹤:"言语行为理论与多模态研究——兼论多模态(语料库)语用学的逻辑",载《北京第二外国语学院学报》2017年第3期。

52. 余承法、廖美珍:"询问乎·讯问乎——析《中华人民共和国刑事诉讼法》中'问'的表述",载《求索》2006年第5期。

四、英文著作

1. Jef Verschueren, *Understanding Pragmatics*, London: Edward Arnold, 1999.

2. J. L. Austin, *How to Do Things With Words*, Beijing: Foreign Language Teaching and Research Press, 2002.

3. John Searle, *Speech Acts: an Essay in the Philosophy of Language*, Beijing: Foreign Language Teaching and Research Press, 2001.

4. J. R. Searle, "What is Speech Act", in J. R. Searle (edited), *The Philosophy*

of *Language*, Oxford: Oxford University Press, 1979.

5. John R. Searle, *Expressions and Meaning: Studies in the Theory of Speech Acts*, Cambridge: Cambridge University Press, 1981.

6. John R. Searle, *Mind, Language, and Society: Philosophy in the Real World*, New York: Basic Books, 1999.

7. J. L. Austin, *How to Do Things With Words*, Oxford: Clarendon Press, 1962.

8. Mcallister P. G., "Speech Acts: A Synchronic Perspective", in Aijmer K. & Ruhelmann C., ed., *Corpus Pragmatics: A Handbook*, Cambridge: Cambridge University Press, 2015.

五、英文期刊

1. John R. Searle, "Austin on Locutionary and Illocutionary Acts", *The Philosophical Review*, Vol. 77, No. 4, 1968, pp. 405~424.

2. John R. Searle, "A Classification of Illocutionary Acts", *Language in Society*, Vol. 5, No. 1, 1976, pp. 1~23.

3. Paul Amselek, "Philosophy of Law and Theory of Speech Acts", *Ratio Juris*, Vol. 1, No. 3, 1988, pp. 187~223.

4. Marcin Matczak, "Speech Act Theory and the Rule of Recognition", *Jurisprudence*, Vol. 10, No. 4, 2019, pp. 552~581.

5. Léonard A. Koussouhon, "Pragmatic Analyses of President Goodluck Jonathan's Concession Speech and General Muhammadu Buhari's Acceptance Speech: A Comparative Appraisal", *International Journal of Applied Linguistics and & English Literature*, Vol. 5, No. 4, 2016, pp. 12~19.

6. Sophia Brown & Jonathan Matusitz, "U. S. Church Leaders' Responses to the Charleston Church Shooting: An Examination Based on Speech Act Theory", *Journal of Media and Religion*, Vol. 18. No. 1, 2019, pp. 27~37.

7. Peter John, Benjamin Brooks & Ulf Schriever, "Speech Acts in Professional Maritime Discourse: A Pragmatic Risk Analysis of Bridge Team Communication Directives and Commissives in Full-Mission Simulation", *Journal of Pragmat-*

ics, Vol. 140, No. 1, 2019, pp. 12~21.

8. Simona Simon & Daniel Dejica-Cartis, "Speech Acts in Written Advertisements: Identification, Classification and Analysis", *Procedia-Social and Behavioral Sciences*, Vol. 192, 2015, pp. 234~239.

9. Larry E. Smith, "Speech act, politeness, the Yamuna Kachru model", *World Englishes*, Vol. 10, 2015, pp. 133~135.

10. Nisreen Naji Al-Khawaldeh, "Cross-Cultural Variation of Politeness Orientation & Speech Act Perception", *International Journal of Applied Linguistics and & English Literature*, Vol. 2, No. 3, 2013, pp. 231~239.

11. Monica R. Cowart, "Understanding Acts of Consent: Using Speech Act Theory to Help Resolve Moral Dilemmas and Legal Disputes", *Law and Philosophy*, Vol. 23, No. 5, 2004, pp. 495~525.

12. John R. Searle, "Intentionality and Method", *The Journal of Philosophy*, Vol. 78, No. 11, Seventy-Eighth Annual Meeting of the American Philosophical Association Eastern Division, 1981, pp. 720~733.

13. John R. Searle, "How Performatives Work", *Linguistics and Philosophy*, Vol. 12, No. 5, 1989, pp. 535~558.

14. Mark Siebel, "Illocutionary Acts and Attitude Expression", *Linguistics and Philosophy*, Vol. 26, No. 3, 2003, pp. 351~366.

15. Mava Jo Powell, "Conceptions of Literal Meaning in Speech Act Theory", *Philosophy & Rhetoric*, Vol. 18, No. 3, 1985, pp. 133~157.

六、案例索引

1. 案例一,"2018年10月15日09:30直播杨浦法院审理的一起涉嫌非法制造、销售非法制造的注册商标标识罪案件",载 https://www.chinacourt.org/chat/chat/2018/10/id/50509.shtml,2020年4月14日访问。

2. 案例二,"5月22日14时,海淀法院审理'未获行政许可私卖香烟女子非法经营被公诉'案",载 https://www.chinacourt.org/chat/chat/2018/05/id/49662.shtml,2020年4月14日访问。

3. 案例三,"10月24日9时,昌平法院审理'闺蜜"化身"男友骗钱 女子涉嫌诈骗被公诉'案",载https://www.chinacourt.org/chat/chat/2018/10/id/50561.shtml,2020年4月14日访问。

4. 案例四,"2018年9月4日14:10直播黄浦法院审理的一起涉嫌行贿罪案",载https://www.chinacourt.org/chat/chat/2018/08/id/50345.shtml,2020年4月14日访问。

5. 案例五,"5月21日9:30,门头沟法院审理'药贩非法收售药品 赚取差价敛财被公诉'案",载https://www.chinacourt.org/chat/chat/2018/05/id/49674.shtml,2020年4月14日访问。

6. 案例六,"5月28日9:30,怀柔法院审理'婚礼平台结友诈骗 涉嫌诈骗罪被公诉'案",载https://www.chinacourt.org/chat/chat/2018/05/id/49696.shtml,2020年4月14日访问。

APPENDIX

附 录

案例一

2018年10月15日09:30直播杨浦法院审理的一起涉嫌非法制造、销售非法制造的注册商标标识罪案件

- **[审判长]:**

被告人＊＊＊,有无其他姓名?(问指)你的出生年月日?(问指)出生地?(问指)什么民族?(问指)什么文化程度?(问指)工作单位?(问指)户籍所在地在哪里?(问指)

以前是否受过行政、刑事处罚?(问指)

因本案何时被采取何种强制措施?(问指)

被告人＊＊＊、＊＊＊,上海市杨浦区人民检察院的起诉书副本收到没有?(问指)

是否于开庭十天之前收到?(问指)

根据《中华人民共和国刑事诉讼法》的规定和沪高法[2011]121号文件规定,(断言)经上级法院指定管辖,(断言)上海市杨浦区人民法院知识产权审判庭今天对上海市杨浦区人民检察院提起公诉的被告人＊＊＊、＊＊＊非法制造、销售非法制造的注册商标标识一案依法公开开庭审理。(断言)

现在宣布合议庭组成人员、书记员、公诉人。(承诺) 本合议庭由审判员陈蔓莉,人民陪审员周煜强、人民陪审员邓海琳组成,(断言) 由审判员陈蔓莉担任审判长,(断言) 书记员周恒担任法庭记录。(断言)

今天出庭支持公诉的是上海市杨浦区人民检察院检察员潘玲华。(断言)

出庭为被告人＊＊＊辩护的是上海邦信阳中建中汇律师事务所律师吴思良、浙江民业律师事务所律师王秋强（辩1）。(断言)

出庭为被告人＊＊＊辩护的是上海市万方律师事务所律师高明（辩2）。(断言)

根据《中华人民共和国刑事诉讼法》的规定,(断言) 被告人,辩护人在庭审中享有申请回避的权利。(断言) 也就是说,被告人、辩护人认为合议庭组成人员、书记员、公诉人与本案有利害关系或其他关系可能影响公正审理本案的,(断言) 可以提出理由要求调换。(指令)

被告人＊＊＊、＊＊＊是否申请回避？(问指)

被告人＊＊＊的辩护人,是否申请回避？(问指)

被告人＊＊＊的辩护人,是否申请回避？(问指)

根据《中华人民共和国刑事诉讼法》的规定,(断言) 被告人、辩护人在庭审中还享有下列诉讼权利：(断言)

（1）可以提出证据,(指令) 申请通知新的证人到庭、(指令) 调取新的证据、(指令) 申请重新鉴定或者勘验、检查；(指令)

（2）被告人可以自行辩护,(指令) 也可以委托辩护人辩护；(指令)

（3）被告人可以在法庭辩论终结后作最后陈述。(指令)

被告人＊＊＊、＊＊＊,法庭宣布的上述各项权利听清楚了没有？(问指)

被告人的辩护人，听清楚了没有？（问指）

现在进行法庭调查。（指令）（宣布）由公诉人宣读起诉书。（指令）

[09：28：56]

- **[被告]：**

＊＊＊，无其他姓名，1970年1月12日出生于＊＊＊，汉族，初中文化，个体经营者（私人经营印刷包装业务），户籍在＊＊＊，现住＊＊＊

无。因涉嫌生产、销售伪劣产品犯罪于2017年12月6日被上海市公安局杨浦分局刑事拘留，因涉嫌非法制造、销售非法制造的注册商标标识犯罪于2018年1月10日被逮捕。＊＊＊，无其他姓名，1979年9月8日出生于＊＊＊，汉族，高中文化，＊＊＊有限公司法定代表人、广州市＊＊＊有限公司股东，户籍在＊＊＊，现住＊＊＊

无

因涉嫌生产、销售伪劣产品犯罪于2017年12月6日被上海市公安局杨浦分局刑事拘留，因涉嫌非法制造、销售非法制造的注册商标标识犯罪于2018年1月10日被逮捕。

收到了。

是的

不申请。

不申请。

听清了。

听清了。

[09：37：31]

- **[公诉人]：**

宣读起诉书（略）。

[09：39：37]

- **[书记员]:**

  现在宣布法庭纪律,全体人员在庭审活动中应当服从审判长的指挥,尊重司法礼仪,遵守法庭纪律,不得实施下列行为:

  (1) 鼓掌、喧哗;

  (2) 吸烟、进食;

  (3) 拨打或接听电话;

  (4) 对庭审活动进行录音、录像、拍照或使用移动通信工具等传播庭审活动;

  (5) 其他危害法庭安全或者妨害法庭秩序的行为。

  检察人员、诉讼参与人发言或者提问,应当经审判长许可。

  旁听人员不得进入审判活动区,不得随意站立、走动,不得发言和提问。

  媒体记者经许可实施第1款第4项规定的行为,应当在指定的时间及区域进行,不得影响或干扰庭审活动。

  全体起立,请审判长、人民陪审员入庭。

  [09:41:56]

- **[辩护人]:**

  不申请。(断言)

  不申请。(断言)

  听清了。(断言)

  [09:42:48]

- **[审判长]:**

  被告人的辩护人,听清楚了没有?(问指)

  [09:44:13]

- **[审判长]:**

  被告人***,对起诉书指控的犯罪事实和罪名有没有意

见?(问指)

被告人可以坐下回答问题。(指令)

公诉人,对起诉书指控犯罪事实可以向被告人＊＊＊讯问。(指令)

[09:44:36]

- [公诉人]:

你是如何开始制作涉案的＊＊＊外包装盒的?(问指)
何时制作了＊＊＊成品铁盒?(问指)
＊＊＊委托你生产多少套?(问指)
一套成品铁盒包括哪些组装配件?(问指)
盒盖、盒底、盒身、盒身上有个防伪纸卡?(问指)

[09:45:25]

- [公诉人]:

盒盖、盒底、盒身和防伪纸卡上是否都有注册商标?(问指)
约定每套价格?(问指)
你是如何分工的?(问指) 你是如何制作的?(问指)
纸卡是如何制作的?(问指) 有吗?(问指) 纸卡上的二维码是你打印的么?(问指) 镭射标签呢?(问指) 纸卡是制作两种的对吧?(问指)
防伪纸卡是如何生产的?(问指)
镭射标签是如何制作的?(问指)
镭射标签是你贴到纸卡上去的吗?(问指)
你制作的纸卡和标签的使用情况?(问指)
制作了多少铁盒?(问指)
你支付＊＊＊多少钱?(问指)

[09:50:09]

附 录

- **[公诉人]：**

    卡纸和铁盒是如何做成一套的？（问指）

    你是如何交给＊＊＊的？（问指）

    ＊＊＊一共给你多少钱？（问指）

    2017年11月的交易是什么情况？（问指）

    是否有授权制造、销售＊＊＊商标标识？（问指）

    你是如何到案的？（问指）

    [09：52：13]

- **[被告人]：**

    2017.8。

    20 000套。

    盒盖、盒底、盒身、盒身上有个防伪纸卡。

    是的。

    都有。

    实际9元，定金4万元，记不太清了，转账到老婆张某琴卡里。

    我只能做纸卡，镭射标签分包给别人，铁盒分包给＊＊＊。

    朱某栋，银色，支付230元，印刷到12 000张时改成金色；印刷54 000张金色，支付420元。

    ＊＊＊给样板图，生产纸卡及配套的二维码和镭射标签，二维码是自己激光打印机打印的。

    尤某梓，银色制作5万多张，改成金色，制作10万张，支付8千元。

    是的。

    金色的27 000张贴在金色纸卡上制成成套铁盒包装卖给＊＊＊，还有27 000张金色标签贴在金色纸卡上，还有50 400张金色标签被查获。银色标签12 000多张贴在银色卡纸上，还有

42 000 张银色标签被查获。

＊＊＊

结果他制作了 27000 套，另外多做了 800 个铁盒底，＊＊＊全要。

16.5 万元通过微信、尾号 5477 的农行卡转账的。

给＊＊＊冲压。

快递，＊＊＊＊＊＊。

包括定金一共（纸盒加铁盒）24 万元，都是打到尾号 5477 张美琴的卡上。

＊＊＊拿来新款铁盒样品，要我修改下再制造 2 万套，我又找＊＊＊。

没有授权。

民警抓获。

[09：56：05]

● [辩护人]：

银色纸卡打算做什么？（问指）公安机关在工厂查获的是废品了？（问指）

你让＊＊＊做假的铁盒子？（问指）你到底给了他多少钱？（问指）

[10：05：33]

● [被告人]：

是的。

16.5 万元，微信和转账。

[10：07：30]

● [审判长]：

16.5 万元是怎么分批次给的？（问指）

一套多少钱?(问指)

你提供什么给＊＊＊?(问指)

给石多少钱算的?(问指)每套获利多少钱?(问指)

被告人＊＊＊,到案后有无检举揭发他人犯罪?(问指)

将被告人＊＊＊押下,(指令)传被告人＊＊＊到庭。(指令)

被告人＊＊＊,对起诉书指控的犯罪事实和罪名有没有意见?(问指)

被告人可以坐下回答问题。(指令)

公诉人,对起诉书指控的犯罪事实可以向被告人＊＊＊讯问。(指令)

[10:08:12]

- **[被告人]:**

这批货货款是13万元?定金3万元。

1套5元。

盒子样品和纸卡。

2块3左右。

没有。

[10:10:23]

- **[审判长]:**

公诉人,对起诉书指控的犯罪事实可以向被告人＊＊＊讯问。(指令)

[10:12:46]

- **[公诉人]:**

＊＊＊经营范围?(问指)

2017年7月＊＊＊如何委托你制作＊＊＊铁皮盒?(问指)

你是如何制作铁盒的?(问指)

一共制作了多少铁盒?(问指)

＊＊＊一共支付多少货款?(问指)

这次货款是多少钱?(问指)

你使用＊＊＊的机器制作铁盒是以你个人名义接单还是单位名义?(问指)

个人,只是利用机器还有其他交易吗?(问指)

民警从＊＊＊查获的8个铁盒盖是哪里的?(问指)

当场查获的盖子是正品么?(问指)

是否有授权制造、销售＊＊＊商标标识?(问指)

委托人是谁?(问指)

为什么跟之前承认的不一样?(问指)

[10:25:43]

- **[被告人]:**

对铁盒子的冲压。

谈好制作2万个铁盒,支付定金3万元。通过QQ把铁盒盖和盖底的模板发给我。铁盒身因为没有商标文字,我自己＊＊＊厂里的机器就可以生产了。盒盖和盒底因为有商标图案,就分包给东莞一家公司。制作2万个平面盒盖和2万个平面盒底。

铁皮上有8个铁盒盖或铁盒底,我把铁皮通过车床冲压成盒盖和盒身。再把＊＊＊给我的金色纸卡压在盒身上。

27 000套铁盒再加800个盒底。

16.5万元。

13.5万元,3万元是一开始的定金。

个人。

2017年11月,＊＊＊又问我生产2万套铁盒,等待图纸,新模板通过QQ发给我。我12月6日到我哥的＊＊＊工艺厂找设计员在电脑上比照正品样子操作调整时被民警抓获。

是铁皮上来的,是第一批货多余的次品。

是的。

没有。给了三份授权文书委托生产,我认为是授权文书,没有仔细看。

＊＊＊不是厂家。

内容没有看。

[10：27：40]

- **[审判长]：**

被告人＊＊＊的辩护人,对起诉书指控的犯罪事实可以向被告人发问。(指令)

被告人＊＊＊的辩护人有无问题向被告人＊＊＊发问?(问指)

[10：29：47]

- **[辩护人]：**

以前给的定金是不是算到后面里面的?(问指) 公司是不是合法企业?(问指) 这批业务是不是考虑到没有授权是否可以做?(问指) 你出于什么动机?(问指) 你老婆有没有工作?(问指) 关押这么长时间有什么想法?(问指)

向你要求做多少产品?(问指) 你自己实际交付多少?(问指)

[10：31：19]

- **[被告人]：**

不是的,我感觉是正品,报价是正品报价,没有暴利竞争,比较大,债务比较大,家里有三个小孩,没有,痛苦,后悔,对不起社会,我知道错了。

20 000套,实际交付27 000套。

[10：32：44]

- [审判长]:

个人承包?(问指) 5块一套对吧?(问指) 获利多少?(问指) 被告人＊＊＊,到案后有无检举揭发他人犯罪?(问指) 请法警传被告人＊＊＊到庭。(指令)

[10:33:42]

- [被告人]:

对的,扣除材料一共10 000左右。
没有。

[10:35:01]

- [审判长]:

请司法警察将被告人的械具解除。(指令)
被告人可以坐下回答问题。(指令)
公诉人有无补充发问?(问指)
＊＊没有给你提供过你也没有问他要过,(断言) 之前对公安机关你没有交代相关事实。(断言)
公诉人可以就起诉书指控被告人的犯罪事实向法庭宣读、(指令) 出示证据,(指令) 并说明该证据所证明的问题。(指令)

[10:35:29]

- [公诉人]:

有的,被告人刚才你在回答公诉人问题时,生产铁盒没有授权,(断言) 当时＊＊＊有没有给你提供授权文书?(问指) 明知没有授权文书接下的对吧?(问指) 你有没有提供＊＊＊授权文书?(问指) 为什么＊＊＊刚才说你提供过授权文书复印件?(问指)

[10:45:39]

- [被告人]:

  没有,是的,没有。
  我没有看清楚。

  [10:46:52]

- [辩护人]:

  这个＊＊＊委托你制造多少套?(问指)为什么你多制作?(问指)

  [10:47:20]

- [被告人]:

  20 000套,因为预备。

  [10:48:35]

- [公诉人]:

  第一组证据,证实被告人到案及查扣的情况:(断言)

  1. 上海市公安局杨浦分局治安支队出具的《工作情况》(正二,168),证实被告人＊＊＊于2017年12月6日在＊＊＊被民警抓获。被告人＊＊＊于同日在＊＊＊工艺厂内被民警抓获的情况。(断言)

  2. 公安机关出具的《搜查证》《搜查笔录》《扣押决定书》《扣押清单》(正一,29-35;正二,1-4);一组照片:现场照片(正二,93-102)、现场查获假货照片(正二,103-114),证实2017年12月6日民警对被告人＊＊＊位于＊＊＊的居住地进行搜查,现场查获一张卡号为62284800863569＊＊＊＊＊的中国农业银行卡和一部OPPO手机。(断言)

  2017年12月6日,民警对被告人＊＊＊位于＊＊＊的工厂进行搜查,现场查获印有"＊＊＊"商标字样的纸卡9箱,包括27 000张(金色)和12 000张(银色),印有"＊＊＊"商标字样的镭射标签 11 包，包括 50 400 张（金色）和 42 000 张（银色），"＊＊＊"铁盒盖 17 个、铁盒底 149 个，＊＊＊＊＊有限公司物流单 9 张。(断言)

2017 年 12 月 6 日，民警对＊＊＊工艺厂进行搜查，抓获被告人＊＊＊现场查获印有"＊＊＊"商标字样的铁盒盖一个、扣押黑色苹果手机一部。(断言)

2017 年 12 月 6 日，民警对犯罪嫌疑人＊＊＊所经营的位于＊＊＊街自编 2 号的广州市＊＊＊有限公司内进行搜查，现场查获印有 8 个"＊＊＊"商标的盒盖图案样式的铁皮一张（未裁剪）。(断言)

——出示相关证据材料——

[10：48：57]

- [审判长]：

被告人对公诉人所出示的证据有无异议？(问指)

辩护人对公诉人所出示的证据有无异议？(问指)

公诉人可以继续举证。(指令) 请公诉人出示转账记录截图。(指令)

[10：54：26]

- [被告人]：

无异议。

[10：55：40]

- [辩护人]：

没有。(断言)

[10：55：48]

- [公诉人]：

第二组证据，制作、销售印有"＊＊＊"等注册商标标识

的外包装的情况:

1. 证人＊＊＊的证言（2018年2月1日）及辨认笔录（正二，72-76，90-92），证实其经电话联系从周姓男子处购买印有"＊＊＊""OTC"字样的铁盒和纸盒，其中铁盒约20 000个，纸盒约3000个，周姓男子通过快递方式将包装材料送给自己，自己通过卡号为62170033200220＊＊＊的建设银行卡汇给一个叫张某琴的人的个人账户，总共人民币24万元。（断言）否认2017年11月再次找周制作铁盒。（断言）"2015年底我在广州时通过小广告认识他的，我和他联系过，知道他是做印刷生意的。大概在2016年初的时候，我打电话给他，问他假的＊＊＊的纸盒外包装是否能做，他说可以的，我就把纸盒的样品寄给她，让他制作好10 000套，价格是每套人民币1元，没多久，他就制作好10 000套假的＊＊＊纸盒，然后通过我给的地址，发给我了。他给了我一个银行账户，我就把人民币10 000元存进他的账户了，具体哪家银行我记不清了。2017年9月份前后，我打电话给他，问他＊＊＊假的铁盒是否能做，他说能的，于是我就带着铁盒样品到广州来找他了，我将样品交给他，让他按照这样品制作20 000套，价格是每套人民币11.5元。除了铁盒样品，我没有给过他授权委托类文书。定金是人民币40 000元，我分了两次各20 000元给他的。我是通过我本人注册的尾号是680的建设银行卡转给姓周提供的农业银行账户的。我看过了，自2017年9月5日至2017年11月11日，我分九笔共转给该账户人民币240 000元。"

2. 《快递单》（证卷二，115-123），证实被告人＊＊＊于2017年11月多次通过＊＊＊＊＊有限公司向河南焦作快递涉案物品的情况。（断言）

3. 微信转账记录截图，《协助查询财产通知书》、中国农业银行账户明细等，证实被告人＊＊＊通过微信方式向委托制作镭射标签的尤某和被告人＊＊＊转账的情况，以及通过张某琴名下中国农业银行账户（账户号：62284800863569＊＊＊＊）收取＊＊＊贷款以及向＊＊＊支付货款的情况。（断言）

4. 证人张某琴的证言（正二，81-83），证实其丈夫＊＊＊经营外包装生意，自己对丈夫的生意不关心。（断言）自己用身份证在中国农业银行办理了一张卡号为62284800863569＊＊＊＊的银行卡，一直由丈夫＊＊＊用于生意往来。（断言）

5. 证人＊＊＊的证言（2017年12月6日）及照片（正二，78-29，124-125），证实自己系铁老大包装工艺厂员工，主要负责设计。（断言）＊＊＊系该工厂老板陈某稳的弟弟。2017年12月6日案发前1至2个月，因为陈的工厂没有排版设计，遂要求自己帮忙对其提供的"＊＊＊"铁罐的铁盖图案进行电脑排版后发送至印刷厂印刷。2017年12月6日，＊＊＊又带着一个"＊＊＊"铁盒盖样品，让其对比该样品与陈所发送的电子版图案，待排版后发送至陈指定的印刷厂工作人员邮箱，后当场被民警查获。（断言）

[10：55：57]

● [审判长]：

被告人对公诉人所出示的证据及照片有无异议？（问指）
辩护人对公诉人所出示的证据及照片有无异议？（问指）
公诉人可以继续举证。（指令）

[10：57：20]

● [被告人]：

无异议。

[10：57：55]

- **[辩护人]：**

　　无异议。（断言）

[10：58：06]

- **[审判长]：**

　　请公诉人出示一下相关的照片。（指令）

　　公诉人继续举证。（指令）

[10：59：05]

- **[公诉人]：**

　　第三组证据，商标注册的情况：

　　1.《商标注册证》《核准续展注册证明》《核准商标转让证明》及山东省东阿县公证处《公证书》（正一，50-51，65，60-72），证实"＊＊＊"注册商标（商标注册号：1708＊＊＊）的权利人原系山东＊＊＊集团有限责任公司，经转让为华润＊＊＊有限公司。（断言）上述注册商标的有效期：2012年2月7日至2022年2月6日，使用范围：（第5类）阿胶。（断言）

　　2.《商标注册证》《核准续展注册证明》《注册商标变更证明》及山东省东阿县公证处《公证书》（正一，52-53，73-94），证实""注册商标（商标注册号：1790＊＊＊）的权利人原山东＊＊＊股份有限公司，经注册人名义变更为＊＊＊股份有限公司。（断言）上述注册商标的有效期：2012年6月21日至2022年6月20日，使用范围：（第5类）绑带；敷料纱布；节食或者药用淀粉；人用药；生化药品；医用营养品；原料药；中成药等。（断言）

　　3.《商标注册证》及山东省东阿县公证处《公证书》（正一，54，95-101）、证实""注册商标（商标注册号：8655＊＊＊）的权利人系华润＊＊＊有限公司。（断言）上述注册商标的有效期：2011年9月28日至2021年9月27日，使用范围：

（第5类）阿胶。（断言）

[10：59：56]

- **［审判长］：**

　　请公诉人出示一下相关的商标注册证，（指令）请司法警察协助一下。（指令）
　　被告人对公诉人所出示的证据有无异议？（问指）
　　辩护人对公诉人所出示的证据有无异议？（问指）
　　公诉人可以继续举证。（指令）

[11：00：12]

- **［公诉人］：**

　　第四组证据，真伪鉴定及审计：
　　1.《营业执照》《企业变更情况》《中华人民共和国药品生产许可证》（正一，59，正二160-161），证实2015年2月5日山东＊＊＊股份有限公司企业名称变更为＊＊＊股份有限公司。＊＊＊股份有限公司的类型、住所、法定代表人、注册资本、成立日期、经营范围等工商登记情况，以及该公司的生产地址和生产范围。（断言）
　　2.《营业执照》（补），证实＊＊＊有限公司于2004年12月9日注册成立，类型是有限公司，住所＊＊＊＊，经营范围：阿胶系列产品的研发；投资管理。（断言）
　　3. 华润＊＊＊有限公司出具的《证明》（正二，58），证实该公司授予＊＊＊股份有限公司以下权利（包括但不限于）：①使用该公司名下经国家商标局依法核准登记的注册商标"＊＊＊"（第1708＊＊＊号，第五类）、"＊＊＊"注册商标（第8655＊＊＊号，第5类）；②对使用上述商标的商品及包装材料进行真伪鉴定并出具鉴定报告。（断言）
　　4. ＊＊＊股份有限公司出具的《证明》（正二，56），证实该公司从未授权被告人＊＊＊（广州市＊＊＊有限公司、＊＊＊有限公司）、＊＊＊生产、销售"＊＊＊"品牌相关的注册商标标识及"＊＊＊"产品外包装的情况。（断言）

5. ＊＊＊股份有限公司出具的《金色镭射标签及银色镭射标签的使用情况说明》（正二，57），证实该公司从批号为1608＊＊＊的铁盒250克开始，将铁盒身改为金色纸卡及金色镭射注册商标标识，之前使用的为银色纸卡及银色镭射注册商标标识的情况。（断言）

6. 公安机关《鉴定聘请书》、＊＊＊股份有限分公司《鉴定书》（卷一，40-44），证实上海市公安局杨浦分局聘请＊＊＊股份有限公司对涉案印有"＊＊＊"商标的物品进行真伪鉴定。经＊＊＊股份有限公司鉴定，①在被告人＊＊＊处查扣的印有"＊＊＊"商标字样的铁盒盖系该公司生产制造；②在被告人＊＊＊处查扣的印有"＊＊＊"商标字样的17个铁盒盖和149个铁盒底（规格：250g包装）、50 400张金色镭射标签和42 000张银色镭射标签、27 000张金色纸卡和12 000张银色纸卡，以及在被告人＊＊＊处查扣的印有"＊＊＊"商标字样的大铁皮一张（印有8个未裁剪的盒盖图案），均假冒该公司注册商标、公司名称、地址，为假冒产品。（断言）

7. 上海司法会计中心有限公司《司法鉴定意见书》鉴定意见：2017年下半年，＊＊＊在未取得"＊＊＊"公司专利授权许可的情况下，非法制造、销售假的"＊＊＊"成品铁盒27 000套加800个铁盒底，每套成品铁盒上有4件、每个铁盒底上有2件"＊＊＊"注册商标标识，共计非法制造、销售了109 600件（27 000×4+800×2）"＊＊＊"注册商标标识；查扣＊＊＊剩余待销售的已贴有"＊＊＊"镭射标签的纸卡39 000张（其中金色27 000张、银色12 000张），及"＊＊＊"镭射标签未使用的92 400张（其中金色50 400张、银色42 000张），每张镭射标签贴有1件"＊＊＊"注册商标标识，共计非法制造、销售了24 100件（109 600+39 000+9400）"＊＊＊"注册商标标识。＊＊＊在未取得"＊＊＊"公司专利授权许可的情况下，非法制造、销售假的"＊＊＊"半成品铁盒27 000套加800个铁盒底，每套半成品铁盒上有3件、每个盒底上有2件"＊＊＊"注册商标标识，共计非法制造销售了82 600件（27 000×3+800×2）"＊＊＊"注册商标标识。（断言）

[11：03：53]

- [审判长]：

    被告人对公诉人所出示的证据有无异议？（问指）
    辩护人对公诉人所出示的证据有无异议？（问指）
    公诉人可以继续举证。（指令）

[11：09：49]

- [被告人]：

    没有。

[11：18：12]

- [辩护人]：

    1. 请注意鉴定书上金色纸卡镭射标签所查获的数量是张不是套。（指令）
    2. 《刑事诉讼法》只规定鉴定意见，没有鉴定书，（断言）形式有瑕疵。（断言）

[11：18：22]

- [公诉人]：

    申请答辩，（指令）＊＊＊公司是有鉴定资质的，依法成立。（断言）有授权书，＊＊＊委托了＊＊＊可以使用2个注册

商标也可以进行真伪鉴定。(断言) 鉴定书名称虽然不符合《刑事诉讼法》的规定，但是性质属于鉴定意见。(断言)

[11：19：06]

- **[辩护人]：**

不否认资质，(断言) 可以采纳，(指令) 这是直接证据，(断言) 形式有瑕疵。(断言)

[11：20：06]

- **[审判长]：**

被告人对公诉人所出示的证据有无异议？(问指)
辩护人对公诉人所出示的证据有无异议？(问指)

[11：21：47]

- **[被告人]：**

没有。

[11：39：56]

- **[辩护人]：**

司法鉴定书认定商标数量是错误的，(断言) 应该是 27 000 件，(断言) 这份司法鉴定书不单单是数量认定，(断言) 也有法律适用的认定，(断言) 应当由法院认定，(断言) 计量单位不能混同为法律意义上的件，(断言) 对被告人不公平，(断言) 涉案总共四个注册商标，(断言) 总的在一起才能让消费者产生错误认定，(断言) 应该是 27 000 件。(断言)

制作的银色标识其实是废弃标识，(断言) 并没有打算使用，(断言) 所以不应当认定为数量。(断言)

关于拆分的问题，我认为不能拆分。(断言) 因为是成套制作的，(断言) 没有独立价值，(断言) 而公诉人利用《刑事诉讼法》相关规定认定的只是形式的件不是实质的件。(断言) 请

法庭慎重认定数量。(指令)
你把不是他制作的算进去是不公正的。(断言)
犯罪预备和犯罪未遂方面考虑量刑。(断言)

[11:40:06]

- **[公诉人]:**

根据相关意见:(断言) 涉案商标到底怎么计件,关于知识产权具体法律解释,根据入罪标准的规定是,销售1万件以上是犯罪,(断言) 每件是有完整商标图案的一份标识,商标包括图形、字样、有商标注册的号码,经过商标局认可的有具体商标注册证号的就是一个完整标识,不是一整套才是一件。(断言) 本案中三个都有独立注册号,(断言) 本案是一个盒子,每个部件都是可以拆分的,(断言) 辩护人提出的审计不应当用法律意义上的件,只是有参考价值的。(断言) 但是公诉人认为这种计件方式是客观的也是正确的。(断言) 你虽然只做了有三个注册商标号的部件,但是也加上了＊＊＊制作的铁盒盖。(断言) 所以你应该为四个注册商标号承担法律责任。(断言)

[11:43:16]

- **[审判长]:**

公诉人可以继续举证。(指令)
被告人对公诉人所出示的证据有无异议?(问指)
辩护人对公诉人所出示的证据有无异议?(问指)
13.5万元的货款是通过什么方式交付的?(问指) 你认为＊＊＊公司是通过这种方式交付货款吗?(问指)
被告人有无证据向法庭出示?(问指)
辩护人有无证据向法庭出示?(问指)
法庭调查结束,(宣布) 现在进行法庭辩论。(指令和宣布) 先由公诉人发表公诉意见。(指令)

附　录

被告人＊＊＊、＊＊＊可以为自己进行辩护。（指令）
被告人＊＊＊的辩护人，可以发表辩护意见。（指令）
被告人＊＊＊的辩护人，可以发表辩护意见。（指令）
公诉人有无新的意见？（问指）
被告人有无新的意见？（问指）
辩护人有无新的意见？（问指）

经过刚才的二轮法庭辩论，（断言）法庭已经充分听取了公诉人、被告人、辩护人的意见，（断言）并已记录在案。（断言）辩论各方如果还有意见，（断言）可以在休庭后以书面方式提交法庭。（指令）

法庭辩论结束。（宣布）

根据《中华人民共和国刑事诉讼法》的规定，（断言）被告人有最后陈述的权利。（断言）被告人起立，（指令）被告人＊＊＊、＊＊＊，最后还有什么要向法庭陈述的？（问指）

今天庭审至此，（宣布）合议庭将对本案评议后择期宣判。（承诺）退庭后，被告人、辩护人应当阅看庭审记录，（指令）如有遗漏或差错，（断言）可以申请补正。（指令）确认无误后，（断言）应在笔录上签名。（指令）听清楚了吗？（问指）

将被告人带下去（指令）。现在休庭［击法槌］。（宣布）

［11：43：42］

- ［公诉人］：

第五组证据，两名被告人＊＊＊、＊＊＊到案后的历次陈述，供认不讳。（断言）

［12：27：55］

- ［被告人］：

没有。
微信和转账的方式。不知道。

无。

法律意识淡薄,非常后悔,工厂困难,老婆没有工作,三个小孩。

无。

没有。

听清楚了。

[12:28:58]

- **[辩护人]:**

没有。(断言)

无。(断言)

对定性没有意义,(断言)对量刑有异议。(断言)对计件有异议,(断言)数量为27 000件,(断言)依法不属于情节特别严重,(断言)不能正常进入市场流通的不应当单独计件,(断言)＊＊＊非法主动委托,(断言)被告人为了养家糊口应当明显区别于其他有组织的犯罪组织,(断言)被告人主观上只想生产20 000件,(断言)被告人是初犯,(断言)到案主动供述,(断言)到庭主动认罪,(断言)已经羁押11个月之久,(断言)已经深刻体会到法律的威严,(断言)恳请法庭对被告人从轻处理。(指令)

我们有部分注册商标标识已经被查扣,(断言)没有流入市场,(断言)我们希望法庭以教育为主、惩罚为辅的方式,(指令)能够让被告人早日回归家庭。(指令)

销售制造他人注册商标,只是制造。(断言)数量为27 000件,(断言)量刑部分:到案后如实供述相关事实,(断言)属于坦白。(断言)酌定量刑情节:是初犯。(断言)主观上的恶性不大,(断言)行业竞争生存压力大,(断言)悔罪态度较好。(断言)＊＊＊家庭情况负担较重,(断言)社会稳定取决于家庭的

稳定,(断言)请求法庭根据综合情况宣告缓刑。(指令)

无。(断言)

接这个单是成套制作,(断言)银色是作废的标识,(断言)不存在流通的目的。(断言)

听清楚了。(断言)

https://www.chinacourt.org/chat/chat/2018/10/id/50509.shtml

案例二

5月22日14时,海淀法院审理"未获行政许可私卖香烟女子非法经营被公诉"案

- **[主持人]:**

  网上直播庭审,公开审判过程,展现法官风采,普及法律知识。

  [14:13:30]

- **[主持人]:**

  各位网友大家好,欢迎点击浏览中国法院网、北京法院网网络直播栏目。我是此次直播的主持人郑伟。

  [14:13:45]

- **[主持人]:**

  今天北京市海淀区人民法院将审理"未获行政许可私卖香烟 女子非法经营被公诉"一案,我们将通过中国法院网、北京法院网对此次庭审进行图文网络直播,欢迎大家关注!

  [14:14:06]

- **[主持人]:**

  首先,我为大家介绍一下今天审理案件的审判长张小平。

  [14:14:21]

• [主持人]：

　　张小平，男，北京市海淀区人民法院刑事审判第二庭法官。

[14：14：36]

• [主持人]：

　　了解了审判长的情况后，我们来共同关注一下今天直播的案件。我向大家简要介绍一下案情。

[14：14：51]

• [主持人]：

　　公诉机关指控，2015年8月至2018年1月，被告人马某（女）在未取得烟草专卖零售许可证的情况下，在本市海淀区复兴路"利民超市"内销售卷烟。2018年1月10日，公安机关从上述地点起获其待销售的卷烟共计115种1022条。经核实，上述卷烟全部为真品卷烟，价值共计人民币142 990.64元。涉案卷烟现被扣押并由北京市海淀区烟草专卖局代为保管。公诉机关认为，被告人的行为构成非法经营罪。

[14：15：04]

• [主持人]：

　　庭审马上就要开始了。

[14：15：21]

• [书记员]：

　　现在宣布法庭纪律。1. 未经法庭允许，不准录音、录像、摄影；2. 除本院允许进入审判区的人员外，其他人员一律不准进入审判区；3. 不准鼓掌、喧哗、吵闹和实施其他妨害审判活动的行为；4. 未经审判员许可，不准发言、提问；5. 请关闭各类通讯工具。

[14：15：37]

- **[书记员]**:

  全体起立。请审判长、人民陪审员入庭。

  [14:16:01]

- **[审判长]**:

  请坐。(指令)请值庭法警带被告人到庭。(指令)

  [14:16:16]

- **[审判长]**:

  现在核实被告人身份信息。(承诺)

  [14:16:31]

- **[被告人]**:

  马某,女,1971年出生,汉族,安徽省亳州市人,文盲,无业。

  [14:16:43]

- **[审判长]**:

  现在开庭。(宣布)北京市海淀区人民法院今天根据《中华人民共和国刑事诉讼法》有关规定,(断言)依法公开开庭审理北京市海淀区人民检察院提起公诉的被告人马某涉嫌非法经营一案。(断言)本法庭由审判员张小平担任审判长,(断言)与人民陪审员李文云、于景艳组成合议庭,(断言)书记员杜鹃担任法庭记录。(断言)北京市海淀区人民检察院指派检察员李慧出庭支持公诉,(断言)深宽律师事务所张淑霞律师、海淀区法律援助中心王保民律师出庭为被告人马某辩护。(断言)根据《中华人民共和国刑事诉讼法》的规定,(断言)在法庭审理过程中,被告人有权申请回避;(断言)有权申请通知新的证人到庭、(断言)调取新的物证、(断言)申请重新鉴定或者勘验;(断言)有权进行辩护;(断言)被告人还有权作出最后陈述。

（断言）被告人，你是否听清了？（问指）是否申请回避？（问指）

[14：18：35]

- [被告人]：

    听清了，不申请回避。

[14：20：45]

- [辩护人]：

    不申请回避。

[14：21：05]

- [审判长]：

    现在开始法庭调查。（指令）（宣布）请公诉人宣读起诉书。（指令）

[14：21：17]

- [公诉人]：

    2015年8月至2018年1月，被告人马某（女）在未取得烟草专卖零售许可证的情况下，在本市海淀区复兴路"利民超市"内销售卷烟。2018年1月10日，公安机关从上述地点起获其待销售的卷烟共计115种1022条。经核实，上述卷烟全部为真品卷烟，价值共计人民币142 990.64元。涉案卷烟现被扣押并由北京市海淀区烟草专卖局代为保管。本院认为，被告人的行为构成非法经营罪。请依法审判。（宣读内容不计入法庭言语行为）

[14：21：38]

- [审判长]：

    被告人和辩护人，公诉人宣读的起诉书与你收到的那份是否一致？（问指）你们对起诉书指控的事实及罪名有何异议？

(问指)

[14:22:25]

- **[被告人]:**

没有意见,我认罪。

[14:23:33]

- **[辩护人]:**

没意见。(断言)做罪轻辩护。(承诺)

[14:23:49]

- **[审判长]:**

下面进行法庭质证。(指令)(宣布)首先由公诉人向法庭举证。(指令)

[14:24:13]

- **[公诉人]:**

鉴于被告人自愿认罪,(断言)本案证据一并出示。(断言)宣读被告人马某的供述和辩解。宣读证人王某等人的证言,出示北京市烟草专卖局涉案烟草专卖品核价表,出示检验报告、情况说明、涉案物品照片、到案经过、被告人身份证明信息。(上述为动作记录,不计入法庭言语行为)本案证据出示完毕。(断言)

[14:24:28]

- **[审判长]:**

被告人和辩护人有何意见?(问指)

[14:27:01]

- [被告人]:

  没意见。

  [14:27:22]

- [辩护人]:

  没意见。(断言)

  [14:27:35]

- [审判长]:

  被告人、辩护人有何新证据需向本庭出示的?(问指)被告人、辩护人是否通知新的证人到庭,(问指)调取新的书证、物证,(问指)申请重新鉴定或者勘验?(问指)

  [14:27:45]

- [被告人]:

  没有。不申请。

  [14:30:19]

- [辩护人]:

  没有。(断言)不申请。(承诺)

  [14:30:35]

- [审判长]:

  法庭调查结束,(宣布)下面开始法庭辩论,(指令)(宣布)首先由公诉人发表公诉意见。(指令)

  [14:30:43]

- [公诉人]:

  审判长、陪审员,通过刚才的法庭调查,(断言)证明我院起诉书指控事实清楚,(断言)证据确实充分,(断言)指控的罪名是无误的。（断言）现发表公诉意见如下：（承诺）本院认为，被告人马某违反国家规定，（断言）未经烟草专卖行政主管部门许可，（断言）无烟草专卖零售许可证经营烟草专卖品，（断言）扰乱市场秩序，（断言）情节严重，（断言）其行为触犯了《中华人民共和国刑法》第225条第1项之规定，（断言）犯罪事实清楚，（断言）证据确实、（断言）充分，（断言）应当以非法经营罪追究其刑事责任。（指令）

[14:31:08]

- **[审判长]：**

  下面由被告人自行辩护。（指令）

[14:31:42]

- **[被告人]：**

  我认罪，希望法庭从轻处罚。

[14:32:11]

- **[审判长]：**

  下面由辩护人发表辩护意见。（指令）

[14:32:50]

- **[辩护人]：**

  1. 被告人认罪态度较好，（断言）没有前科，（断言）系初犯；（断言）2. 被告人系文盲，（断言）法律意识淡薄。（断言）恳请法庭从轻处罚。（指令）

[14:39:52]

- **[审判长]：**

  法庭辩论终结，（宣布）下面由被告人作最后陈述。（指令）

[14:41:16]

- **[被告人]：**

  我知道错了,希望再给我一次机会,对我从轻处罚。

  [14:41:37]

- **[审判长]：**

  现在宣布休庭,(宣布)合议庭进行评议,(指令)评议结果另期宣布。(承诺)法警将被告人带下法庭。(指令)

  [14:41:50]

- **[书记员]：**

  请合议庭成员退庭。

  [14:42:27]

- **[主持人]：**

  各位网友,本次庭审直播到此结束。感谢您的关注。

  [14:42:42]

- **[主持人]：**

  在此特别感谢北京法院网、中国法院网、北京市高级人民法院新闻办梅玉兰、赵思源同志对此次直播的大力支持。

  [14:43:02]

- **[主持人]：**

  感谢北京市海淀区人民法院技术保障中心的技术支持。感谢宋金超提供摄影支持。感谢北京市海淀区人民法院刑事审判第二庭的大力支持。

  [14:43:16]

- **[主持人]：**

  欢迎您继续关注北京市海淀区人民法院在中国法院网、北京法院网的网络直播,再见!

[14:43:32]

- [声明]:

本直播内容不是法庭记录,不具有法律效力。

https://www.chinacourt.org/chat/chat/2018/05/id/49662.shtml

案例三

10月24日9时,昌平法院审理"闺蜜'化身'男友骗钱女子涉嫌诈骗被公诉"案

- [主持人]:

网上直播庭审,公开审判过程,展现法官风采,普及法律知识。各位网友大家好,欢迎大家关注昌平法院的网络直播。我是本次直播的主持人、昌平法院研究室王宇新。

[09:04:08]

- [主持人]:

在庭审开始之前,我先介绍一下这起刑事案件的基本情况。

被告人王某于2017年9月至2018年4月期间,在北京市昌平区、朝阳区等地,以给被害人焦某介绍男友为由,骗取焦某钱款共计人民币29万余元。2018年5月28日,被告人王某自动投案,案发后被告人王某家属赔偿被害人并取得谅解。

[09:04:23]

- [主持人]:

本庭依法适用简易程序,由审判员王莹担任审判长,与人民陪审员窦振利、刘士江依法组成合议庭,书记员连洋担任法

庭记录。

[09:04:36]

- **[主持人]:**

让我们走进本次网络直播。

[09:05:09]

- **[书记员]:**

宣布法庭纪律:
1. 未经允许不得录音、录像、记录和摄影;
2. 不得随意走动和进入审判区;
3. 不得发言、提问;
4. 不得鼓掌、喧哗、哄闹和实施其他妨害审判活动的行为;
5. 随身携带的通讯工具请关机。

对于违反法庭规则的人,审判长或者独任审判员可以口头警告、训诫,也可以没收录音、录像和摄影器材,责令退出法庭或者经院长批准予以罚款、拘留。对哄闹、冲击法庭,侮辱、威胁、殴打审判人员等扰乱法庭秩序的人,依法追究刑事责任。

[09:06:52]

- **[审判长]:**

查明被告人下列情况:(断言)
受审被告人王某,女,汉族,户籍所在地为北京市。(断言)

[09:07:11]

- **[审判长]:**

被告人是否受过审判或法律处分?(问指)

[09:08:48]

附 录

- [被告人]:

  无。

  [09:10:51]

- [审判长]:

  何时何地参加过什么党派团体及所任职务?(问指)

  [09:11:52]

- [被告人]:

  没有。

  [09:23:45]

- [审判长]:

  羁押时间是什么时候?(问指)

  [09:25:43]

- [被告人]:

  2018年5月29日。

  [09:26:02]

- [审判长]:

  逮捕时间是什么时候?(问指)由于何种原因被逮捕?(问指)

  [09:26:16]

- [被告人]:

  逮捕时间是2018年6月12日,因为涉嫌诈骗罪被逮捕。

  [09:26:31]

- [审判长]:

  收到人民检察院起诉书副本的时间是什么时候?(问指)

  [09:27:03]

- [被告人]：

2018年9月21日。

[09：27：18]

- [审判长]：

根据《中华人民共和国刑事诉讼法》第183条的规定，（断言）本庭依法公开审理北京市昌平区人民检察院提起公诉的被告人王某涉嫌诈骗罪一案。（断言）本案依法适用简易程序，（断言）由审判员王莹担任审判长，（断言）与人民陪审员刘士江、窦振利组成合议庭，（断言）书记员连洋担任法庭记录。（断言）北京市昌平区人民检察院指派检察员邵艳艳出庭支持公诉。（断言）北京市盈科律师事务所律师孙庆童接受委托担任辩护人。（断言）

[09：27：31]

- [审判长]：

现在开始法庭调查。（指令）（宣布）首先由公诉人宣读起诉书。（指令）

[09：28：35]

- [公诉人]：

被告人王某于2017年9月至2018年4月期间，在北京市昌平区、朝阳区等地，以给被害人焦某介绍男友为由，骗取焦某钱款共计人民币29万余元。2018年5月28日，被告人王某自动投案，案发后被告人王某家属赔偿被害人并取得谅解。

被告人王某以非法占有为目的，骗取他人财物，数额巨大，其行为触犯了《中华人民共和国刑法》之规定，犯罪事实清楚，证据确实、充分，应当以诈骗罪追究其刑事责任。

（宣读部分不属于法庭审判语言研究范围，不计入法庭言语

行为数据）

[09:29:00]

- **[审判长]：**

  被告人，你对起诉书指控的事实及适用法律有什么意见？（问指）

[09:29:38]

- **[被告人]：**

  没有意见，我自愿认罪。

[09:29:48]

- **[审判长]：**

  被告人，就起诉书指控的事实陈述一下。（指令）

[09:30:41]

- **[被告人]：**

  从2017年9月开始，我以介绍男朋友为由向被害人焦某骗取了29万余元，其中包括微信转账和电商购物。

[09:34:34]

- **[审判长]：**

  下面由公诉人对被告人进行讯问。（指令）

[09:36:57]

- **[公诉人]：**

  你是怎么向焦某骗钱的？（问指）

[09:37:11]

- **[被告人]：**

  我以李某的名义通过微信跟被害人焦某聊天，并向她借钱，在这期间还以李某姐姐的名义跟焦某聊过天。

[09:37:57]

- [公诉人]:

  你是如何到案的？（问指）

[09:44:46]

- [被告人]:

  我是自己主动去公安机关自首的。

[09:45:04]

- [审判长]:

  辩护人对被告人进行提问。（指令）

[09:45:23]

- [辩护人]:

  你和被害人焦某是什么关系？（问指）

[09:46:03]

- [被告人]:

  我和被害人焦某是工作认识的，是同事关系。

[09:46:34]

- [辩护人]:

  你的家庭经济状况如何？（问指）

[09:47:12]

- [被告人]:

  我父母都已经退休了，我父亲有严重的心脏病。

[09:47:31]

- [审判长]:

  现在回答法庭提问。（指令）你自称李某与焦某聊天，（断

言）李某是谁？（问指）

[09：48：27]

- **[被告人]：**

  李某是我虚构的，与焦某称是我的表弟，在天津做警察。在这期间，我以生病需要医疗费、心情不好等原因向焦某借的钱。

[09：49：33]

- **[审判长]：**

  被告人向焦某退赔金额是多少？（问指）

[09：51：11]

- **[被告人]：**

  我父母向焦某退赔了36万余元，是我在看守所羁押期间退赔的。

[09：51：36]

- **[审判长]：**

  控辩双方举证、质证，（指令）首先由公诉人举证，（指令）被告人和辩护人进行质证。（指令）

[09：52：29]

- **[公诉人]：**

  证据1. 被害人焦某的陈述及辨认笔录；（断言）

  证据2. 被告人王某在公安机关的供述与辩解；（断言）

  证据3. 证人王某胜的证言、李某敏的证言；（断言）

  证据4. 微信转账记录；（断言）

  证据5. 电商平台购物记录；（断言）

  证据6. 扣押决定书、笔录及物品清单；（断言）

证据7. 刑事谅解书及调解协议书；（断言）

证据8. 微信聊天记录；（断言）

证据9. 接报案经过、到案经过及破案报告；（断言）

证据10. 被告人王某的身份证明材料；（断言）

证据11. 鉴定意见。（断言）

[09：53：35]

- [被告人]：

对证据1~11，没有异议。

[09：56：31]

- [辩护人]：

对证据1~11，没有异议。（断言）

[09：56：55]

- [审判长]：

被告人和辩护人是否有证据向法庭提供？（问指）是否申请通知新的证人到庭？（问指）调取新的物证？（问指）申请重新鉴定或勘验？（问指）

[09：57：09]

- [被告人]：

没有。

[09：57：17]

- [辩护人]：

没有。（断言）

[09：57：25]

- [审判长]：

法庭调查结束，（宣布）下面进行法庭辩论，（指令）（宣布）首先由公诉人发表公诉词（指令）。

[09：57：40]

- **［公诉人］：**

在刚才的法庭调查中，通过讯问被告人及举证质证环节，（断言）充分证实被告人犯罪事实清楚，（断言）证据确实充分，（断言）现对本案发表如下公诉意见：（承诺）

1. 被告人王某的行为构成诈骗罪，（断言）应受到刑罚惩罚，（指令）希望法庭依法惩处。（指令）
2. 被告人王某已经同被害人焦某达成和解协议（断言）且获得被害人谅解。（断言）
3. 被告人王某系自首。（断言）

综上建议判处被告人有期徒刑3年6个月到4年，（指令）并处罚金。（指令）

[09：57：49]

- **［审判长］：**

现在由被告人自行辩护。（指令）

[10：00：43]

- **［被告人］：**

没有。

[10：01：01]

- **［审判长］：**

现在由辩护人发表辩护意见。（指令）

[10：01：26]

- **［辩护人］：**

1. 被告人系自首。（断言）

2. 被告人到案后如实供述，（断言）坦白交代案件事实，（断言）认罪态度良好。（断言）

3. 被告人家属已经退还被害人全部款项，（断言）且对其进行赔偿，（断言）共计赔36万余元。（断言）

4. 被告人已经获得被害人焦某的谅解。（断言）

5. 被害人在从未见过面和打过电话的情况下，（断言）就把大笔钱款打给所谓的男朋友李某，（断言）其自身有一定过错。（断言）

因此，希望法庭将本案参照亲属之间的诈骗考虑。（指令）

[10：01：35]

- **[审判长]：**

公诉人进行答辩。（指令）

[10：21：39]

- **[公诉人]：**

被告人王某与被害人不存在亲属关系，（断言）本案不应参照亲属诈骗。（指令）

[10：21：51]

- **[审判长]：**

法庭辩论结束，（宣布）被告人作最后陈述。（指令）

[10：22：28]

- **[被告人]：**

我给被害人及家属带来了无法弥补的伤害，我真诚地认罪悔罪，恳请法庭给我一次重新做人的机会。

[10：22：37]

- [审判长]：

现在休庭，(宣布)何时宣判另行公告，(承诺)把被告人带出法庭。(指令)

[10:23:18]

- [审判长]：

今天的庭审结束了。此次直播得到了北京市高级人民法院新闻办梅玉兰的大力指导和支持，在此表示衷心的感谢！

感谢书记员连洋为此次直播所作的工作。本次直播到此结束，再见。

(该部分不属于法庭审判的有机组成部分，不计入言语行为数据)

[10:23:28]

- [声明]：

本次庭审记录不是庭审笔录，仅供关心此次庭审的网友参考，不具有法律效力。

https://www.chinacourt.org/chat/chat/2018/10/id/50561.shtml

案例四

2018年9月4日14:10直播黄浦法院审理的一起涉嫌行贿罪案

- [主持人]：

各位网友下午好，欢迎收看本次直播！

[14:18:14]

- [主持人]：

案情简介：公诉机关诉称，王某于2006年4月入职上海某软评公司，并担任部门经理。2012年9月，王某与某软评公司的朱某、外单位的刘某合作成立景延公司，并欺瞒软评公司领导，对外承接项目，景延公司从软评公司获业务款的85%～90%。2015年2月至2017年1月期间，王某为利于景延公司的业务发展，送给朱某人民币共计79 500元，送给孙某人民币共计49 500元，合计金额人民币129 000元。

此外，王某利用职务之便，采取拖延与外包商结算支付等手法，将软评公司应支付给外包商的业务款，人为调减支付金额，转而支付给景延公司。

2017年7月18日，王某在接到上级单位纪委通知找其谈话时，交代了上述犯罪事实。

[14：18：52]

- [书记员]：

全体人员在庭审活动中应当服从审判长或独任审判员的指挥，尊重司法礼仪，遵守法庭纪律，不得实施下列行为：(1) 鼓掌、喧哗；(2) 吸烟、进食；(3) 拨打或接听电话；(4) 对庭审活动进行录音、录像、拍照或使用移动通信工具等传播庭审活动；(5) 其他危害法庭安全或妨害法庭秩序的行为。旁听人员不得进入审判活动区，不得随意站立、走动，不得发言和提问。法庭纪律宣读完毕。请审判长、审判员、人民陪审员入庭。

[15：22：42]

- [审判长]：

上海市黄浦区人民法院刑事审判庭现在开庭。(宣布)

[15：23：03]

- [审判长]：

传被告人王某到庭。(指令)

[15：23：14]

- [审判长]：

　　被告人，你的姓名、(问指)出生年月日、(问指)出生地、(问指)民族、(问指)文化程度、(问指)职业、(问指)住址、(问指)以前有否受过刑事处罚？(问指)

[15：23：34]

- [被告人]：

　　王某，男，1978年4月10日出生于山东省淄博市，汉族，本科文化，无业（原系上海市某软件评测中心有限公司质量保障部经理），户籍在山东省淄博市张店区潘南东路北一巷某号楼某单元某号，住本市长宁区黄金城道某弄某号某室。以前没有受过刑事处罚。

[15：23：42]

- [审判长]：

　　被告人，你于何时被采取强制措施？(问指)

[15：24：38]

- [被告人]：

　　2017年7月19日被刑事拘留，同年7月26日被取保候审。

[15：24：47]

- [审判长]：

　　被告人，本院于庭前向你送达的上海市黄浦区人民检察院的起诉书副本你收到没有？(问指)

[15：25：17]

- [被告人]：

　　收到了。2018年7月26日收到的。

[15：25：24]

- [审判长]：

　　根据《中华人民共和国刑事诉讼法》的规定，（断言）上海市黄浦区人民法院刑事审判庭今天对上海市黄浦区人民检察院提起公诉的被告人王某行贿、挪用公款一案依法公开开庭审理。（断言）根据法律规定和检察院的建议，（断言）并征得被告人的同意，（断言）本案适用简易程序进行审理。（断言）

[15：25：34]

- [审判长]：

　　下面宣布合议庭组成人员名单，（承诺）本案由审判员唐鸿发、孙攀峰及人民陪审员徐红富组成合议庭，（断言）由唐鸿发担任审判长。（断言）书记员吴渊伦担任法庭记录。（断言）

[15：25：48]

- [审判长]：

　　上海市黄浦区人民检察院依法指派检察员薛刚出庭支持公诉。（断言）

　　今天出庭为被告人王某辩护的是由上海市黄浦区法律援助中心指派的上海海贝律师事务所的朱震林律师。（断言）

[15：25：58]

- [审判长]：

　　根据《中华人民共和国刑事诉讼法》的规定，（断言）被告人、辩护人在庭审中享有申请回避的权利，（断言）即被告人、辩护人认为审判人员、书记员、公诉人与本案有利害关系或其他关系可能影响公正审理本案的，（断言）可以提出理由要求调换。（指令）被告人王某，你是否申请回避？（问指）

[15：26：14]

- [被告人]:

  不申请。

  [15:26:54]

- [审判长]:

  辩护人是否申请回避?(问指)

  [15:27:05]

- [辩护人]:

  不申请。(承诺)

  [15:27:09]

- [审判长]:

  根据《中华人民共和国刑事诉讼法》的规定,(断言)被告人在庭审中还享有下列诉讼权利:(断言)(1)可以提出证据、(指令)申请通知新的证人到庭、(指令)调取新的证据、(指令)申请重新鉴定或者勘验;(指令)(2)可以自行辩护或由辩护人为其辩护;(指令)(3)可以在法庭辩论终结后作最后陈述。(指令)

  [15:27:18]

- [审判长]:

  被告人王某,法庭宣布的上述各项诉讼权利,你听清楚了没有?(问指)

  [15:27:28]

- [被告人]:

  听清楚了。

  [15:27:39]

- [审判长]:

现在进行法庭调查,(指令)(宣布)先由公诉人宣读起诉书。(指令)

[15:27:46]

- [公诉人]:

王某于2006年4月入职上海某软评公司,并担任部门经理。2012年9月,王某与某软评公司的朱某、外单位的刘某合作成立景延公司,并欺瞒软评公司领导,对外承接项目,景延公司从软评公司获业务款的85%~90%。2015年2月至2017年1月期间,王某为利于景延公司的业务发展,送给朱某人民币共计79 500元,送给孙某人民币共计49 500元,合计金额人民币129 000元。

此外,王某利用职务之便,采取拖延与外包商结算支付等手法,将软评公司应支付给外包商的业务款,人为调减支付金额,转而支付给景延公司。

2017年7月18日,王某在接到上级单位纪委通知找其谈话时,交代了上述犯罪事实。

(宣读起诉书部分不计入法庭言语行为数据)

[15:27:55]

- [审判长]:

被告人王某,公诉人宣读的起诉书你都听清楚了吗?(问指)

[15:28:20]

- [被告人]:

听清楚了。

[15:28:34]

- **[审判长]：**

　　被告人王某,你对起诉书指控你的犯罪事实、罪名有没有意见?(问指)

[15:28:52]

- **[被告人]：**

　　没有。

[15:29:00]

- **[审判长]：**

　　辩护人是否有意见?(问指)

[15:29:07]

- **[辩护人]：**

　　没有。(断言)

[15:29:14]

- **[审判长]：**

　　告知被告人,(承诺)如果公诉机关指控罪名成立,(断言)根据我国《刑法》第384条第1款的规定,(断言)其将可能被处5年以下有期徒刑或者拘役;(断言)根据我国《刑法》第389条第1款、第390条第1款的规定,(断言)其可能被处5年以下有期徒刑或者拘役,(断言)并处罚金;(断言)根据我国《刑法》第69条第1款、第3款的规定,(断言)应当数罪并罚。(断言)公诉机关认为你有自首情节;(断言)能如实供述自己罪行,(断言)根据我国《刑法》第67条第1款、第3款的规定,(断言)可以从轻处罚。(断言)对此,你听清楚了没有?(问指)

[15:29:21]

- [被告人]:

  听清楚了。

  [15:29:36]

- [审判长]:

  被告人,你是否自愿认罪?(问指)

  [15:29:43]

- [被告人]:

  认罪。

  [15:29:53]

- [审判长]:

  被告人对本案适用简易程序审理有无意见?(问指)

  [15:30:02]

- [被告人]:

  没有。

  [15:30:10]

- [审判长]:

  辩护人对本案适用简易程序审理有无意见?(问指)

  [15:30:17]

- [辩护人]:

  没有。(断言)

  [15:30:24]

- [审判长]:

  公诉人可以讯问被告人。(指令)

  [15:30:31]

- **[公诉人]：**

  无。(断言)

  [15:30:37]

- **[审判长]：**

  辩护人可以向被告人发问。(指令)

  [15:30:44]

- **[辩护人]：**

  被告人，起诉书指控你犯行贿罪和挪用公款罪，(断言)你为什么要做这样的事情？(问指)

  [15:30:51]

- **[被告人]：**

  针对行贿罪，从我们评测中心做外包业务，我们有项目无执行，我就和其他二人成立景廷公司，最初是为了把曾经的项目做下来，我并未意识到会构成犯罪。这些款项是给派出的工程师的工资，并非给我个人的盈利。

  [15:31:02]

- **[辩护人]：**

  你这个景廷公司的股东构成如何？(问指)

  [15:31:14]

- **[被告人]：**

  我和朱某、刘某构成，我40%，朱30%，刘30%。

  [15:31:24]

- **[辩护人]：**

  你在上海的生活情况如何？(问指)

· 339 ·

[15:31:38]

- [被告人]:

我有自己买的房子,有妻子,也有三个孩子,结婚6年了,最大的上初中,最小的2岁半。

[15:31:51]

- [辩护人]:

辩护人发问完毕。(断言)

[15:32:03]

- [公诉人]:

公诉人补充发问。(指令)

[15:32:25]

- [审判长]:

可以。(指令)

[15:32:39]

- [公诉人]:

被告人,你刚才提到景廷公司的结构。(断言)当时你们三个股东注册公司时有无实际注册?(问指)

[15:32:44]

- [被告人]:

没有。

[15:33:01]

- [公诉人]:

如何登记?(问指)

[15:33:19]

- **[被告人]:**

  找了一家公司,具体怎么做我也不清楚。

  [15:33:26]

- **[公诉人]:**

  实际资金和经营是谁控制?(问指)

  [15:33:32]

- **[被告人]:**

  我。

  [15:33:39]

- **[公诉人]:**

  刘和朱对公司资金和实际运营有无关联?(问指)

  [15:33:47]

- **[被告人]:**

  资金他们控制不了。

  [15:33:57]

- **[公诉人]:**

  账户管理由谁管理?(问指)

  [15:34:06]

- **[被告人]:**

  我。

  [15:34:12]

- **[公诉人]:**

  公司实际的业务承接、运营是谁管理?(问指)

  [15:34:19]

- [被告人]:

  主要是我管理。

  [15: 34: 26]

- [审判长]:

  下面进行举证。(指令)(宣布)

  [15: 34: 33]

- [公诉人]:

  宣读和出示:(承诺) 1. 被告人王某的供述证实,其为谋求个人实际控制的景廷公司承接外包业务的利益,送给软评公司项目经理朱某、孙某等人钱款的经过,以及将软评公司应支付给东软集团的业务款擅自转入景廷公司挪作经营之用的经过。(断言) 2. 证人朱某、孙某、朱某的证言分别证实,王某系景廷公司负责人,软评公司项目经理职责,王某以景廷公司为由送给项目经理等人钱款,以及王某负责外汇中心项目付款的情况。(断言) 3. 证人沈某、孟某、夏某的证言分别证实,王某隐瞒其与景廷公司关系,软评公司项目经理职责及绩效考核发放的情况。(断言) 4. 证人刘某、韩某的证言分别证实,景廷公司由王某实际控制以及王某借用启观公司名义继续承接软评公司业务的情况。(断言) 5. 证人林某、凌某、徐某的证言分别证实,外汇中心项目由王某负责向外包商付款的相关流程,以及东软集团向王某催款中,王某以原先付款有差错为由,转由景廷公司支付给东软集团的情况。(断言) 6. 软评公司及上级单位的注册登记资料、被告人及朱某、孙某的职务证明、任职文件、劳动合同等书证证实,被告人及朱某、孙某的主体身份、职务情况。(断言) 7. 景廷公司、启观公司的工商登记资料,软评公司与景廷公司、启观公司业务往来的外包商工时确认书、报销单、财务凭证及发票等书证证实，软评公司的外包业务情况。(断言) 8. 王某的银行交易明细、支付宝交易明细、朱某的银行交易明细分别证实，王某送给朱某、孙某钱款的时间及金额。(断言) 9. 上海司法会计中心有限公司的司法会计鉴定意见书及相关附件书证证实，王某挪用软评公司外包业务费的手法及金额。(断言) 10. 检察机关情况说明证实，王某的到案情况。(断言)

上述证据，请法庭予以质证。(指令)

[15:34:41]

- **[审判长]：**

  被告人，你对刚才宣读和出示的证据材料有无异议？(问指)

  [15:37:55]

- **[被告人]：**

  没有。

  [15:38:01]

- **[审判长]：**

  辩护人，你对刚才宣读和出示的证据材料有无异议？(问指)

  [15:38:11]

- **[辩护人]：**

  没有。(断言)

  [15:38:23]

- **[审判长]：**

  被告人，你有没有新的证据材料要向法庭提供的？(问指)

  [15:38:33]

- [被告人]:

没有。

[15:38:57]

- [审判长]:

辩护人,你有没有新的证据材料要向法庭提供的?(问指)

[15:39:05]

- [辩护人]:

没有。(断言)

[15:39:14]

- [审判长]:

法庭在此说明,(承诺)被告人王某行贿的同单位工作人员朱某、孙某已经本院刑事判决,(断言)判处受贿罪拘役并宣告缓刑。(断言)

[15:39:22]

- [审判长]:

公诉人对于事实部分有无补充?(问指)

[15:39:46]

- [公诉人]:

没有。(断言)

[15:39:52]

- [审判长]:

被告人对于事实部分有无补充?(问指)

[15:39:59]

- [被告人]:

    没有。

    [15:40:07]

- [审判长]:

    辩护人对于事实部分有无补充？（问指）

    [15:40:14]

- [辩护人]:

    没有。（断言）

    [15:40:20]

- [审判长]:

    法庭调查结束，（宣布）现在进行法庭辩论。（宣布）（指令）

    [15:40:42]

- [审判长]:

    公诉人发表公诉意见。（指令）

    [15:40:46]

- [公诉人]:

    鉴于被告人王某对指控的事实和定性均无异议，（断言）今天适用简易程序进行审理，（断言）公诉发表如下量刑建议，（承诺）供法庭参考。（指令）被告人王某为谋取不正当利益，（断言）给予国家工作人员以财物，（断言）其行为已触犯《中华人民共和国刑法》第389条第1款、第390条第1款，（断言）犯罪事实清楚，（断言）证据确实、（断言）充分，（断言）应当以行贿罪追究其刑事责任。（指令强）被告人王某身为国有公司工作人员，（断言）利用职务上的便利，（断言）挪用公款数额较大、（断言）进行营利活动，（断言）其行为已触犯《中

· 345 ·

华人民共和国刑法》第384条第1款，（断言）犯罪事实清楚，（断言）证据确实、（断言）充分，（断言）应当以挪用公款罪追究其刑事责任。（指令）被告人在判决宣告以前一人犯数罪，（断言）根据《中华人民共和国刑法》第69条第1款、第3款的规定，（断言）应当数罪并罚。（指令）被告人行贿犯罪有自首情节，（断言）根据《中华人民共和国刑法》第67条第1款的规定，（断言）可以从轻处罚。（指令）被告人如实供述自己挪用公款罪行，（断言）根据《中华人民共和国刑法》第67条第3款的规定，（断言）可以从轻处罚。（指令）被告人在庭上时亦能如实供述，（断言）认罪悔罪态度良好。（断言）综上，请法庭公正判决。（指令）

[15: 40: 53]

- **[审判长]：**

    被告人，你现在可以为自己进行辩护。（指令）

[15: 41: 23]

- **[被告人]：**

    我认可公诉机关对我的指控事实。景廷公司当时成立，要运营下去，就由我的手下担任人事、技术、业务等工作。检察机关问我为何给他们发钱，我的出发点是每个月按工资的标准发放，我认为只是发报酬而已，我对于法律不熟悉，不知道这触犯了刑法。我给他们的发钱本意不是为了行贿，只是对他们给景廷公司工作发的报酬而已。关于挪用公款，当时是因为评测中心应该支付给东软、景廷一部分。当时景廷都是给评测中心工作的，景廷无力运营下去，我们在情急之下将公款挪用给了景廷，没有用于个人营利、享受或公司营利，只是为了公司能继续维持下去。后来我们也及时归还。当时我的主观意识没有意识到触犯法律。我承认自己的犯罪事实，但并非主观恶意进行操作,只是因为对于法律不了解而做了这件事。

[15:42:11]

- **[辩护人]:**

    辩护人可以发表辩护意见。(指令)

[15:42:24]

- **[辩护人]:**

    对本案案件事实和定性没有异议。(断言)对量刑:被告人对自己所犯罪行深表悔过和反省,(断言)痛感自己身为国企人员,(断言)为维持景廷公司正常运转,进行挪用公款、(断言)行贿的非法活动,(断言)犯下大错。(断言)被告人当庭供认,(断言)认罪悔罪态度良好。(断言)被告人行贿犯罪有自首情节,(断言)挪用公款犯罪有如实供述情节;(断言)被告人本次系初犯,(断言)此前无前科劣迹。(断言)被告人犯罪情节相对轻微,(断言)未造成被害单位重大经济损失和严重后果。(断言)恳请法庭对其从轻处罚,(指令)并建议在一年刑期以下有期徒刑或拘役,(指令)并宣告缓刑。(指令)

[15:42:33]

- **[审判长]:**

    公诉人是否需要补充?(问指)

[15:42:46]

- **[公诉人]:**

    关于被告人提出的行贿犯罪中本意是为孙和朱以报酬形式发放,公诉人认为通过法庭调查,(断言)被告人的说法不完全是事实,(断言)可能其一开始主观动机是认为其发放的是报酬。(断言)但本案受贿人朱和孙担任特定的职务和职责,(断言)在履行职责过程中,(断言)朱和孙要对外包公司、景廷公司提供的工程师遴选进行初步面试、筛选、联系甲方进行正式面试。(断言) 当甲方选定后, (断言) 作为项目经理, 还要对外包工程工程师业务考勤、登记、汇总并就工程师工作情况保持协调沟通, 促进项目完成。(断言) 对于这些项目经理来说,并非单纯代表景廷公司招募工程师, (断言) 后续还有一系列工作需要完成, (断言) 这些职责都是软评公司对项目经理负有的职责, (断言) 被告人作为部门经理应该是非常明确的。(断言) 他送钱给工作人员并非单纯为报酬, (断言) 更多的是为了在后续工作开展中发挥作用。(断言) 因此, 被告人主观上具有谋取不正当利益的犯罪故意, (断言) 客观上也实施了相应的行为。(断言) 其次, 关于挪用公款, (断言) 事后景廷公司也及时转给东软集团, (断言) 并未给其造成损失。(断言) 从事后行为来说, 公诉人并不否认其退还给东软集团, (断言) 但提请法庭注意: (指令) 被告人利用职务之便实施挪用公款的行为就构成犯罪, (断言) 一旦实施, 就对景廷公司的公款带来一定的风险, (断言) 也无法保证事后被告人能否将款项退还, (断言) 此行为对东软集团也有一定损害, (断言) 其本应及时获取有关报酬。(断言) 对于几十万元的资金来说, 如果东软集团及时得到款项, (断言) 它也能开展其他的营利活动, (断言) 对东软集团是有客观上的损失的。(断言) 对于本案量刑: 被告人的自首及如实供述情节不再赘述, (断言) 对被告人从轻处罚也无异议, (表情) 是否对被告人判处有期徒刑1年并适用缓刑, 请法庭根据相关情节, 由合议庭予以裁量。(指令)

[15: 42: 54]

● [审判长]:

被告人有无补充?(问指)

[15: 43: 20]

附 录

- [被告人]:

没有。

[15:43:29]

- [审判长]:

辩护人有无新的辩论意见?(问指)

[15:43:36]

- [辩护人]:

被告人对自己的行贿和挪用公款进行自我辩护。(断言)他认为他的初步目的并非犯罪,(断言)公诉人认为这是犯罪。(断言)辩护人认为法庭对被告人所说的初步考虑也应该予以考虑,(断言)因为这关系到被告人犯罪故意的恶性程度。(断言)

[15:44:38]

- [审判长]:

法庭辩论终结。(宣布)根据有关法律的规定,(断言)被告人有作最后陈述的权利。(断言)被告人,你最后还有什么要说的?(问指)

[15:44:48]

- [被告人]:

如果我知道这是犯罪行为,我绝对不会冒这个风险。我的初心并非为了想犯罪,是我法律意识淡薄造成现在的结果。可以说我谋取利益,但我也是为了家庭情况能越来越好,也为了公司能继续运营下去。

[15:45:22]

- [审判长]:

法庭审理到此结束,(宣布)合议庭休庭十分钟,(指令)

并对本案进行评议,(指令)待合议庭评议后当庭作出宣判。(承诺)

[15:45:27]

- **[审判长]**:

现在继续开庭。(宣布)休庭期间合议庭对本案进行认真的评议。(断言)合议庭认为:(断言)被告人王某为谋取不正当利益,(断言)给予国家工作人员以财物,(断言)其行为已触犯刑律,(断言)应当以行贿罪追究其刑事责任。(断言)被告人王某身为国有公司工作人员,(断言)利用职务上的便利,(断言)挪用公款数额较大、(断言)进行营利活动,(断言)其行为亦已触犯刑律,(断言)应当以挪用公款罪追究其刑事责任。(断言)被告人在挪用公款罪中构成的是进行营利活动。(断言)作为企业的运营拖延支付,(断言)给经营带来便利,(断言)也是犯罪行为。(断言)被告人在判决宣告以前一人犯数罪,(断言)应当数罪并罚。(断言)公诉机关指控的罪名成立,(断言)本院予以支持。(承诺)被告人的犯罪行为具有一定的社会危害性。(断言)鉴于被告人到案后,对行贿犯罪具有自首情节,(断言)对挪用公款罪行亦能如实供述,(断言)均可以从轻处罚。(断言)关于被告人挪用公款没有造成东软公司损失的情节,(断言)法庭在量刑中予以充分考虑。(断言)辩护人建议对被告人从轻处罚的辩护意见,可予采纳。(承诺)据此,综合考量被告人犯罪事实、情节、社会危害性及到案后的认罪悔罪态度,(断言)依照《中华人民共和国刑法》第389条第1款,第390条第1款,第384条第1款,第69条第1款、第3款,第67条第1款、第3款,第72条,第73条,第52条,第53条之规定,(断言)判决如下:(承诺)

被告人王某犯行贿罪,(宣布)判处有期徒刑6个月,(宣布)并处罚金人民币 5000 元;(宣布)犯挪用公款罪,(宣布)判处有期徒刑 1 年,(宣布)决定执行有期徒刑 1 年 2 个月,(承诺)缓刑 1 年 2 个月,(承诺)(宣布)并处罚金人民币 5000 元。(承诺)

今天是口头宣判,(断言)判决书将在 5 日内送达。(承诺)如不服本判决,(断言)可在收到判决书的第 2 日起 10 日内通过本院或者直接向上海市第二中级人民法院提起上诉。(指令)书面上诉的,(断言)应递交上诉状正本一份,副本一份。(指令)

退庭后,(断言)被告人应当阅看今天的庭审笔录,(指令)若发现记录上有差错或遗漏,(断言)可以请求补正。(指令)被告人,你听清楚了没有?(问指)

[15:45:37]

- **[被告人]:**

听清楚了。

[15:49:14]

- **[审判长]:**

被告人可以退庭,(指令)现在闭庭。(宣布)

[15:49:20]

- **[主持人]:**

本期庭审网络直播到此,本直播内容非庭审笔录,不具法律效力。谢谢关注!

https://www.chinacourt.org/chat/chat/2018/08/id/50345.shtml

案例五

5 月 21 日 9:30,门头沟法院审理"药贩非法收售药品 赚取差价敛财被公诉"案

• ［主持人］：

　　庭审网络直播，公开审判过程，普及法律知识，展现法官风采。各位网友，大家好！我是北京市门头沟区人民法院直播员毕辉。我们将在北京市高级人民法院的支持下，通过中国法院网、北京法院网对此次庭审进行网络直播，欢迎大家关注！

[09：42：59]

• ［主持人］：

　　今天为您直播的是"药贩非法收售药品 赚取差价敛财被公诉"案。下面介绍一下简单案情。公诉机关指控：2016年9月至2017年8月间，被告人白某在未取得经营药品相关资质的情况下，在北京市门头沟区从被告人杨某、被告人李某、许某（另案处理）、许某军（另案处理）处非法收购药品，非法经营数额总计人民币377 842元。

　　2016年9月至2017年8月间，被告人杨某在未取得经营药品相关资质的情况下，以发放小广告等方式在北京市门头沟区东辛房地区、北京京煤集团总医院附近等地非法收购药品，加价后出售给被告人白某，销售金额总计人民币192 842元。2017年9月13日，民警在被告人杨某位于本市门头沟区某小区北区＊号楼＊单元＊＊＊＊室出租屋内起获精蛋白生物合成人胰岛素注射液、阿托伐他汀钙片、血脂康胶囊等药品77种，经评估价值人民币82 429.84元。

　　2017年5月至8月间，被告人李某在未取得经营药品相关资质的情况下，以发放小广告等方式在北京市门头沟区医院及附近非法收购药品，加价后出售给被告人白某，销售金额总计人民币136 542元。2017年9月13日，民警在被告人李某位于本市门头沟区某小区＊号院＊号楼＊＊＊室出租屋内起获蓝芩口服液、培元通脑胶囊、稳心颗粒等药品63种，经评估价值人民币97 465.22元。

2017年10月12日，民警在本市通州区将被告人白某抓获；2017年9月13日，民警在本市门头沟区将被告人杨某及被告人李某抓获。三名被告人到案后均自愿如实供述了上述罪行。

[09：43：37]

● [主持人]：

本案由审判员杨振新独任审判，书记员范祥云担任法庭记录。

[09：44：39]

● [主持人]：

庭审准备工作已经就绪，下面我们带您进入庭审现场。

[09：45：14]

● [书记员]：

现在宣布法庭纪律：

1. 未经法庭允许，不准录音、录像、摄影；
2. 除本院允许进入审判区的人员外，其他人员一律不准进入审判区；
3. 不准鼓掌、喧哗、吵闹和实施其他妨害审判活动的行为；
4. 未经审判长许可，不准发言、提问；
5. 请关闭各类通讯工具。

[09：45：35]

● [书记员]：

请公诉人、辩护人入庭。请全体起立，请审判员入庭。

[09：56：20]

我国刑事庭审言语行为的实证研究

- [审判员]：

  全体请坐。（指令）

  [09：56：36]

- [书记员]：

  报告审判员，本案被告人、公诉人、辩护人均已到庭，庭审工作准备就绪，可以开庭。

  [09：56：51]

- [审判员]：

  北京市门头沟区人民法院刑事审判庭现在开庭。（宣布）传被告人白某、杨某、李某到庭。（指令）

  被告人白某，你的姓名（别名）、（问指）性别，（问指）出生年月日、（问指）民族、（问指）出生地、（问指）文化程度、（问指）职业、（问指）住址、（问指）户籍所在地派出所，（问指）身份证号码，（问指）政治面貌。（问指）

  [09：57：27]

- [被告人 白某]：

  被告人白某，男，36岁（1982年3月出生），汉族，出生地黑龙江省哈尔滨市呼兰区，中专文化，农民，住黑龙江省哈尔滨市松北区某镇某村，居民身份证号码230121198203＊＊＊＊＊＊，户籍所在地派出所哈尔滨市公安局松北分局某派出所。

  [09：57：42]

- [审判员]：

  你以前是否受过法律处分？（问指）

  [09：58：42]

- [被告人 白某]：

没有。

[09：58：48]

- [审判员]：

这次何时因何原因被刑事羁押？（问指）何时被逮捕？（问指）

[09：59：15]

- [被告人 白某]：

因涉嫌犯非法经营罪，于2017年10月12日被羁押，同年11月15日被逮捕。

[09：59：25]

- [审判员]：

什么时间收到人民检察院的起诉书副本的？（问指）

[09：59：40]

- [被告人 白某]：

2018年5月9日。

[09：59：50]

- [审判员]：

被告人杨某，你的姓名（别名）、（问指）性别、（问指）出生年月日、（问指）民族、（问指）出生地、（问指）文化程度、（问指）职业、（问指）住址、（问指）户籍所在地派出所，（问指）居民身份证号码、（问指）政治面貌。（问指）

[10：00：04]

- [被告人 杨某]：

被告人杨某，男，34岁（1984年1月出生），汉族，出生地黑龙江省兰西县，初中文化，农民，住黑龙江省兰西县星火乡某村，户籍所在地派出所兰西县公安局某派出所；居民身份证号码232325198401******；群众。

[10：00：16]

- [审判员]：

  你以前是否受过法律处分？（问指）

[10：01：04]

- [被告人 杨某]：

  没有。

[10：01：14]

- [审判员]：

  这次何时因何原因被刑事羁押？（问指）何时被逮捕？（问指）

[10：01：29]

- [被告人 杨某]：

  因涉嫌犯非法经营罪，于2017年9月13日被羁押，同年10月20日被逮捕；现羁押在北京市门头沟区看守所。

[10：01：40]

- [审判员]：

  什么时间收到人民检察院的起诉书副本的？（问指）

[10：01：54]

- [被告人 杨某]：

  2018年5月9日。

[10：02：02]

- [审判员]：

  被告人李某，你的姓名（别名）、（问指）性别、（问指）

出生年月日、(问指)民族、(问指)出生地、(问指)文化程度、(问指)职业、(问指)住址、(问指)户籍所在地派出所、(问指)居民身份证号，(问指)政治面貌。(问指)

[10:02:47]

- [被告人 李某]：

  被告人李某，男，44岁（1974年5月出生），汉族，出生地黑龙江省兰西县，初中文化，农民，住黑龙江省兰西县星火乡某村，兰西县公安局某派出所，居民身份证号码232325197405＊＊＊＊＊＊，群众。

[10:03:28]

- [审判员]：

  你以前是否受过法律处分？(问指)

[10:04:59]

- [被告人 李某]：

  没有。

[10:05:54]

- [审判员]：

  这次何时因何原因被刑事羁押？(问指)何时被逮捕？(问指)

[10:07:21]

- [被告人 李某]：

  因涉嫌犯非法经营罪，于2017年9月13日被羁押，同年10月20日被逮捕。

[10:07:29]

- **［审判员］：**

    什么时间收到人民检察院的起诉书副本的？（问指）

    ［10：07：44］

- **［被告人 李某］：**

    2018年5月9日。

    ［10：07：53］

- **［审判员］：**

    根据《中华人民共和国刑事诉讼法》第183条的规定，（断言）本庭依法适用简易程序公开开庭审理北京市门头沟区人民检察院提起公诉的被告人白某、杨某、李某非法经营一案，（断言）本案由审判员杨振新独任审判，（断言）书记员范祥云担任法庭记录。（断言）北京市门头沟区人民检察院（代理）检察员郭红梅出庭支持公诉。（断言）北京市某律师事务所律师杨某受被告人白某的委托作为其辩护人出庭为其辩护。（断言）

    根据《刑事诉讼法》第28条、第29条、第31条的规定，（断言）被告人在法庭审理中依法享有申请回避权，（断言）即认为合议庭组成人员、公诉人、书记员与本案有利害关系，不能公正审理此案的，（断言）可以申请换他人审理。（指令）

    被告人白某、杨某、李某是否听清？（问指）是否申请回避？（问指）

    ［10：08：10］

- **［被告人］：**

    听清了，不申请。

    ［10：08：53］

● [审判员]：

辩护人是否听清？（问指）是否申请回避？（问指）

[10：09：11]

● [辩护人]：

听清了，（断言）不申请。（承诺）

[10：09：23]

● [审判员]：

根据《刑事诉讼法》第192条、第193条的规定，（断言）被告人、辩护人有申请通知新的证人到庭，调取新的物证，（断言）申请重新鉴定或者勘验。（断言）根据《刑事诉讼法》第154条、第160条的规定，（断言）被告人除享有上述权利外，（断言）还有自行辩护的权利和最后陈述的权利。（断言）被告人白某、杨某、李某是否听清？（问指）

[10：09：32]

● [被告人]：

听清了。

[10：09：42]

● [审判员]：

辩护人是否听清？（问指）

[10：09：51]

● [辩护人]：

听清了。（断言）

[10：10：00]

● [审判员]：

现在开始法庭调查，（宣布）（指令）由公诉人宣读起诉书。（指令）

[10：10：13]

● [公诉人]：

2016年9月至2017年8月间，被告人白某在未取得经营药品相关资质的情况下，在北京市门头沟区从被告人杨某、被告人李某、许某（另案处理）、许某军（另案处理）处非法收购药品，非法经营数额总计人民币377 842元。

2016年9月至2017年8月间，被告人杨某在未取得经营药品相关资质的情况下，以发放小广告等方式在北京市门头沟区东辛房地区、北京京煤集团总医院附近等地非法收购药品，加价后出售给被告人白某，销售金额总计人民币192 842元。2017年9月13日，民警在被告人杨某位于本市门头沟区某小区北区＊号楼＊单元＊＊＊＊室出租屋内起获精蛋白生物合成人胰岛素注射液、阿托伐他汀钙片、血脂康胶囊等药品77种，经评估价值人民币82 429.84元。

2017年5月至8月间，被告人李某在未取得经营药品相关资质的情况下，以发放小广告等方式在北京市门头沟区医院及附近非法收购药品，加价后出售给被告人白某，销售金额总计人民币136 542元。2017年9月13日，民警在被告人李某位于本市门头沟区某小区＊号院＊号楼＊＊＊室出租屋内起获蓝芩口服液、培元通脑胶囊、稳心颗粒等药品63种，经评估价值人民币97 465.22元。

2017年10月12日，民警在本市通州区将被告人白某抓获；2017年9月13日，民警在本市门头沟区将被告人杨某及被告人李某抓获。三名被告人到案后均自愿如实供述了上述罪行。

[10: 10: 54]

- [审判员]:

被告人白某、杨某、李某,公诉人宣读的起诉书与你们收到的起诉书副本内容一致吗?(问指) 对起诉书指控的事实和罪名有无异议?(问指)

[10: 11: 17]

- [被告人]:

一致,没有异议。

[10: 11: 26]

- [审判员]:

被告人白某、杨某、李某是否认罪?(问指) 是否知道认罪后的法律后果?(问指)

[10: 11: 43]

- [被告人]:

认罪,知道。

[10: 11: 51]

- [审判员]:

请法警将被告人杨某、李某带到庭外候审。(指令) 被告人白某(坐下),(指令) 你对起诉书指控的犯罪事实有无补充陈述或者辩解?(问指)

[10: 12: 09]

- [被告人 白某]:

没有。

[10: 22: 17]

- [审判员]：

    下面由公诉人对被告人进行讯问。（指令）

    [10：22：50]

- [公诉人]：

    被告人白某，公诉人问你几个问题。（承诺）希望你如实回答。（表情）（指令）你是什么时间收药的？（问指）

    [10：23：07]

- [被告人 白某]：

    2016年9月份开始的。

    [10：23：43]

- [公诉人]：

    在哪里收药？（问指）

    [10：24：15]

- [被告人 白某]：

    门头沟地区。

    [10：24：26]

- [公诉人]：

    向谁收药？（问指）

    [10：24：52]

- [被告人 白某]：

    杨某、李某、许某及许某军处收药。

    [10：25：03]

- [公诉人]：

  通过什么方式给他们付款？（问指）

  [10：25：17]

- [被告人 白某]：

  银行转账。

  [10：25：28]

- [公诉人]：

  通过收药挣了多少钱？（问指）

  [10：25：41]

- [被告人 白某]：

  一万多块钱。

  [10：25：52]

- [公诉人]：

  最后都卖到哪里？（问指）

  [10：26：04]

- [被告人 白某]：

  天津，某桥附近的一个小市场。

  [10：26：15]

- [公诉人]：

  你向那四个收药的人付了多少钱？（问指）

  [10：32：29]

- [被告人 白某]：

  377 842 元。

  [10：32：39]

- [公诉人]:

  讯问完毕。(断言)(宣布)

  [10:32:53]

- [审判员]:

  请法警将被告人白某带到庭外候审,(指令)提被告人杨某到庭。(指令)(法警提被告人杨某到庭)

  [10:33:03]

- [审判员]:

  被告人杨某,你对起诉书指控的犯罪事实有无补充陈述或者辩解?(指令)

  [10:33:12]

- [被告人 杨某]:

  没有。

  [10:33:25]

- [审判员]:

  你是什么时间开始收药的?(指令)

  [10:33:42]

- [被告人 杨某]:

  2016年9月到2017年9月份。

  [10:33:53]

- [公诉人]:

  在哪里收药的?(问指)

  [10:34:06]

- [被告人 杨某]：

    在东辛房、京煤集团附近。

    [10：34：17]

- [公诉人]：

    通过什么方式收药？（问指）

    [10：34：39]

- [被告人 杨某]：

    发小广告。

    [10：34：49]

- [公诉人]：

    向谁收药？（问指）

    [10：35：33]

- [被告人 杨某]：

    向老头和老太太收。

    [10：35：46]

- [公诉人]：

    收完的药都卖给谁？（问指）

    [10：36：32]

- [被告人 杨某]：

    白某。

    [10：36：41]

- [公诉人]：

    卖药挣了多少钱？（问指）

    [10：37：01]

我国刑事庭审言语行为的实证研究

- [被告人 杨某]：

    五万多。

    [11：02：02]

- [公诉人]：

    与起诉书指控的一致吗？（问指）

    [11：02：19]

- [被告人 杨某]：

    一致。

    [11：02：24]

- [公诉人]：

    怎么到案的？（问指）

    [11：03：01]

- [被告人 杨某]：

    被民警抓获的。

    [11：03：13]

- [公诉人]：

    讯问完毕。（断言）（宣布）

    [11：03：39]

- [审判员]：

    请法警将被告人杨某带到庭外候审，（指令）提被告人李某到庭。（指令）

    （法警提被告人李某到庭）

    [11：03：52]

附 录

- [审判员]:

  你对起诉书指控的犯罪事实有无补充陈述或者辩解?（问指）

  [11: 04: 04]

- [被告人 李某]:

  没有。

  [11: 04: 16]

- [审判员]:

  公诉人开始讯问。(指令)

  [11: 04: 43]

- [公诉人]:

  李某你是什么时候开始收药的?（问指）

  [11: 05: 08]

- [被告人 李某]:

  2017年5月至8月。

  [11: 05: 18]

- [公诉人]:

  以什么方式收药的?（问指）向谁收药?（问指）收到的药怎么处理?（问指）

  [11: 05: 37]

- [被告人 李某]:

  发广告。老头、老太太。除了在家里的都卖给了白某。

  [11: 06: 14]

- **[公诉人]:**

  怎么收款的,(问指) 收了多少?(问指)

  [11:06:44]

- **[被告人 李某]:**

  通过银行转账收款,总共十几万。

  [11:06:53]

- **[公诉人]:**

  讯问完毕。(断言)(宣布)

  [11:07:09]

- **[审判员]:**

  请法警提被告人白某、杨某到庭。(指令)(法警执行)现在由控辩双方举证、质证。(指令)首先由公诉人就起诉书指控的犯罪事实向法庭提供证据并说明证据来源及要证明的问题。(指令)

  [11:07:19]

- **[公诉人]:**

  下面向法庭出示1. 物证:银行卡、手机、收药卡片等;2. 书证:受案登记表及受案回执、扣押决定书及扣押清单、银行交易明细、被告人非法收购药品照片等;3. 证人证言:证人杨某、许某、许某军的证言;4. 被告人的供述与辩解:被告人白某、杨某、李某的供述与辩解;5. 鉴定意见:价格评估结论书;6. 勘验、检查、辨认、侦查实验等笔录:辨认笔录、搜查笔录等;7. 视听资料、电子数据:被告人非法收购药品录像、抓获被告人录像、民警对被告人住处进行搜查并起获药品录像等;8. 其他证明材料:到案经过、常住人口基本信息等。

  [11:07:30]

- [审判员]:

  被告人有无异议?(问指)

  [11:07:45]

- [被告人]:

  没有异议。

  [11:07:55]

- [审判员]:

  辩护人有无异议?(问指)

  [11:10:17]

- [辩护人]:

  没有。(断言)

  [11:10:22]

- [审判员]:

  被告人有无证据向法庭提供?(问指)

  [11:10:37]

- [被告人]:

  没有。

  [11:10:46]

- [审判员]:

  各被告人是否申请通知新的证人到庭、(问指)调取新的证据、(问指)申请重新鉴定或者勘验?(问指)

  [11:11:02]

- **[被告人]：**

  不申请。

  [11：11：07]

- **[审判员]：**

  辩护人是否有上述申请？（问指）

  [11：11：22]

- **[辩护人]：**

  没有。（断言）

  [11：11：49]

- **[审判员]：**

  法庭调查结束，（宣布）现在开始法庭辩论。（宣布）（指令）首先由公诉人发表公诉意见。（指令）

  [11：12：18]

- **[公诉人]：**

  本案犯罪事实清楚、证据确实充分，（断言）公诉人就量刑发表公诉意见，（承诺）被告人白某非法收购药品，（断言）被告人杨某、李某非法销售药品，（断言）三被告人均构成非法经营罪，（断言）鉴于被告人白某、杨某、李某到案后如实供述犯罪事实，（断言）可依法从轻处罚，（指令）非法经营药品对社会秩序造成严重的社会后果，（断言）三名被告人到案后能够如实供述犯罪事实，（断言）有坦白情节，（断言）可以从轻处罚，（指令）建议对被告人白某判处有期徒刑1年6个月到2年6个月，（指令）并处罚金；（指令）建议对被告人杨某、李某判处有期徒刑1到2年，（指令）并处罚金。（指令）

  [11：12：32]

- [审判员]：

  下面由被告人白某自行辩护。(指令)

  [11：12：44]

- [被告人 白某]：

  我认罪悔罪，知道错了。

  [11：12：55]

- [审判员]：

  被告人白某的辩护人发表辩护意见。(指令)

  [11：13：14]

- [辩护人]：

  白某的社会危险性不高，(断言)在当地没有造成恶劣的社会影响，(断言)白某平常表现良好，(断言)其只是法律意识不强，(断言)其并未销售假药，(断言)相对来说不具有人身危害性；(断言)案发后，白某悔罪认罪，(断言)认罪态度良好；(断言)根据教育为主、刑罚为辅的原则，(断言)希望法庭给予从轻处罚。(表情)(指令)

  [11：13：24]

- [审判员]：

  下面由被告人杨某自行辩护。(指令)

  [11：13：37]

- [被告人 杨某]：

  我知道错了。

  [11：13：46]

- [审判员]：

  下面由被告人李某自行辩护。(指令)

  [11：13：59]

- [辩护人 李某]：

  没有。(断言)

  [11：14：08]

- [审判员]：

  公诉人有无补充公诉意见？(问指)

  [11：14：19]

- [公诉人]：

  没有。(断言)

  [11：14：24]

- [审判员]：

  被告人白某有无补充辩护？(问指)

  [11：14：39]

- [被告人 白某]：

  没有。

  [11：14：47]

- [审判员]：

  白某的辩护人有无补充的辩护意见？(问指)

  [11：15：05]

- [辩护人]：

  没有。(断言)

  [11：15：11]

附 录

- **[审判员]:**

  被告人杨某有无补充辩护?(问指)

  [11:15:25]

- **[被告人 杨某]:**

  没有。

  [11:15:30]

- **[审判员]:**

  被告人李某有无补充辩护?(问指)

  [11:15:46]

- **[被告人 李某]:**

  没有。

  [11:15:56]

- **[审判员]:**

  法庭辩论结束,(宣布)下面由各被告人作最后陈述。(宣布)(指令)

  [11:16:10]

- **[被告人 白某]:**

  没有。

  [11:16:26]

- **[被告人 杨某]:**

  我错了,知道了自己的罪过,希望给我一次机会。

  [11:16:40]

- [被告人 李某]：

没有。

[11：16：50]

- [审判员]：

北京市门头沟区人民检察院向法庭提供的被告人供述，证人证言，辨认笔录、搜查笔录、价格评估结论书，扣押决定书和扣押清单，药品、银行卡、手机、收药卡片等物证，受案登记表，银行交易明细单，被告人非法收购药品、被抓获和民警对被告人住处进行搜查并起获药品等视听资料，户籍证明，到案经过证明材料等证据，（断言）经当庭质证，（被告人无异议）（断言）上述证据合法有效，（断言）可以作为定案的依据，（断言）本院予以确认。（断言）北京市门头沟区人民检察院指控被告人白某、杨某、李某犯非法经营罪的事实清楚，（断言）证据确实、（断言）充分，（断言）罪名成立。（宣布）

现在宣判，（承诺）（全体起立）本院认为，（断言）被告人白某、杨某、李某违反国家药品监督管理规定，（断言）非法经营药品，（断言）扰乱市场秩序，（断言）情节严重，（断言）其行为均已构成非法经营罪，（断言）应依法惩处。（指令）北京市门头沟区人民检察院指控被告人白某、杨某、李某犯非法经营罪的事实清楚，（断言）证据确实、（断言）充分，（断言）罪名成立。（断言）鉴于被告人白某、杨某、李某到案后如实供述犯罪事实，（断言）可依法从轻处罚；（指令）三被告人均系初犯，（断言）其家属代替其预交罚金，（断言）可酌情从轻处罚。（指令）公诉机关及辩护人的相应意见，本院予以采纳。（断言）依照《刑法》第225条第1项、第67条第3款、第52条、第53条第1款、第64条和最高人民法院、最高人民检察院

《关于办理危害药品安全刑事案件适用法律若干问题的解释》第7条第1款、第3款之规定,(断言)判决如下:(承诺)

一、被告人白某犯非法经营罪,(宣布)判处有期徒刑1年6个月,(宣布)并处罚金人民币5万元。(宣布)

[刑期从判决执行之日起计算。(宣布)判决执行以前先行羁押的,羁押1日折抵刑期1日,(宣布)即自2017年10月12日起至2019年4月11日止。(宣布)罚金已缴纳。](断言)

二、被告人杨某犯非法经营罪,(宣布)判处有期徒刑1年3个月,(宣布)并处罚金人民币5万元。(宣布)

[刑期从判决执行之日起计算。(指令)判决执行以前先行羁押的,羁押1日折抵刑期1日,(指令)即自2017年9月13日起至2018年12月12日止。罚金已缴纳。](断言)

三、被告人李某犯非法经营罪。(宣布)判处有期徒刑1年,(宣布)并处罚金人民币5万元。(宣布)

[刑期从判决执行之日起计算。(宣布)判决执行以前先行羁押的,羁押1日折抵刑期1日,(宣布)即自2017年9月13日起至2018年9月12日止。(宣布)罚金已缴纳。](断言)

四、在案扣押被告人杨某的汉防己甲素片、盐酸二甲双胍片、麝香保心丸等77种药品和被告人李某的蓝芩口服液、华佗再造丸、盐酸二甲双胍片等63种药品(清单附后),予以没收。(宣布)

五、随案移送的被告人杨某的ViVO牌X7型手机一部、Lenovo牌A355e型手机一部和被告人李某的Lenovo牌P2c72型手机一部、小米牌手机一部,予以没收。(宣布)

六、在案扣押的手机二部、银行卡十张及收药卡片退回北京市门头沟区人民检察院处理。(宣布)

如对本判决不服,(断言)可在接到判决书的次日起10日

内向本院或者直接向北京市第一中级人民法院提出上诉。（指令）

本判决为口头宣判，（断言）判决书在闭庭后 5 日内送达。（承诺）

被告人白某、杨某、李某是否听清？（问指）对判决有无意见？（问指）是否上诉？（问指）

[11：17：12]

- **[被告人]：**

听清了，没意见，不上诉。

[11：17：56]

- **[审判员]：**

北京市门头沟区人民检察院提起公诉的被告人白某、杨某、李某非法经营一案，一审审理终结，（宣布）把被告人带出法庭，（指令）送回北京市门头沟区看守所继续羁押，（指令）现在闭庭。（宣布）

[11：20：24]

- **[主持人]：**

今天的庭审结束了。此次直播得到了北京市高级人民法院新闻办梅玉兰和赵思源的大力指导和支持，在此表示衷心的感谢！参加此次直播的还有担任此次速录任务的范祥云和王莉，在此一并表示感谢！

https://www.chinacourt.org/chat/chat/2018/05/id/49674.shtml

案例六

5月28日9：30，怀柔法院审理"婚礼平台结友诈骗　涉嫌诈骗罪被公诉"案

• [主持人]：

网上直播庭审，公开审判过程，展现法官风采，普及法律知识。各位网友，大家好，欢迎大家关注北京市怀柔区人民法院的网络直播。

我是此次庭审直播的主持人、北京市怀柔区人民法院研究室刘雅坤，很高兴再次与大家一起参与网上直播庭审活动。

即将开庭审理的是"婚礼平台结友诈骗 涉嫌诈骗罪被公诉"案，我们将在北京市高级人民法院的支持下，通过中国法院网、北京法院直播网以及怀柔法院网对此次庭审进行网络图文直播，欢迎大家关注！

接下来我为大家介绍一下案件的主要情况。

[09：41：24]

• [主持人]：

公诉机关指控：一、被告人姜某于2009年6月至2013年4月间，以谈恋爱为由，通过婚恋网认识被害人马某，取得马某的信任后，多次虚构自己或家人生病、为马某调动工作等事由，共骗取被害人马玉林人民币880 000余元。二、被告人姜某于2016年年底至2017年3月间，通过聊天软件认识被害人杨某，在取得杨某信任后，虚构钱包丢失、银行卡丢失、自己生病急需钱等事由，共骗取被害人杨某人民币40 000元。综上，被告人姜某共实施诈骗两起，诈骗数额共计人民币920 000余元。被告人姜某以非法占有为目的，采用虚构事实的方法，骗取他人财物，且数额特别巨大，其行为触犯了《刑法》第266条，犯罪事实清楚，证据确实、充分，应当以诈骗罪追究其刑事责任。

[10：16：45]

• [主持人]：

原被告均已到庭，庭审马上开始。

庭审现在开始，书记员宣读法庭纪律。

[10：17：24]

• [书记员]：

现在宣布法庭规则：

1. 审判人员入庭、退庭时，全体人员应当起立；

2. 诉讼参与人应当遵守法庭规则，维护法庭秩序，不得喧哗、吵闹；发言、陈述和辩论，须经审判长许可；

3. 旁听人员必须遵守下列纪律：(1) 未经许可，不得录音、录像和摄影；(2) 不得随意走动和进入审判区；(3) 不得发言、提问；(4) 不得鼓掌、喧哗、哄闹和实施其他妨害审判活动的行为；

4. 诉讼参与人和旁听人员应关闭寻呼机及移动电话等通讯设备；

5. 诉讼参与人、旁听人员在听到法槌声后，应当立即停止发言和违反法庭规则的行为。

全体起立，请审判长、审判员入庭。全体请坐。报告审判长，双方当事人的委托代理人均已到庭，法庭准备工作就绪，可以开庭。

[10：17：50]

• [审判长]：

提被告人姜某到庭！（敲法槌）（指令）

北京市怀柔区人民法院刑事审判庭现在开庭！（宣布）

[10：19：12]

- **[审判长]**：

    以前是否受过法律处分、行政处罚及种类、时间？（问指）

    [10：20：37]

- **[被告人]**：

    无。

    [10：20：47]

- **[审判长]**：

    何时因何问题被采取强制措施？（问指）

    [10：20：57]

- **[被告人]**：

    因涉嫌犯诈骗罪，于2018年8月28日被北京市公安局怀柔分局刑事拘留，同年9月26日被逮捕。

    [10：21：08]

- **[审判长]**：

    北京市怀柔区人民检察院的起诉书副本收到了吗？（问指）

    [10：21：20]

- **[被告人]**：

    收到了。

    [10：21：29]

- **[审判长]**：

    根据《中华人民共和国刑事诉讼法》第28条、第29条、第31条的规定，（断言）当事人在法庭审理中依法享有申请回避权。（断言）

    根据《中华人民共和国刑事诉讼法》第192条的规定，（断

· 379 ·

言）当事人有权申请通知新的证人到庭、（断言）调取新的物证、（断言）申请重新鉴定或勘验，（断言）或申请法庭通知有专门知识的人出庭，（断言）就鉴定人作出的鉴定意见提出意见。（断言）

根据《中华人民共和国刑事诉讼法》第185条、第193条的规定，（断言）被告人除享有辩护人为其辩护的权利外，（断言）还有自行辩护的权利和最后陈述的权利。（断言）

被告人姜某，上述权利你是否听清？（问指）是否申请回避？（问指）

[10：22：00]

- **[被告人]：**

  听清了，不申请。

[10：22：35]

- **[审判长]：**

  现在开始法庭调查。（宣布）（指令）
  由公诉人宣读起诉书。（指令）

[10：22：44]

- **[公诉人]：**

  宣读京怀检公诉刑诉 [2018] 71号起诉书（略，详见证据复印件）

[10：22：58]

- **[审判长]：**

  被告人姜某，公诉人宣读的起诉书与你收到的起诉书副本内容是否一致？（问指）

[10：23：11]

附 录

- [被告人]:

  一致。

  [10:23:21]

- [审判长]:

  被告人姜某对起诉书指控你的犯罪事实和罪名有什么意见？（问指）

  [10:23:35]

- [被告人]:

  没有意见。

  [10:23:44]

- [审判长]:

  你是否自愿认罪？（问指）

  [10:23:53]

- [被告人]:

  认罪。

  [10:24:04]

- [审判长]:

  你是否同意本案适用简易程序审理？（问指）

  [10:24:15]

- [被告人]:

  同意。

  [10:24:24]

- [审判长]:

  被告人姜某，你以前在公安机关的供述是否属实？（问指）

> 我国刑事庭审言语行为的实证研究

今天在法庭上有无补充性陈述？（问指）

[10：24：35]

- [被告人]：

  属实，没有。

[10：24：51]

- [审判长]：

  公诉人对被告人有无讯问？（问指）

[10：25：02]

- [公诉人]：

  无。（断言）

[10：25：11]

- [审判长]：

  被告人姜某，你被抓前什么职业？（问指）

[10：25：37]

- [被告人]：

  无业。

[10：25：48]

- [审判长]：

  你跟被害人马某通过什么方式认识？（问指）什么交友软件？（问指）

[10：26：00]

- [被告人]：

  通过一个交友软件，在网上认识。世纪佳缘。

[10：26：25]

- [审判长]：

  认识后做了什么？（问指）

  [10：26：45]

- [被告人]：

  最早只是认识，然后聊得比较多，前两三个月聊得不错。他在北京，我在山东，开始也没想太多，也没有刻意想从他那得到什么，因为一些事由觉得他很大方，后来自己有点控制不住了，当时他毕业调动工作，当时也想帮他，但没帮了，但那些钱也用了，也没有退给他。当时找得别人的图片，把照片挂在网上，也是凑巧认识了他。

  [10：26：55]

- [审判长]：

  你当时的网名是什么？（问指）

  [10：27：16]

- [被告人]：

  记不住了。

  [10：27：24]

- [审判长]：

  后来呢？（问指）

  [10：27：34]

- [被告人]：

  跟他聊得不错，留了电话，没事就打电话、发短信。

  [10：27：44]

- [审判长]:

    跟马某有经济往来吗?(问指)

    [10:27:58]

- [被告人]:

    有。刚开始金额不大,因为要买东西就跟他说,没有刻意跟他要钱,只是跟他说我要干什么,他就说他那有,问我够不够。后来调动工作,我跟他说要花的钱比较多。

    [10:28:35]

- [审判长]:

    你有调动工作的能力吗?(问指)朋友是谁?(问指)

    [10:29:12]

- [被告人]:

    当时认识一个朋友的爸爸,他爸爸有能力。他姓牛,但后来工作没调成,钱也没有退给马某。

    [10:29:22]

- [审判长]:

    马某通过什么方式给你钱?(问指)

    [10:29:39]

- [被告人]:

    转账,刚开始用我朋友的卡转,因为我的卡丢了没有补办,后来补办好了,就转到我农行卡里。

    [10:29:50]

- [审判长]：

  你父母当时什么工作？（问指）

  [10：29：59]

- [被告人]：

  在酒店工作，现在已经退休了。

  [10：30：21]

- [审判长]：

  你没有职业，（断言）你有什么能力为其他人调动工作？（问指）

  [10：30：32]

- [被告人]：

  我没有，我身边朋友的父亲有这个关系，我想试试看看。

  [10：30：41]

- [审判长]：

  你总共从马某那里要了多少钱？（问指）

  [10：30：50]

- [被告人]：

  七八十万吧，太久了我记不住。

  [10：30：59]

- [审判长]：

  你跟杨某怎么认识的？（问指）

  [10：31：10]

- [被告人]：

  聊天软件。刚开始是聊天，然后我说我要用钱，他借给我，刚开始就没想过不还,我当时跟他说了过段时间把钱还给他。

[10:31:25]

- **[审判长]:**

    你以什么方式、什么理由向杨某要钱?(问指)

    [10:31:38]

- **[被告人]:**

    买东西,当时身体不舒服看病。

    [10:31:53]

- **[审判长]:**

    总共向杨某要了多少?(问指)

    [10:32:21]

- **[被告人]:**

    三万多。

    [10:32:32]

- **[审判长]:**

    公诉机关指控你向杨某要了四万,是吗?(问指)

    [10:32:48]

- **[被告人]:**

    差不多吧。

    [10:32:55]

- **[审判长]:**

    公诉人还有无讯问?(问指)

    [10:33:06]

- [公诉人]：

  姜某,你之前跟马某在交友网站认识时是以什么身份介绍自己,(问指)你叫什么名字?(问指)

  [10:33:18]

- [被告人]：

  王小北。

  [10:33:29]

- [公诉人]：

  是你的名字吗?(问指)

  [10:33:38]

- [被告人]：

  不是。

  [10:33:46]

- [公诉人]：

  你跟马某说你是什么职业?(问指)

  [10:33:57]

- [被告人]：

  我在网站上随便选的,一个老师。

  [10:34:07]

- [公诉人]：

  你是老师吗?(问指)

  [10:34:15]

- [被告人]：

    不是。

    [10：34：23]

- [公诉人]：

    你发的照片是谁的照片？（问指）

    [10：34：37]

- [被告人]：

    不认识，网上找的。

    [10：34：46]

- [公诉人]：

    你后来说给他调动工作，（断言）你有能力吗？（问指）

    [10：34：56]

- [被告人]：

    我想帮他，后来发现没有能力。

    [10：35：09]

- [公诉人]：

    案发前你有正常的收入吗？固定稳定的收入。（问指）

    [10：35：18]

- [被告人]：

    每个月都有。

    [10：35：31]

- [公诉人]：

    什么收入？（问指）是你妹妹吗？（问指）

    [10：35：41]

- [被告人]:

  跟我妹妹弄的服装店,我干妹妹。

  [10:35:49]

- [公诉人]:

  服装店是谁的?(问指)

  [10:36:03]

- [被告人]:

  她妈妈的。

  [10:36:10]

- [公诉人]:

  这个店跟你有什么关系?(问指)一个月收入多少钱?(问指)

  [10:36:19]

- [被告人]:

  我帮她进货代卖,几千块钱吧。

  [10:36:38]

- [公诉人]:

  审判长,公诉人讯问暂时到此。(断言)

  [10:36:45]

- [审判长]:

  被告人姜某,如实供述才能从轻处罚,(断言)听清了吗?(问指)

  [10:37:14]

- [被告人]：

    听清了。

    [10：37：20]

- [审判长]：

    由公诉人就起诉书指控被告人的犯罪事实向法庭举证。（指令）

    [10：37：33]

- [公诉人]：

    宣读被告人姜某的供述（略，详见证据复印件）

    [10：37：44]

- [审判长]：

    被告人姜某，你对上述证据有无异议？（问指）

    [10：37：53]

- [被告人]：

    无异议。

    [10：38：01]

- [审判长]：

    由公诉人继续举证。（问指）

    [10：38：15]

- [公诉人]：

    出示第一起，宣读被害人马某的陈述（略，详见证据复印件）

    [10：38：23]

- [审判长]：

    被告人姜某，你对上述证据有无异议？（问指）

    [10：39：05]

附 录

- [被告人]:

  无异议。

  [10: 39: 12]

- [审判长]:

  由公诉人继续举证。(指令)

  [10: 39: 22]

- [公诉人]:

  宣读证人王某1、王某2、孙某1、王某3、孙某2、姜某、牛某、李某、邢某的证言及辨认笔录(略,详见证据复印件)

  [10: 39: 38]

- [审判长]:

  被告人姜某,你对上述证据有无异议?(问指)

  [10: 40: 23]

- [被告人]:

  无异议。

  [10: 40: 29]

- [审判长]:

  由公诉人继续举证。(指令)

  [10: 40: 39]

- [公诉人]:

  宣读搜查笔录、扣押清单、银行卡复印件、北京大学附属小学出具的说明、银行账户明细、银行流水、查询结果补充说明(略,详见证据复印件)

  [10: 40: 48]

- [审判长]：

  被告人姜某,你对上述证据有无异议?(问指)

  [10:41:01]

- [被告人]：

  无异议。

  [10:41:10]

- [审判长]：

  由公诉人继续举证。(指令)

  [10:41:27]

- [公诉人]：

  出示第二起,宣读被告人姜某的供述、被害人杨某的陈述、聊天记录及交易记录照片、微信注册信息及交易明细(略,详见证据复印件)

  [10:41:40]

- [审判长]：

  被告人姜某,你对上述证据有无异议?(问指)

  [10:42:04]

- [被告人]：

  无异议。

  [10:42:12]

- [审判长]：

  由公诉人继续举证。(指令)

  [10:42:19]

附 录

- [公诉人]:

 其他证明材料,宣读受案登记表、到案经过、常住人口基本信息、前科查询记录(略,详见证据复印件)

[10:42:29]

- [审判长]:

 被告人姜某,你对上述证据有无异议?(问指)

[10:42:41]

- [被告人]:

 无异议。

[10:42:48]

- [审判长]:

 由公诉人继续举证。(指令)

[10:43:06]

- [公诉人]:

 审判长,举证完毕。(断言)

[10:43:13]

- [审判长]:

 被告人姜某,你有无证据向法庭出示?(问指)

[10:43:24]

- [被告人]:

 没有。

[10:43:30]

- [审判长]:

 被告人姜某是否申请通知新的证人到庭,(问指)调取新的

物证,(问指)申请重新鉴定或勘验?(问指)

[10:43:38]

- [被告人]:

  没有。

[10:43:45]

- [审判长]:

  法庭调查结束。(宣布)现在进行法庭辩论。(宣布)(指令)由公诉人发表公诉意见。(指令)

[10:44:09]

- [公诉人]:

  宣读公诉意见(详见公诉意见)

[10:44:20]

- [审判长]:

  被告人姜某,针对公诉人的意见,你有什么要自行辩护的?(问指)

[10:44:33]

- [被告人]:

  我被羁押了260多天,每天都在反省自己,以前没有想过太多,这段时间想得比较多,深刻检讨自己的过错,目前自己没有太多经济能力偿还,对马某和杨某造成的经济损失和伤害我很愧疚,我认罪认罚,我对公诉机关的指控没有任何异议。

[10:44:47]

- [审判长]:

  你对公诉人的量刑建议有无意见?(问指)

[10:45:07]

- **[被告人]：**

    没有。

    [10：45：15]

- **[审判长]：**

    法庭辩论结束，(宣布) 根据法律规定，(断言) 被告人有最后陈述的权利。(断言)

    被告人姜某，你最后还有什么要向法庭陈述的？(问指)

    [10：45：29]

- **[被告人]：**

    恳求审判长看在家里仅剩一位老母亲需要我照顾的份上从轻处罚。

    [10：45：38]

- **[审判长]：**

    对自己行为什么认识？(问指)

    [10：45：47]

- **[被告人]：**

    我认罪认罚，希望能好好改造。我想退赔但没有能力。

    [10：45：58]

- **[审判长]：**

    通过刚才的法庭举证、质证，(断言) 法庭核实了本案的事实，(断言) 听取了公诉人、被告人的意见和最后陈述，(断言) 并已记录在案。(断言)

    现在休庭。(敲法槌)(宣布)

    把被告人姜某带出法庭。(指令)

    [10：46：10]

- [主持人]：

今天的庭审就直播到这里，感谢北京市高级人民法院新闻办刘娜对本次直播给予的大力支持和帮助，同时感谢担任记录工作的北京市怀柔区人民法院民一庭郝明和网管员马天骥。

欢迎各位网友继续关注北京市怀柔区人民法院在中国法院网、北京法院直播网、怀柔法院网的网络直播，今天的直播就到这里，各位网友，再见！

[10：46：28]

- [声明]：

本直播内容不是法庭记录，不具有法律效力，仅供各位网友参考。

https://www.chinacourt.org/chat/chat/2018/05/id/49696.shtml